W0196662

Robert Hughes
Nachrichten aus dem Jammertal

Robert Hughes

Nachrichten aus dem Jammertal

Wie sich die Amerikaner in *political correctness* verstrickt haben

Aus dem Amerikanischen von
Sabine Roth und Regina Rawlinson

verlegt bei Kindler

Titel der Originalausgabe: Culture of Complaint
Originalverlag: Oxford University Press

Die Seiten 7–113 und 205–268 wurden von Sabine Roth übersetzt, die Seiten 115–203 von Regina Rawlinson.

Die Deutsche Bibliothek – CIP-Einheitsaufnahme

Hughes, Robert:
Nachrichten aus dem Jammertal.
Wie sich die Amerikaner in *political correctness* verstrickt haben./Robert Hughes.
Aus dem Amerikanischen von Sabine Roth und Regina Rawlinson. – München: Kindler, 1994
Einheitssacht.: Culture of Complaint <dt.>
ISBN 3-463-40243-2

Die Folie des Schutzumschlages sowie die Einschweißfolie sind PE-Folien und biologisch abbaubar. Dieses Buch wurde auf chlor- und säurefreiem Papier gedruckt.

© Copyright der deutschsprachigen Ausgabe
bei Kindler Verlag GmbH, München 1994
© Copyright 1993 by Robert Hughes
Das Werk einschließlich aller seiner Teile ist urheberrechtlich geschützt. Jede Verwertung außerhalb der engen Grenzen des Urheberrechtsgesetzes ist ohne Zustimmung des Verlages unzulässig und strafbar. Das gilt insbesondere für Vervielfältigungen, Übersetzungen, Mikroverfilmungen und die Einspeicherung und Verarbeitung in elektronischen Systemen.
Umschlaggestaltung: Graupner & Partner, München
Umschlagfoto: Bildarchiv Horst von Irmer, München
Umbruch: Ventura Publisher im Verlag
Druck und Bindearbeiten: Freiburger Graphische Betriebe
Printed in Germany
ISBN 3-463-40243-2

2 3 5 4 1

Inhalt

Vorbemerkung
7

Teil I

Kultur im zersplitterten Staat
11

Teil II

Multikulti und
die Miesmacher
115

Teil III

Moral an sich:
Die Kunst als Therapie
205

Anmerkungen
269

Für Elizabeth Sifton

Vorbemerkung

Diesem Buch liegt eine Reihe von Vorträgen zugrunde, die ich im Januar 1992 auf Einladung der Oxford University Press und der New York Public Library gehalten habe. Die Diskussion um so nebulöse Themen wie »*political correctness*«, »Multikulturalismus«, die Politisierung der Künste und dergleichen mehr beschränkte sich zu der Zeit schon längst nicht mehr auf die Hochschulen, die Kunstwelt und die Feuilletons, sondern nahm auch im amerikanischen Populärjournalismus einen immer breiteren Raum ein, wobei freilich im großen und ganzen mehr Rauchschwaden und heiße Luft entstanden als erhellendes Licht. Ich dachte, es könnte interessant und vielleicht auch lehrreich sein, diese Fragen einmal aus der Sicht eines praktizierenden Schriftstellers zu betrachten, der weder dem Universitätsbetrieb angehört noch Amerikaner ist, dafür aber ein Standbein in der Geschichte hat und eines in den bildenden Künsten. Das hieß natürlich, daß ich mich auf etliche gesellschaftliche Minenfelder begeben und in Gebiete vorwagen mußte, die eigentlich nicht unter meine Zuständigkeit fallen, so etwa das Erziehungswesen eines Landes, in dem ich nicht aufgewachsen bin, und die Politik eines Staates, in dem ich nicht wählen darf; dafür entschuldige ich mich nicht. Auch nach zweiundzwanzig Jahren in den Vereinigten Staaten kommt mir vieles hier noch reichlich exotisch vor, allem voran die seltsam gespannte Beziehung zwischen Kultur und Moral, um die es in meinen Vorträgen und auch in diesem Buch in erster Linie geht. Ich kann nur hoffen, daß meine Leser das nicht als Anti-Amerikanismus oder als deplazierte Herablassung eines Außenstehenden auffassen. Ich kenne und liebe Amerika wie kein zweites Land außer Australien und fühle mich mittlerweile fest damit verwachsen. Daran dürften die nachfolgenden Seiten wenig Zweifel lassen.

Ein einstündiger Vortrag ist kurz, zwanzig Manuskriptseiten, auf keinen Fall mehr. Am Ende der Reihe hatte ich das unbefriedigende Gefühl, alle möglichen Themen angerissen zu haben, ohne sie erschöpfend behandeln zu können. Eine gekürzte Fassung der beiden ersten Vorträge erschien bereits am 3. Februar unter dem Titel »The Fraying of America« als Leitartikel im *Time Magazine.* (Der dritte Vortrag wurde in voller Länge im *New York Review of Books* abgedruckt; wie schon so oft muß ich dessen Herausgeber Robert Silvers und meinen Redakteuren bei *Time,* Walter Isaacson und Christopher Portersfield, für ihre engagierte Unterstützung bei der nicht immer leichten Aufgabe danken, das gesprochene Wort in eine angemessene schriftliche Form zu bringen.) Die Resonanz auf diese Veröffentlichungen war so groß, daß ich beschloß, die angeschnittenen Fragen auszudiskutieren; das Ergebnis ist das hier vorliegende Buch. Es ist zwischen Frühling und Herbst 1992 entstanden, so daß es auf eine Reihe von Ereignissen Bezug nimmt, die in den Lesungen selbst nicht vorkamen, weil sie noch nicht geschehen waren. Das wichtigste dieser Ereignisse ist der Wahlsieg der demokratischen Partei unter Bill Clinton bei einer Präsidentschaftswahl, die sich in nicht geringem Maße als Referendum zu vielen der in meinem ursprünglichen Text angesprochenen Streitpunkte verstehen läßt.

Ich bin so vielen Menschen für ihre wertvollen Anregungen zu Dank verpflichtet, daß ich sie gar nicht alle aufzählen kann. Mein besonderer Dank jedenfalls geht an Arthur Schlesinger (dessen kürzlich erschienenes Buch *The Disuniting of America* sich in vielen seiner Einsichten mit den meinen deckt, nur daß er sie früher und besser formuliert hat); an Gilbert T. Sewell vom *Social Studies Review*, der mir ein Exemplar jenes einmaligen Dokuments *The Portland Baseline Essays* verschafft hat; an Edward Saïd und an David Rieff. Und – wie immer – an meine geliebte Frau Victoria Hughes und ihren unfehlbaren gesunden Menschenverstand.

Teil I

Kultur im zersplitterten Staat

I

Vor gut fünfzig Jahren gelang dem Dichter W. H. Auden etwas, wovon jeder Schriftsteller träumt: eine Prophezeiung, die sich erfüllt hat. Zu finden ist sie in einem längeren dramatischen Gedicht mit dem Titel *Jetzt und Hier: Ein Weihnachtsoratorium.* Wir hören Herodes in Sachen Kindermord von Bethlehem – den er höchst ungern anordnet, denn eigentlich ist er liberal. Aber dieses Kind darf einfach nicht mit dem Leben davonkommen, erklärt er, denn:

»Man braucht kein Hellseher zu sein, um die Folgen zu erkennen.
Vernunft wird durch Offenbarung ersetzt werden. An die Stelle rationaler Gesetzmäßigkeit und objektiver Wahrheiten ... wird ein abgewirtschaftetes Wissen treten, ein Chaos subjektiver Visionen – im Plexus solaris durch Unterernährung herbeigeführte Gefühle, Engelserscheinungen, durch Fieber und Drogen erzeugt, Traumbotschaften, durch das Geräusch fallender Wassertropfen eingegeben. Ganze Kosmogonien werden aus irgendwelchen vergessenen privaten Ressentiments entstehen, komplette Epen in Privatsprachen geschrieben, Gekritzel von Schulkindern höher eingeschätzt werden als die bedeutendsten Meisterwerke.
Idealismus wird durch Materialismus ersetzt wer-

den ... Ihrer normalen und gesunden Abreaktion in Patriotismus, Bürger- und Familienstolz beraubt, wird das Bedürfnis der Masse nach einem sichtbaren, verehrungswürdigen Idol in ganz und gar unsoziale Kanäle gelenkt werden, wo keine Erziehung hinreichen kann. Göttliche Ehren wird man silbernen Teekannen erweisen, flachen Erdmulden, Landkartenbezeichnungen, Schoßhunden, verfallenen Windmühlen und in immer häufiger werdenden Extremfällen sogar Kopfschmerzen, Tumoren oder der Vier-Uhr-Teestunde.
Gerechtigkeit wird durch Mitleid als der menschlichen Haupttugend ersetzt werden, alle Furcht vor Bestrafung wird schwinden. Jeder Eckensteher wird sich gratulieren: ›Ich bin ein solcher Sünder, daß Gott persönlich herabkam, um mich zu retten. Was bin ich nur für ein Teufelskerl!‹ Jeder Gauner wird argumentieren: ›Ich begehe gerne Verbrechen. Gott vergibt sie mir gerne. Die Welt ist tatsächlich wunderbar eingerichtet.‹ ... Die neue Aristokratie wird exklusiv aus Einsiedlern, Tagedieben und Vollinvaliden bestehen. Der Grobian, die schwindsüchtige Hure, der Bandit, der gut zu seiner Mutter ist, das epileptische Mädchen, das mit Tieren umzugehen weiß, werden die Helden und Heldinnen der neuen Tragödie sein, während der General, der Staatsmann und der Philosoph längst die Zielscheibe jeder Farce und Satire bilden.«

Was Herodes voraussah, war das Amerika der späten achtziger und frühen neunziger Jahre: therapiebesessen, politikverdrossen, voller Mißtrauen gegen jegliche Art von Autorität, dafür aber um so anfälliger für Aberglauben, mit einer politischen Sprache, die zerfressen ist von geheucheltem Mitleid und Schönfärbe-

rei. Ein Abbild des späten Rom, nicht der frühen Republik – derselbe ausgedehnte imperialistische Machtbereich, dieselbe Korruptheit und Geschwätzigkeit der Senatoren, dasselbe rückhaltlose Vertrauen in die kapitolinischen Gänse (die gefiederten Vorfahren unserer heutigen Meinungsforscher und Medienreferenten) und dieselbe Unterwerfung unter senile Gott-Kaiser, die unter dem Pantoffel von Astrologen und extravaganten Ehefrauen stehen. Eine Kultur, in der der Mob nicht mehr durch Gladiatorenspiele beschwichtigt wird, sondern durch High-Tech-Kriege auf dem Fernsehschirm, die gewaltiges Blutvergießen verursachen und die mesopotamischen Satrapen dennoch im Vollbesitz ihrer Herrschermacht über ihre unglückseligen Untertanen belassen.
Anders als Caligula ernennt der Kaiser heutzutage sein Pferd nicht zum Konsul; er macht es zum Umweltbeauftragten oder beruft es an den Supreme Court. Kritik daran üben hauptsächlich Frauen, denn die Herren der Schöpfung haben sich in unserem Zeitalter der Mystery-Religionen in die Wälder getrollt, wo sie ihr Mannestum unter Beweis stellen, indem sie sich gegenseitig die Achselhöhlen beschnüffeln und den Ergüssen drittklassiger Poeten über den feuchten, haarigen Satyr lauschen, der in jedem von ihnen wohnt. Diejenigen, die auf die Rückkehr der delphischen Sibylle hoffen, werden mit Shirley MacLaine abgespeist, und ein fünfunddreißigtausend Jahre alter Cro-Magnon-Krieger namens Ramtha fährt in eine blonde Hausfrau an der Westküste und spielt Millionen und Abermillionen Dollar Kultgelder in Form von Workshops, Kassetten und Büchern ein.
Die Künstler schwanken solange zwischen mehr oder weniger schamloser Expressivität und größtenteils hilfloser Politisierung hin und her. Aus dem Machtkampf

zwischen Erziehung und Fernsehen – zwischen rationaler Argumentation und Überwältigung durch die Optik – geht als klarer Sieger das Fernsehen hervor, ein Medium, das sich im heutigen Amerika in niedrigere Niederungen begibt als je zuvor. Sogar die Populärkultur, einst in der ganzen Welt zu Recht bejubelt und bestaunt, ist nur noch ein Abklatsch ihrer selbst: Vor gar nicht allzulanger Zeit noch war die amerikanische U-Musik voller Leidenschaft, Verzweiflung und Witz und sprach auch Erwachsene an; aber wo wir früher die ungeschliffene Intensität von Muddy Waters oder den virilen Erfindungsreichtum Duke Ellingtons hatten, müssen wir uns heute mit Michael Jackson behelfen, und nach George Gershwin und Cole Porter bleiben uns jetzt nur analphabetische Shows über Katzen oder den Fall von Saigon. Selbst die große amerikanische Spezialität, der Rock 'n' Roll, ist mittlerweile so übertechnisiert und steckt so hoffnungslos in den Fängen des Kommerzes, daß sie zu fünfundneunzig Prozent Synthetik ist.

Für die Jugend wird die Unterhaltungskultur immer mehr zur pädagogischen Leitschnur, zum Schöpfer »der Wahrheit« über die Vergangenheit. Millionen von Amerikanern, vor allem Jugendliche, glaubten anstandslos, daß die »Wahrheit« über das Kennedy-Attentat in Oliver Stones ebenso eindrucksstarkem wie verlogenem Film *JFK* zu finden sei, dieser paranoiden Hochstilisierung eines glücklosen Staatsanwalts aus New Orleans zum politischen Helden im Kampf gegen einen bösen, allgegenwärtigen Militärapparat, der Kennedy ermorden ließ, um den Abzug der amerikanischen Truppen aus Vietnam zu verhindern. Wie viele von ihnen stießen sich in irgendeiner Weise an Stones mehrfach wiederholtem Anspruch, mit seinem Film einen »Gegenmythos« zu den Befunden der War-

ren-Kommission zu »erschaffen« – so als sei die Erfassung der Vergangenheit mit der Verbreitung eines Mythos gleichzusetzen? Was Hollywood aus seinen Geschichtsstoffen machte, fiel bislang nicht weiter ins Gewicht – ob es nun harmloses, effekthascherisches Geschmachte um Louis XV. oder Lord Nelson war oder frömmelnde Phrasendrescherei über Jesus. Aber in einer Zeit des Dokudrams und der Simulation, in der die Grenzlinie zwischen Fernsehen und wirklichem Geschehen immer mehr verwischt wird – und zwar nicht versehentlich, sondern als eine von den Verantwortlichen in den elektronischen Medien bewußt angewandte Taktik –, fallen solche Spielchen auf einen Boden gefühlig-überspannter Gutgläubigkeit, wie ihn die alten, pseudo-historischen Hollywood-Schinken nie vorgefunden haben.
Und weil die Kunst den ach so sensiblen Bürger mit dem Unterschied zwischen großen Künstlern, mittelmäßigen Künstlern und hoffnungslosen Stümpern konfrontiert und es die letzteren zwei stets in größerer Zahl gibt als erstere, muß die Kunst eben auch noch politisiert werden. So schustert man hochwissenschaftliche Theorien zusammen, die ganz klar zeigen, daß Qualität, so selbstverständlich ihr als »Lebensqualität« höchste Bedeutung zukommt, in ästhetischem Zusammenhang wenig mehr ist als ein patriarchalisches Hirngespinst, das einzig auf die Diskriminierung von schwarzen, weiblichen und homosexuellen Künstlern abzielt, die fortan nur noch nach Rassenzugehörigkeit, Geschlecht und sexueller Orientierung beurteilt werden dürfen und nicht mehr nach ihrer künstlerischen Leistung.
Je weiter diese larmoyante Voreingenommenheit gegen wirkliche Könnerschaft auch in der Kunst um sich greift, desto mehr nimmt der Begriff des ästhetischen

Urteils den unguten Beigeschmack geschlechts- oder rassenbedingten *Vorurteils* an. Kaum jemand setzt sich dagegen zur Wehr oder weist wenigstens darauf hin, daß »Elitedenken« in der Kunst nicht gleichbedeutend mit sozialer Ungerechtigkeit oder auch nur Unzugänglichkeit ist. Das Ich ist zur heiligen Kuh der amerikanischen Kultur avanciert, Selbstwertgefühl ist etwas Sakrosanktes, und so bemühen wir uns nach Kräften, den künstlerischen Kampf ums Dasein in ein Fördersystem umzuwandeln, in dem niemand versagen kann. Sollte man da nicht eigentlich auch dem Tennis den elitären Touch nehmen, indem man das Netz abschafft?

Unsere neu entdeckte Sensibilität verfügt, daß nur das Opfer Held sein darf, und so verlangt nun auch die amerikanische Männerwelt lauthals nach ihrem eigenen Opferstatus. Daher die wachsende Beliebtheit von Kult-Therapien, die predigen, daß wir alle die Opfer unserer Eltern sind: daß wir so dumm, so käuflich oder von Grund auf schlecht sein können, wie wir nur wollen, wir können nichts dafür, weil wir aus »dysfunktionalen Familien« kommen – und wie John Bradshaw, Melody Beattie und andere Gurus des Zwölf-Schritte-Programms mit ebensowenig Zeitverlust wie konkreten Nachweisen unters Volk bringen, sind sechsundneunzig Prozent aller amerikanischen Familien dysfunktional. Unsere Identifikationsfiguren haben etwas zu wünschen übriggelassen, wir hatten unter Liebesentzug zu leiden, unter Prügeln oder gar den schweinischen Gelüsten des Herrn Papa, und wenn wir der Meinung sind, dem wäre nicht so, dann nur deshalb, weil wir die Erinnerung daran unterdrückt haben und darum das neueste Buch des Seelendoktors um so dringender benötigen.

Die Anzahl von Amerikanern, die als Kind mißbraucht

wurden und deshalb freigesprochen sind von aller Schuld, was auch immer sie als Erwachsene anstellen, entspricht mehr oder weniger der Zahl derer, die vor ein paar Jahren in ihrem früheren Leben Kleopatra oder Heinrich VIII. gewesen sein wollten. Dementsprechend schwirrt dieser Tage der Äther von Bekenntnis-Shows, in denen Scharen von Bürgern nebst ihren Vorbildern, von LaToya Jackson bis zu Roseanne Barr, aufmarschieren, um die Sünden ihrer Eltern anzuprangern, wirkliche wie eingebildete. Sich keiner frühkindlichen Schädigungen bewußt zu sein, ist in dieser Branche der beste Beweis für »Verdrängung« – eine unglückliche Kindheit hat jeder, lautet die Devise, weshalb auch jeder eine potentielle Verdienstquelle darstellt. Der Kult des mißhandelten »Kindes in uns« erfüllt im modernen Amerika eine hochwichtige Funktion: Er lehrt uns, daß persönliches Mißbehagen über die politische Äußerung zu stellen ist und daß die ansteigende Produktionskurve narzißtischer Gefühlsduselei sich keinesfalls mit der Abwärtsspirale kultureller Belanglosigkeit schneiden muß. So ist die Suche nach dem Kind in uns zu einem Zeitpunkt zum beherrschenden Thema geworden, da die Amerikaner sich auf die Frage konzentrieren sollten, wo der Erwachsene in ihnen hingeraten ist und wie dieser sträflich vernachlässigte Oldie so vollkommen zugeschüttet werden konnte von Populärpsychologie und glitzernder Kurzzeitbefriedigung. Wir wähnen ein Tahiti in unserem Inneren, eine Welt vor dem Sündenfall mit einem braunhäutigen Adam: Jeder ist sich selbst der Edle Wilde.

Wer sich nicht auf das Kind in sich herausreden kann, dem bleiben immer noch die Arme des Erlösers. Im Leben der Amerikaner, so hieß es früher, gibt es keine zweiten Akte. Das war, bevor das Fernsehen damit begonnen hatte, unsere Gehirnzellen abzutöten. Heutzutage besteht das öffentliche Leben in Amerika fast nur noch aus zweiten Akten. Die große amerikanische Verheißung – der Traum von einem Land, wo ein jeder die Bürde der alten Welt ablegen und ein neues Leben anfangen konnte – existiert nur noch als unglaubwürdige Parodie ihrer selbst. Ich weiß noch, wie mir ein bißchen mulmig wurde, als vor fünfzehn Jahren Charles Colson, einer der unbedeutenderen Washingtoner Schurken aus der Watergate-Zeit, noch am Tor seines Luxusgefängnisses verkündete, er habe den Glorienschein Christi erblickt und sei ein neuer Mensch geworden. So etwas konnten die Amerikaner doch nicht allen Ernstes schlucken? Und ob sie es konnten. Selbst David Duke wagte zu behaupten, daß er vom Nazi schlagartig in einen Jünger Jesu verwandelt worden sei – und Tausende glaubten ihm. Fehlte nur noch, daß die Familie von Robert Maxwell seinen trauernden Bankiers und ehemaligen Angestellten erzählt, der teure Verstorbene habe es plötzlich mit der Moral zu tun bekommen und sein Tod in den Wellen sei ein fehlgeschlagener Versuch der Selbsttaufe im großen Stil gewesen. Bei so vielen Schuften, die Schlange stehen, um sich im Blut des Lammes reinzuwaschen, ist es kein Wunder, daß das arme Ding ein bißchen spitz um die Nase wirkt.

Die auf allen Seiten gleichermaßen laut werdende Forderung nach dem Opferstatus bildet die Krönung der in Amerika schon seit langem zelebrierten Kultur der Therapeutik. Wer sich stark gibt, verbirgt hinter dieser Fassade im Zweifelsfall nur das klapperige Gerüst der Verdrängung; Verwundbarkeit dagegen bedeutet Unbesiegbarkeit. Leiden ist Macht – und sei es nur kraft emotionaler Bestechung und der Schaffung von bisher nicht wahrgenommenen Ebenen sozialen

Schuldgefühls. »Nicht schuldig« zu plädieren heißt, das eigene Todesurteil zu unterschreiben. Die Akzentverschiebungen, die sich dadurch ergeben haben, machen sich überall bemerkbar, und interessanterweise sorgen sie dafür, daß die »Rechte« und die »Linke« sich immer ähnlicher werden. Bestes Beispiel dafür ist die Art, wie in letzter Zeit über sexuelle Belange diskutiert wird: Opfer, soweit das Auge reicht.

So machen Abtreibungsgegner Anleihen beim Fachjargon des Feminismus und nennen die Abtreibung »chirurgische Vergewaltigung« (daß es sich um einen durch und durch freiwilligen Akt handelt, spielt dabei offenbar keine Rolle), während in der neuen feministischen Orthodoxie die Vorstellung von der unabhängigen, selbstverantwortlichen Frau zunehmend dem Bild der Frau als hilfloses Opfer männlicher Tyrannei weicht. Gleichstellung der Frau vor dem Gesetz? Doch nur, um ihre Unterdrückung zu legalisieren! Die Konservativen schlagen mit Feuereifer in dieselbe Kerbe, nur daß es in ihrer Version der Feminismus selbst ist, der die Opfer schafft, im Verein mit dem opportunistischen Phallus. »Der Mann«, so die antifeministische Autorin Maggie Gallagher in *Enemies of Eros* (1990), »mißbraucht die Frau, wann immer er sich des weiblichen Körpers mit dem Ziel sexuellen Lustgewinns bedient, ohne dabei bereit zu sein, die volle Verantwortlichkeit der Vaterschaft auf sich zu nehmen.« Die Frau »kann diesem Mißbrauch voll und ganz zustimmen, bewußt, ekstatisch. Das ändert nichts an der Natur der Transaktion.« Fast haargenau der Standpunkt der Feministin Andrea Dworkin: Sex zwischen Männern und Frauen ist in jedem Fall Vergewaltigung. »Physisch gesehen«, schreibt diese Extremistin, »ist die Frau beim Geschlechtsverkehr besetztes Gebiet, ein buchstäbliches Territorium, das im buchstäblichen

Sinne vereinnahmt wird; vereinnahmt selbst dann, wenn kein Widerstand geleistet wird; selbst dann, wenn die vereinnahmte Frau sagt: ›Bitte, ja; bitte, mach schnell; bitte mehr.‹«[1] Eine so groteske Strapazierung des Gewaltbegriffs degradiert die Frauen zu willenlosen Opfern, die ebensowenig imstande sind, Einverständnis zu bekunden wie sich zu verweigern, zu bloßen Spielbällen einer extremen feministischen Ideologie. »Ein Ja als Zeichen wahrer Einwilligung zu werten«, so Susan Estrich von der Harvard Law School, »ist verfehlt.« Jeder Mann ist ein Vergewaltiger, solange er nicht das Gegenteil beweist.

Auf diese wie auch auf ein Dutzend andere Arten inszenieren wir eine zunehmend infantile Kultur der Wehleidigkeit, in der an allem Big Daddy schuld ist und die Ausweitung der staatsbürgerlichen Rechte auf Kosten ihres notwendigen Pendants, der Bürgerpflichten, betrieben wird. Der Rückzug in die Infantilität ist eine regressive Trotzreaktion gegen den von einer Kultur des Unternehmertums ausgehenden Streß: nicht auf mich treten, ich bin verletzlich. Die Betonung liegt auf dem Subjektiven; nicht Denken oder Wissen zählt, sondern nur Gefühl. Die Probleme, die dieser Hang zur Nabelschau mit sich bringt, hat schon Goethe in einem seiner Gespräche mit Eckermann umrissen. »Alle im Rückschreiten und in der Auflösung begriffenen Epochen sind subjektiv, dagegen aber haben alle vorschreitenden Epochen eine objektive Richtung. ... Jedes tüchtige Bestreben ... wendet sich aus dem Inneren heraus auf die Welt, wie Sie an allen großen Epochen sehen, die wirklich am Streben und Vorschreiten begriffen und alle objektiver Natur waren.«

II

Opfer und Erlöser, das sind, wie Auden mit solcher Klarheit sah, die Rollen, die diese Kultur zu ihren Zwillingsfetischen hochstilisiert hat. Die Puritaner verstanden sich, nicht zu Unrecht, als Opfer religiöser Verfolgung, in die Welt hinausgesandt, um einen theokratischen Staat zu gründen, dessen Tugenden die Übel der alten Welt aufheben und so die dortige Menschheit von ihrem gefallenen Status erlösen würden. Das grandiose, kompromißlose Wagnis der amerikanischen Demokratie – und so sehr wir alle dazu neigen, Amerika mit dem ewig Neuen zu verbinden, ist diese Demokratie dank des Endes der europäischen Diktaturen doch älter und beständiger als irgendeine Staatsform in Europa, älter als die Französische Revolution und wesentlich älter als die parlamentarische Demokratie in Großbritannien – lag darin, aus der kolonialen Opferrolle auszubrechen und einen säkularen Staat ins Leben zu rufen, in dem selbstverständliche Rechte im Interesse der Gleichheit stetig ausgeweitet werden sollten.

Von Beginn an kam es dabei zu Spannungen zwischen den Überresten der puritanischen Ideologie einer Hierarchie der Gerechten unter dem unwandelbaren Auge Gottes und dem späteren, revolutionären Konzept einer kontinuierlichen weltlichen Entwicklung auf die Gleichberechtigung zu, wie es im Amerika des achtzehnten Jahrhunderts aufgekommen war, ausgehend von Rechten, die dem Menschen innewohnen, statt ihm nur vom Staat gewährt worden zu sein. Diese Spannung hat sich nie völlig verloren; wir spüren sie heute noch. Schon Alexis de Tocqueville sagte sie vorher – 1835 schrieb er in *Über die Demokratie in Amerika:*

> Die Menschheit wird nie einen Zustand der Gleichheit erreichen, mit dem sie zufrieden ist. ... Wo Ungleichheit der Bedingungen das allgemeine Gesetz ist, werden auch die gröbsten Ungerechtigkeiten nicht weiter auffallen; wo sich alle auf mehr oder weniger derselben Stufe befinden, macht sich schon die leiseste Ungerechtigkeit schmerzhaft bemerkbar.
> Daher muß das Verlangen nach Gleichheit immer unersättlicher werden, je vollständiger die Gleichheit selbst wird.

Soweit das Diktum eines Besuchers aus der alten Welt, der Klassengesellschaft so verhaftet, daß er in einem Land, das noch ein Sklavenstaat war, Gleichheit als »das allgemeine Gesetz« ansah. Derart hochtrabendem Elitedenken will sich heutzutage natürlich niemand anschließen, aber so ganz unrecht hatte Tocqueville nicht. Einer der grundlegenden amerikanischen Wesenszüge ist ein Streben nach einem existentiellen Ideal, das im Zweifelsfall nie erreicht, aber genausowenig über Bord geworfen werden kann: gleiches Recht für alle, auf ein breites Spektrum von Möglichkeiten ebenso wie auf ein nach dem eigenen Gutdünken eingerichtetes Leben und freie Wahl der Weggefährten.
Amerika war schon immer ein heterogenes Land, und sein Zusammenhalt, soweit von Zusammenhalt die Rede sein kann, muß sich notgedrungen auf gegenseitige Achtung gründen. Ein Kern-Amerika, in dem alle gleich aussahen, dieselbe Sprache sprachen, zu denselben Göttern beteten und an dieselben Dinge glaubten, hat es nie gegeben. Auch vor der Ankunft der Europäer lagen sich die Indianer unablässig in den Haaren. Amerika ist eine Kopfgeburt, nicht ein Produkt von

Rasse, ererbter gesellschaftlicher Stellung oder angestammten Territorien.
Sicher, all das ist ein alter Hut, aber es ist nichtsdestoweniger die Wahrheit, und deshalb hat Amerika auf Außenstehende wie mich von jeher eine solche Faszination ausgeübt. Das heißt nicht, daß Amerika die Freiheit gepachtet hätte oder daß die amerikanische Form der Freiheit sich in alle Welt exportieren ließe. Aber sie ist ein Kredo, das aus der Einwanderung geboren ist, aus dem Aufeinanderprallen vieler Dutzend verschiedener Völker, die in dem Maße amerikanisch werden, in dem es ihnen gelingt, sich einander anzupassen. Diese Anpassung gelingt selten vollständig und scheitert oft ganz, wie schon ein flüchtiger Blick auf die Geschichte der Rassenbeziehungen zur Genüge deutlich macht.
Man kann nicht einfach sagen, daß Amerika ein Schmelztiegel ist oder es jemals war. Aber zu behaupten, daß überhaupt keine Verschmelzung stattgefunden hat, wäre ebenfalls zu einfach. Es gibt kein einzelnes Bild, das der kulturellen Verflechtung und Durchdringung in Amerika in ihrer ganzen Komplexität gerecht werden könnte. Das amerikanische Miteinander ist auf die Anerkennung von Unterschiedlichkeiten angewiesen. Aber es ist zum Untergang verurteilt, wenn diese Unterschiede zu kulturellen Bollwerken erhoben werden. Früher bediente man sich gern einer toten Metapher – »Balkanisierung« –, um die Aufsplitterung eines Ganzen in Sekten, Gruppen, einzelne kleine Kraftfelder zu beschreiben. Angesichts der zerstückelten Leiche Jugoslawiens, dessen »kulturelle Unterschiede« (sprich dessen archaischer religiöser und rassischer Extremismus) durch das Ende des Kommunismus offen zutage getreten sind, erkennen wir, was diese abgedroschene Redewendung

einmal beinhaltet hat und heute wieder beinhaltet. Eine Hobbessche Welt: jeder im Krieg gegen jeden, verbissen in Blutfehden und theokratischen Haß, die *reductio ad insanitatem* des lauen und lammfrommen amerikanischen Multikulturalismus. Welche imperialistische Herrschaft, welche habsburgische Tyrannei oder träge Diktatur Moskowiter Apparatschiks wäre dem nicht vorzuziehen? Und vor dem Hintergrund dieses Grauens, das für das amerikanische Bewußtsein seit dem Sezessionskrieg in weite Ferne gerückt ist, verheißen uns unsere eigenen Konservativen einen »Kulturkampf«, während einfältige Radikale große Reden über »separatistische Tendenzen« schwingen. Sie wissen offenbar nicht, was für Dämonen sie da leichtfertig heraufbeschwören. Wüßten sie es, so würden sie beschämt verstummen.

Zweihundertundsechzig Millionen Menschen bilden zusammen diese Nation, aber das heißt nicht, daß sie alle gleich sind, alle dieselben Überzeugungen und Sitten teilen. Amerika ist und bleibt – daran führt kein Weg vorbei – ein gemeinsames Konstrukt des Geistes, an dem ununterbrochen gearbeitet werden muß, und sobald dieses Bewußtsein von Gemeinschaftlichkeit und gegenseitiger Achtung ins Wanken gerät, ist die amerikanische Identität in ihrer Existenz bedroht. Wenn sie jetzt zu zerfasern beginnt, dann deshalb, weil die ideologiebetonte Politik der letzten zwanzig Jahre eine traditionelle Gabe der Amerikaner unterhöhlt und auf manchen Gebieten ganz zerstört hat: die Gabe, sich zusammenzuraufen, beschlußfähig zu werden durch praktische Kompromisse, die realen gesellschaftlichen Bedürfnissen entgegenkommen.

Die Stetigkeit, mit der sich dieser Niedergang während der achtziger Jahre auf beiden Seiten der amerikanischen Parteipolitik vollzogen hat, ist deprimierend.

Anstelle eines gemeinsamen Nenners haben wir Demagogen, die darauf bestehen, daß nur ein einziger Weg zu rechtschaffenem Amerikanertum führen kann: Paläo-Konservative wie Jesse Helms und Pat Robertson, in deren Augen für das ganze Land ein und dieselbe Moral gilt, Neo-Konservative, die ein überdimensionales Schreckgespenst namens Multikulturalismus erfinden – als ob die westliche Kultur als solche je etwas anderes als multikulturell gewesen wäre in ihrem Eklektizismus, ihrer Fähigkeit, »fremde« Vorbilder und Anregungen aufzugreifen und in sich aufzunehmen –, und liberale Eiferer, die im Namen der »PC«, der *political correctness*, am liebsten alle wie auch immer Benachteiligten automatisch heiligsprechen würden.
Mit Monokultur kommt man nicht weit, in der Sozialpolitik ebensowenig wie in der Landwirtschaft. Sie laugt den Boden aus. Die gesellschaftliche Bandbreite Amerikas, die Außenstehende so beeindruckt, rührt von der Vielfalt seiner Volksgruppen her. Sein Zusammenhalt, seine pragmatische Konsensfähigkeit beruhen auf der Bereitschaft dieser selben Gruppen, ihre kulturellen Unterschiede nicht zu unüberwindlichen Barrieren und Bollwerken zu erheben und ihre afrikanische oder italienische Abstammung, die ihnen ihr individuelles Gepräge gibt, nicht auf Kosten ihres Amerikanertums, des gewaltigen gemeinsamen Nenners, der sie alle verbindet, zum Fetisch zu machen. In dieser Hinsicht ist Amerika wie ein Mosaik: Wenn man ausschließlich das Bild als Ganzes betrachtet, sieht man seine Teile nicht, die vielen, einzelnen Glasstückchen, von denen jedes eine andere Farbe hat. Wenn man sich nur auf die Teile konzentriert, entgeht einem das Bild.
Wir befinden uns in einer Phase der Intoleranz, die, wie das in Amerika manchmal der Fall ist, mit einem

sacharinsüßen Hang zu Euphemismen einhergeht. Aus dieser Verbindung entstehen Situationen, von denen die Satire nur träumen kann – wenn es in Amerika überhaupt noch Satire gäbe; vielleicht liegt sie ja deshalb so danieder, weil die Realität sie längst überboten hat. Man denke nur an den Kampf ums Unterdrücktsein, der vor nicht allzulanger Zeit in Betty's Oceanview Diner im kalifornischen Berkeley ausgefochten wurde und über den Nat Hentoff in lustvoller Verdrießlichkeit in der *Village Voice* berichtet hat.[2]

In Betty's Oceanview Diner nämlich sah an einem schönen Morgen des Jahres 1991 eine KellnerIn namens Barbara, die sich nachher weigerte, ihren Nachnamen anzugeben, einen Journalisten allein an einem Tisch sitzen und einen von besagtem Nat Hentoff verfaßten Zeitschriftenartikel über die Bill of Rights lesen. Nur handelte es sich bei der Zeitschrift um den *Playboy*, und so lehnte Barbara Sauberfrau es ab, ihn zu bedienen, mit der Begründung, daß sie »entsetzt und zutiefst schockiert« sei und daß der bloße Anblick eines *Playboy*-Heftes eine indirekte Form der Vergewaltigung darstelle, einen Anschlag auf das Selbstwertgefühl der Frau, sexuelle Belästigung am Arbeitsplatz und so weiter und so fort.

Sie und der Geschäftsführer forderten den Journalisten auf, das Lokal zu verlassen. Also zog der arme Schreiberling, der eigentlich nur auf ein Croissant und vielleicht noch einen Becher O-Saft ausgewesen war und nicht auf einen bürgerrechtlichen Frontalzusammenstoß, seiner Wege. Kurz darauf veranstaltete eine Gruppe von ortsansässigen Freigeistern in nämlichem Lokal ein Read-in, bei dem von einem der Hefnerschen PR-Männer gestiftete Freiexemplare von *Playboy* verteilt wurden. Es folgte eine Gegendemonstration von feministischen Organisationen, deren Mitglieder verkündeten, sich in ein und demselben Restaurant mit einer Ausgabe von *Playboy* aufhalten zu müssen, sei der weiblichen Gesundheit abträglich, und im selben Atemzug beteuerten, die Angelegenheit habe nichts mit »freier Meinungsäußerung zu tun, sondern mit Macht – der Macht der weißen Männerwelt, allem und jedem ihre eigenen Maßstäbe aufzuzwingen, ganz gleich, wie demütigend diese Maßstäbe für andere sind«. Totes Holz schwimmt oben, lautet die Faustregel des amerikanischen Unternehmertums; die entsprechende Regel der Befreiungsrhetorik müßte lauten, daß heiße Luft sich ausdehnt. In letzter Zeit wimmelt es in Amerika nur so von Anlässen, bei denen ein Mensch einem anderen den Mund verbietet und dann leugnet, daß die Meinungsfreiheit dadurch in irgendeiner Weise eingeschränkt würde.

Die Sache mit Betty's Diner war eher komisch; andere Vorfälle sind es weit weniger. Im Oktober 1992 sponserte die *Village Voice* in der Cooper Union in New York eine Diskussionsveranstaltung mit dem Thema »Kann ein Liberaler Abtreibungsgegner sein?«. Die Hauptredner waren Nat Hentoff und Robert Casey, Gouverneur in Pennsylvania, ein Demokrat, der beim demokratischen Parteitag in New York drei Monate zuvor von der liberalen Linie seiner Partei in Sachen Abtreibung abgefallen war. Nun gab es sicher so einiges, was man Casey hätte entgegenhalten können – wie Hentoff später hervorhob, verträgt sich beispielsweise Caseys liebevolle Besorgnis um die Rechte des Embryos schlecht mit seinem Einsatz für die Todesstrafe für Erwachsene –, aber soweit kam es erst gar nicht. Statt dessen brachte ein Trupp von militanten Abtreibungsbefürworterinnen, von denen einige Buttons mit der Aufschrift FUCK FREE SPEECH trugen, den Saal in seine Gewalt und ließ keinen der Sprecher zu Wort kommen, so daß die Diskussion selbst den Weg so vielen ungeborenen Lebens ging. Eine dieser Kämpferinnen, eine Harpyie von irgendeiner linken Gruppierung, beglückwünschte sich und ihre Kameradinnen hinterher in einem Leserbrief an die *Village Voice* zu diesem Sieg über die Redefreiheit: »Wenn achtzig bis hundert antirassistische, antisexistische Aktivistinnen eine Propagandaveranstaltung eines der mächtigsten Rassisten und Sexisten von ganz Amerika zum Scheitern bringen, wie wir und andere es getan haben ... bedeutet das einen Triumph für alle fortschrittlich denkenden Menschen.« Für alle fortschrittlich denkenden Menschen außer für jene, die nicht an Daumenschrauben und Knebelung glauben und mit Diskussionen mehr anfangen können als mit NS-mäßigem Gezeter.

Manche Impulse ändern sich offenbar nicht, sie tauchen lediglich in den Untergrund ab. Es besteht ein direkter Draht zwischen der Cooper Union 1992, Berkeley 1991 und Massachusetts 1670, und zwar unter geschickter Umgehung der Bill of Rights. Vor ein paar Jahren beschwerte sich der – junge, schwarze – Sprecher des Studentenparlaments in Stanford darüber, daß »wir der Redefreiheit nicht so viele Beschränkungen auferlegen, wie wir sollten«. Haargenau der Standpunkt des republikanischen Kongreßabgeordneten Jim Inhofe aus Oklahoma, der etwa um dieselbe Zeit im Repräsentantenhaus vollmundig George Bushs Verfassungszusatz zum Schutz der amerikanischen Flagge sekundierte. »Es kommt die Zeit, da die Redefreiheit nicht mehr den besten Interessen unseres Landes dient, und diesen Punkt haben wir nun erreicht.« Paläo-Konservative und PC-Therapeuten ziehen beide am selben Strang, nur daß es nicht ganz dieselben Dinge sind, die sie verbieten wollen.

Dieses weinerlich-denunziatorische Klima belastet Leser wie Schriftsteller und wirkt sich nicht nur auf die Interpretation von Geschriebenem aus, sondern auch auf die Art, wie Schreiben gelehrt wird.
Unsere Vorväter im fünfzehnten Jahrhundert waren auf die Schaffung von Heiligen fixiert, unsere Ahnherren im neunzehnten Jahrhundert auf die Herstellung von Helden, von Christoph Kolumbus bis George Washington. Unsere eigene Leidenschaft ist die Anerkennung, Lobpreisung und, wo nötig, auch Produktion von Opfern, deren einzige Gemeinsamkeit die Tatsache ist, daß die Natur ihnen Parität mit jener Blonden Bestie der sentimentalen Imagination versagt hat, dem heterosexuellen, weißen, mittelständischen Mann.
Die Auswahl an Opfern, die vor zehn Jahren geboten war – Schwarze, Chicanos, Indianer, Frauen, Homosexuelle –, hat sich mittlerweile so erweitert, daß sie jede Spielart der Lahmen, der Blinden und der Kleinwüchsigen einschließt, oder, um es in der korrekten Terminologie auszudrücken, der »anders Befähigten« [differently abled], der »Anderssichtigen« [other-visioned] und der »vertikal Herausgeforderten« [vertically challenged]. Zu keiner Zeit war die menschliche Identität so von Akronymen bedroht. Es ist, als wäre alles zwischenmenschliche Miteinander eine einzige entzündete Stelle, schwärend von Möglichkeiten, den anderen unwissentlich zu verletzen und von ihm verheerende Wunden zu empfangen. Vor dreißig Jahren brach in den Vereinigten Staaten eine neue Ära in der Geschichte des Kampfes um die Menschenwürde an: die Bürgerrechtsbewegung. Aber nach einem guten Jahrzehnt unter einer Regierung, die jegliche Rassenprobleme nach Kräften ignorierte, wenn sie nicht gerade damit beschäftigt war, die Errungenschaften der sechziger Jahre rückgängig zu machen, besteht die

heutige amerikanische Standardreaktion auf Ungleichheit darin, ihr einen neuen Namen zu geben, so als würde sie sich dadurch in Luft auflösen – eine Unsitte, die, so George Orwell in *Politics and the English Language*, die Sprache zerstört, ohne auch nur das geringste an der Wirklichkeit zu ändern, und gegen die wir uns nur absichern können, indem wir konkret werden:

> Wer sein Englisch vereinfacht, ist von den schlimmsten Torheiten der Orthodoxie befreit. Er kann sich nicht mehr in die erforderlichen Jargons flüchten, und wenn er eine dumme Bemerkung macht, wird ihre Dummheit nicht zu verbergen sein, nicht einmal vor ihm selbst. Die Sprache der Politik – und das gilt mit geringen Einschränkungen für alle politischen Parteien, von den Konservativen bis zu den Anarchisten – zielt darauf ab, Lügen aufrichtig und Mord ehrenhaft klingen zu lassen und blauem Dunst den Anschein von Solidität zu verleihen. All das läßt sich nicht von heute auf morgen ändern, aber zumindest unsere eigenen Gewohnheiten können wir umstellen ...

III

Was Orwell 1946 schrieb, ist ein halbes Jahrhundert später immer noch gültig und wird es auch in Zukunft bleiben. Sicher, es gibt Schlimmeres in der amerikanischen Gesellschaft als das derzeitige Faible für politisch korrekte Sprache, ob es nun von der Linken oder der Rechten ausgeht. Aber wenig anderes ist so absurd und fällt sich letztlich selbst so sehr in den Rücken. Uns schwebt eine Art sprachliches Lourdes vor, wo ein

kurzes Eintauchen in die Wasser des Euphemismus alles Böse und alles Ungemach weichen läßt. Nimmt der Krüppel sein Bett und wandelt oder fühlt sich wohler in seinem Rollstuhl, weil irgendwann während Carters Präsidentschaft jemand beschlossen hat, daß er von Amts wegen fürderhin als »körperlich herausgefordert« [physically challenged] zu gelten hat? Bildet der Homosexuelle sich ein, die anderen liebten ihn mehr oder haßten ihn weniger, weil er als »gay« gehandelt wird – ein Begriff, der aus der englischen Kriminellensprache des achtzehnten Jahrhunderts stammt, wo er Prostitution und ein gewieftes Sich-Durchschlagen implizierte? Die Rowdys, die früher Schwuchteln klatschen gingen, gehen jetzt »gay-bashing«; mehr ist nicht gewonnen.
Oder auch »homophob«, eines der Lieblingsschimpfwörter der PCler. Von zwanzig Leuten, die heutzutage damit um sich werfen, weiß selten auch nur einer, was es bedeutet. Homophobie ist ein medizinischer Terminus technicus, der eine pathologische Störung bezeichnet, eine krankhafte Abneigung gegen Homosexualität, die einer tiefunterdrückten Angst entspringt, selbst homosexuell zu sein. Dieser Tage wird er unterschiedslos auf jeden angewendet, der sich auch nur den Hauch eines Vorbehalts gegen irgendeinen Homophilen anmerken läßt oder es (gleich wie zaghaft) wagt, eines der Sonderrechte (gleich wie extrem) in Frage zu stellen, die für sie als Interessen- oder Statusgruppe beansprucht werden. In den achtziger Jahren wurden amerikanische Schriftsteller, die sich nicht der extremistischen politischen Linie des israelischen Likud-Blocks und seiner Washingtoner Lobbyisten unterwarfen, gern des »Antisemitismus« beziehungsweise des »Selbsthasses« bezichtigt, je nachdem, ob sie Juden waren oder nicht. In Streßsituationen greift ein

Mensch mit begrenzten sprachlichen Möglichkeiten (oder einer Sprache, die ausschließlich Werkzeug einer Ideologie ist) nach dem emotionsgeladensten Wort, das er finden kann – das bezeichnendste Beispiel dafür ist gegenwärtig wohl »Rassist«, ein Wort, das ebenso wie »Faschist« so viele Möglichkeiten beliebiger Denunziation eröffnet, daß der ursprüngliche Bedeutungskern kaum noch eine Rolle spielt. Zum »Rassisten« wird man, indem man hirnrissige Theorien vertritt, die das Fehlen von Melanin in der menschlichen Haut als Anzeichen von Überlegenheit postulieren, aber auch, indem man laut sagt, daß Reverend Al Sharpton mit seiner von hinten bis vorne erfundenen Geschichte von dem Mißbrauch des schwarzen Teenagers Tawana Brawley durch einen der Phantasie entsprungenen weißen Schlägertrupp ganz New York an der Nase herumgeführt hat; indem man Zweifel an der Wirksamkeit des Wohlfahrtsstaates anmeldet oder, in den Augen mancher Leute, einfach indem man weiß ist.

So grotesk sich die Sprache im Angriff aufbläht: Wo sie Billigung zum Ausdruck bringen will, zieht sie sich ängstlich in sich zusammen, versteckt sich hinter Worten, durch die sich beim besten Willen niemand beleidigt fühlen kann. Wir fallen nicht durch, wir bleiben in unserer Leistung zurück. Wir sind keine Junkies, sondern treiben unkontrollierten Umgang mit Suchtstoffen; wir sind nicht behindert, sondern anders befähigt. Und wir sind glattzüngig bis in den Tod: Ein Leichnam, mahnte 1988 das *New England Journal of Medicine*, solle doch besser als »nicht lebende Person« [nonliving person] tituliert werden. Ein dicker Leichnam wäre somit eine nicht lebende Person von anderen Ausmaßen.

Wenn diese affektierten Verrenkungen wirklich zur

Folge hätten, daß die Menschen zivilisierter und verständnisvoller miteinander umgingen, ließen sie sich ja rechtfertigen. Aber sie bewirken nichts dergleichen. Vor siebzig Jahren hießen die Schwarzen im gehobenen weißen Sprachgebrauch »colored people«. Dann wurden sie zu »negroes«. Als nächstes zu »blacks«. Jetzt spricht man von »African-Americans« oder wieder von »persons of color«. Aber für Millionen weißer Amerikaner sind sie Nigger geblieben, von George Wallaces Zeiten bis zu den Tagen von David Duke. Die Namensänderungen haben nichts an den Fakten des Rassismus geändert, ebensowenig wie die feierliche Ausrufung von Fünf-Jahres-Plänen und großen Sprüngen nach vorn die gesellschaftspolitischen Bauchlandungen des Stalinismus und des Maoismus in Triumphe verwandeln konnten. Die Vorstellung, einem Mißstand abzuhelfen, indem man ein neueres, gefälligeres Wort dafür findet, geht auf den alten amerikanischen Hang zu Euphemismus und Umschreibung zurück, auf eine angestammte Hilflosigkeit in Benimmfragen – die Dinge beim Namen zu nennen, so die ständige Angst, heißt anecken. Und es scheint eine ganz speziell amerikanische Angst zu sein. Der Ruf nach politisch korrekter Ausdrucksweise hat vielleicht noch in England ein gewisses Echo gefunden, im restlichen Europa jedoch so gut wie gar keins. Niemand in Frankreich ist bisher darauf verfallen, den Frankenkönig Pippin den Kurzen in *Pepin le Vérticalement Défié* umzutaufen, ebensowenig wie Velásquez' Zwerge irgendwelche Anstalten machen, für spanische Zwecke zu *Las gentes pequeñas* zu werden. Und das Chaos, das entstünde, wenn die Hochschulen und Verwaltungsapparate beschließen würden, alle genus-spezifischen Bezeichnungen abzuschaffen, in den romanischen Sprachen etwa, wo jedes Hauptwort ein Geschlecht hat und wo,

damit es auch ja nicht zu einfach wird, das Wort für das männliche Genital gern weiblich und das für sein weibliches Gegenstück männlich ist (*la polla/el coño*), ist kaum auszudenken.
Kein Umbenennen dieser Welt wird den Anteil an Heuchelei in dieser oder sonst irgendeiner Gesellschaft verringern. Aber es leistet dem Vorschub, was in Militärkreisen so schön Nebenschäden in zielgesättigtem Umfeld heißt – in diesem Fall der Verwundung unschuldiger Sprache. Man denke nur an die feministischen Rundumschläge gegen alle Wörter, die »man« als Prä- oder Suffix haben.
Wörter, in denen die Silbe »man« vorkommt, werden als geschlechtsspezifisch und von daher als frauenfeindlich aufgefaßt: »mankind« [Menschheit] beispielsweise spricht den Frauen angeblich den Status des Menschen ab. Also benutzen wir statt *chairman* das sperrige *chairperson* oder einfach *chair*, als sei der oder die unglückselige Vorsitzende mit vier geschwungenen Chippendale-Beinen und einer gedrechselten Rückenlehne behaftet. Kürzlich bekam ich das Stilhandbuch der australischen Regierung zugeschickt, das bei amtlichen Publikationen unter anderem Wörter wie *sportsmanship* [sportliches, faires Verhalten], *workman* [Handwerker] und *statesmanlike* verbietet (für letzteres werden die Synonyme »taktvoll, geschickt« vorgeschlagen, was vielleicht den gegenwärtigen Mangel an australischen Staatspersonen erklärt – immerhin beschimpfte im Oktober 1992 unser Premierminister Paul Keating den Senat aufs deftigste als »wählerferne Dreckbrühe« und »Schwuchtelverein«). Selbst *craftsmanship* [Kunstfertigkeit] steht auf der schwarzen Liste; die wohlklingende Alternative dazu lautet »skill application« [angewendetes Können]. Nicht mehr lange, und meine Landsleute werden,

nach guter amerikanischer Tradition auf der Suche nach euphemistischen Umschreibungen für Wendungen, die gar nichts Anstößiges enthalten, *Waltzing Matilda* umdichten, und der muntere Wandersbursch mit seinem Feuerchen am Fluß wird kein »swagman« mehr sein, sondern eine »swagperson«.
Aber wozu eigentlich die ganze Aufregung? Jeder, der sich mit der Geschichte unserer Sprache auskennt, weiß, daß die Nachsilbe *-man* im Altenglischen und Angelsächsischen geschlechtsneutral war: Sie hatte, damals wie heute, dieselbe Bedeutung wie unser jetziges »person« und bezog sich auf alle Menschen gleichermaßen. Um das Geschlecht auszudrücken, mußte sie modifiziert werden: *waepman* für die Männer, *wifman* für die Frauen. Aus diesem neutralen Gebrauch von *-man* leiten sich Bezeichnungen wie *chairman, fisherman* und *craftsman* ab; gemeint sind damit Personen gleich welchen Geschlechts, die ein bestimmtes Amt oder Handwerk ausüben. Die alte sexistische Kränkung, die dem Wort angeblich seit Beowulfs Zeiten innewohnt, existiert somit überhaupt nicht.[3] Dennoch verschafft sie kleinkarierter PC-Tugendhaftigkeit ein weites Betätigungsfeld, wie etwa in der folgenden Mahnung eines gewissen S. Scott Whitlow vom kommunikationswissenschaftlichen Institut der University of Kentucky an die Studentin Victoria Martin, die sie an den *American Spectator* weiterleitete:

> Liebe Victoria,
> bei Ihrer kürzlich eingegangenen Stipendienbewerbung ist einigen Mitgliedern des Auswahlgremiums der unangemessene Gebrauch des Wortes »chairman« aufgefallen ... ganz besonders unangebracht ist es natürlich, eine *Frau* mit »chairman« anzureden, es sei denn, Sie verwenden diese aus-

grenzende Sprache auf ihren ausdrücklichen Wunsch hin ... Bald werden Sie ins Berufsleben einsteigen, in die Wirtschaft oder Medienbranche. Auch dort, das werden Sie feststellen, wird von Ihnen die Bereitschaft erwartet, andere Frauen nicht durch gedankenlosen Sprachgebrauch marginalisieren zu wollen ... Es gibt eine Reihe von Büchern, von denen ich Ihnen gerne ein paar empfehle. Bitte lassen Sie mich wissen, ob Sie eine Liste wünschen.

Was dieses Schreiben zu einem solchen Ärgernis macht, sind nicht nur die sprachlichen Schlampereien (»Bereitschaft ... zu wollen«) oder die bürokratische Unbestimmtheit (»in die Wirtschaft oder Medienbranche« – das von jemandem, der *Kommunikation* unterrichten soll!), ja, nicht einmal die herablassende Vertraulichkeit einer fremden Person gegenüber (»Liebe Victoria«). Es ist diese altweiberliche Pedanterie der puritanischen Gevatterin, die sich gespitzten Mundes ein Hühnchen zum Rupfen sucht.
Sicher, es gibt etliche neue Begriffe und Wendungen, die manchen Konservativen zunächst haarspalterisch oder unnötig vorkamen, mittlerweile jedoch unverzichtbar geworden sind. Welcher Briefschreiber wäre nicht dankbar für die Einführung des »Ms«, das ihm die formelle Anrede einer Frau ohne Bezugnahme auf ihren Familienstand ermöglicht, und sähe sich statt dessen lieber wieder vor die Wahl zwischen »Mrs.« und »Miss« gestellt? Auch für »African-American« spricht einiges, selbst wenn es dem »black« nicht viel vorauszuhaben scheint außer seiner Länge, einer sprachlichen Eigenschaft, die viele Amerikaner mit Würde verwechseln. Die Bezeichnung »Asian-American« ist bei aller Schwammigkeit wahrscheinlich besser als

»Oriental«, da sie zumindest gebührend wertfrei ist, ohne jene Dunstglocke herabsetzender Bildlichkeit, die dem älteren Wort immer noch anhängt: »Orientalisch« suggeriert eine Fremdheit, die so absolut ist, daß sie jede Annäherung von vornherein ausschließt, und beschwört darüber hinaus die Fu-Manchu-Phantome der rassistischen Abenteuerromane des neunzehnten Jahrhunderts – arglistige Zauberkünste, Wolken von Opium, böse glitzernde Schlitzaugen. »Native American« statt »American Indian« oder einfach nur »Indian« klingt äußerst tugendsam – nur daß es den reichlich absurden Schluß nahelegt, Weiße, deren Familien bereits drei, fünf oder vielleicht sogar die gesamten dreizehn Generationen seit 1776 im Lande sind, seien keine *natives*, keine Eingeborenen, sondern nach wie vor nur Eindringlinge. Wenn die Weißen erst ein so schlechtes Gewissen haben, daß sie sich selbst »European-Americans« nennen, dann ist es Zeit, den ganzen Sprachwirrwarr des hektischen Divisionismus über Bord zu werfen, auf daß jedermann, ob schwarz, gelb, rot oder weiß, wieder schlicht und einfach »amerikanisch« sein darf, was ja ohnehin keine schlechte Idee wäre.

Wie dem auch sei, Worte sind keine Taten, und Terminologie allein bewirkt wenig. Barbara Ehrenreich bemerkt dazu:

> Ich lege Wert darauf, mit Ms angeredet zu werden. Ich mag es nicht, wenn Leute von »man« sprechen, wenn sie mich auch meinen. Ich bin bereit, dafür auf die Barrikaden zu gehen. Aber ich weiß auch, selbst wenn alle Frauen Ms genannt werden, bekommen wir für jeden von einem Mann verdienten Dollar trotzdem immer noch nur fünfundsechzig Cent. Ethnische und sonstige Minderheiten, auch

wenn sie unter neuen Namen geführt werden, werden trotzdem immer noch schwer an Armut, Diskriminierung und Rassenfeindschaft zu tragen haben. Verbale Beförderung ist nicht gleich Revolution.[4]

Nicht nur ist sie nicht gleich Revolution: Sie ist auch ein Geschenk des Himmels für die Rechte. Was täten wohl George Will, P. J. O'Rourke, die Herausgeber des *American Spectator,* und einige der Autoren des *New Criterion* ohne die unerschöpfliche Flut von politisch korrekten Wortgebilden von seiten der akademischen Linken? Hat je eine angeblich radikale Bewegung ihre Gegner mit einer so reichhaltigen Palette billiger Angriffsziele versorgt?

Die Satire hält sich mit Vorliebe an Sitten und Gebräuche, und genau das ist die PC-Sprache ja im Grunde: politische Etikette, nicht Politik als solche. Wenn die Wasser der politischen Korrektheit zurückgehen – was sie über kurz oder lang tun werden, nicht ohne den vorhersagbaren Schmutzstreifen von toten Wörtern am sozialen Strand zu hinterlassen –, dann wird das unter anderem daran liegen, daß die Jugendlichen die Nase voll haben von dem ständigen Kleinkrieg über die linguistischen Anstandsregeln, der an den Universitäten geführt wird. Der Radikalismus der Jugend ist großzügig, romantisch und spontan und gedeiht schlecht in einer Atmosphäre pedantischer, verbohrter Krittelei. Das eigentliche Problem bei der politischen Korrektheit ist nicht ihr »Post-Marxismus«, sondern ihr Post-Puritanismus. Wer ihren repressiven Einfluß zu spüren bekommt, das sind nicht die konservativen Kräfte auf dem Campus. Denen geht es prächtig; sie könnten sich gar nichts Besseres wünschen, als daß die PCler irgendeinem besoffenen Niemand von

Studenten, der unter den Wohnheimfenstern »Nigger« und »Spasti« in die Nacht hinausbrüllt, die Gelegenheit geben, sich zum Märtyrer verbaler Unterdrükkung aufzuwerfen. Die Studenten, die darunter leiden, sind diejenigen, die ihrer Unzufriedenheit über den Stand der Dinge im Amerika unserer Tage gerne Ausdruck verleihen würden, aber feststellen, daß sie nicht frei darüber sprechen können, weil schon ein einziges falsches Wort Stichflammen der Empörung und kleine Luftdetonationen von Verachtung seitens der weiter links Stehenden über sie hereinbrechen läßt. In einer akademischen Welt, in der, wie das an der University of California in Santa Cruz der Fall war, eine Kampagne gegen das Verb »japsen« geführt werden kann, mit der Begründung, das Wort beinhalte *in einem anderen Kontext* rassische Verunglimpfung, ist nichts unmöglich. Wie wäre es, wenn man »warme Semmeln« als Verunglimpfung der Homosexuellen verbieten würde?[5] Noch größer ist das Dilemma an Universitäten wie Stanford, die ihren eigenen Sprachkodex aufgestellt haben. Diese Kodices stammen in der Regel gar nicht von den Studenten selbst, sondern sind ihnen von oben aufoktroyiert worden – von Dozenten aus den Zeiten des Baby-Booms, Angehörigen einer rechts wie links gleichermaßen moralisierenden und scheinheiligen Generation. Wie Nat Hentoff anmerkt,[6] werden diese Kodices, »einer wie der andere so übersteigert und unspezifisch, daß die Studierenden ihn verletzen können, ohne sich dessen überhaupt bewußt zu werden«, nicht einmal in allen Fällen auf Verlangen der Studenten aufgestellt, denn

> An den meisten Colleges ist es die Verwaltung, die den Kodex bestimmt. Jemand hat irgendwelche rassistischen, sexistischen oder homophoben Äu-

ßerungen fallenlassen, anonyme Briefe geschrieben oder die Wände besprüht, und die Verwaltung hat das Gefühl, *irgendwie durchgreifen* zu müssen. Und der billigste, schnellste Weg, zu beweisen, daß ihr die Angelegenheit am Herzen liegt, ist, jedwede rassistischen, sexistischen und homophoben Äußerungen demonstrativ in Acht und Bann zu tun.

Also kann ein Student nach akademischen Gesetzen für verbale Entgleisungen und Verstöße gegen die Etikette bestraft werden, für die ihn außerhalb des Campus, nach dem tatsächlich geltenden Gesetz, niemand belangen kann. Diese Schizophrenie hat ihren Ursprung in einer utopischen Wunschvorstellung, derzufolge die Universität ein Arkadien ist oder es zumindest sein sollte. In der Praxis freilich behindert eine solche Wunschvorstellung nur allzu leicht den Übergang des Studenten aus der beschützten Kindheit in ein mündiges Erwachsenenleben, das alles andere als arkadisch ist. Wie die (schwarze, weibliche) Vertreterin eines Community College in Colorado, Gwen Thomas, bei einer Podiumsdiskussion in Stanford erklärte:[7]

> Eine harmonische, unaggressive Lehrumgebung ist gut und schön, aber unsere jungen Leute müssen auch die Möglichkeit erhalten, auf dem Campus erwachsen zu werden. Wir müssen ihnen beibringen, mit Situationen der Konfrontation fertig zu werden. Sie müssen lernen, mit sprachlicher Aggression, die sie beleidigt und verletzt, zu leben.

IV

Die amerikanische Rechte amüsiert sich königlich mit der politischen Korrektheit. Aber ihre Ausgelassenheit hat einen schalen Beigeschmack, und es beschleicht einen leichtes Unbehagen, wenn sie ihre Luftsprünge vollführt und sich damit brüstet, die »wirkliche« Sprache zu repräsentieren. Man würde lieber schwimmen, als sich in das Schlauchboot der PCler hieven zu lassen. Aber genausowenig möchte man in Blazer und Seglerschuhen auf der protzigen Jacht der Konservativen mit ihren 400-PS-Zwillings-Buckleys, ihrer Buchanan-Tröte, ihrem Falwell & Robertson-Kompaß, dem Quayle-Tiefenmesser und der kaputten Bilge herumstehen, die jetzt mit Schlagseite im Potomac treibt, während ihre Mannschaft sich darüber streitet, wer nun »wirklich« die Wahl 1992 verloren hat.

Warum? Weil die Rechte ebenso von überholter Ideologie zerfressen ist wie die akademische Linke. Propagandistisches Geschwafel, Euphemismen und Augenwischerei sind heute ein so fester Bestandteil des amerikanischen Sprachgebrauchs, daß sie alle parteilichen und ideologischen Schranken überwinden. Die Kunst, um den heißen Brei herumzureden und mißliebige Tatsachen zu bemänteln, indem man sie bis zur Unkenntlichkeit abstrahiert oder in Zuckerwatte packt, ist Washington mittlerweile so in Fleisch und Blut übergegangen, daß man gar nichts anderes mehr erwartet – der wichtigste praktische Unterschied besteht darin, daß Präsidenten, Kongreßabgeordnete, Generäle und Vorstandsvorsitzende sich das Zeug schreiben *lassen*. Der Realitätsverlust durch Euphemismen und Lügen in den Äußerungen der letzten beiden Präsidenten und ihrer Höflinge war zwanzigmal schlimmer und einflußreicher als alles, was die akademischen Tugendwächter hervorgebracht haben, auch wenn man darüber keine Beschwerden im *Commentary* oder im *New Criterion* liest. Der Managerjargon hat uns die schönen Umschreibungen »equity retreat« [Kursrückgang] für den Börsenkrach von 1987 und »corporate rightsizing« [personalpolitische Anpassungsmaßnahmen] für die Entlassung großer Mengen von Arbeitern beschert. Seit dem Golfkrieg wissen wir, daß ein Bombardement, das einen Ort dem Erdboden gleichmacht, »servicing a target« [ein Ziel bedienen] oder »visiting a site« [einer Stätte einen Besuch abstatten] heißt; ein zweiter Bombenangriff auf dasselbe Areal, auf daß auch ja keine Schlange und kein Dornbusch mit dem Leben davonkomme, nennt sich dann »revisiting a site«. Auch den Tieren tun wir natürlich nicht gern ein Leid an, was zimperliche Euphemismen wie »Ernte« für Tötung zur Folge hat, nach Fenimore Coopers *Der Wildernter* vermutlich. Jäger sind, so soll dadurch suggeriert werden, in Wirklichkeit Sammler: Konservenfabriken etwa rühren gern die Werbetrommel mit dem Slogan der Thunfisch-»Ernte« – als hätten ihre weitblickenden Direktoren Albacore und Gelbflossenthunfisch ausgesät und brauchten sie jetzt einfach nur zu pflücken.

Den Untergang des Kommunismus vor Augen, schrieben konservative Leitartikler über eine »unipolare Welt« – ein selten dümmliches Beispiel spätimperialistischen Denkens, wenn man zufällig kein Amerikaner ist –, dieweil George Bush verkündete, daß Amerika nun der »Neuen Weltordnung« vorstünde. Diese erhebende Formulierung war eine leere Phrase. Bush hatte das Glück, daß die Maueröffnung und der Zusammenbruch des sowjetischen Machtblocks, dessen Fundamente nach den Breschnew-Jahren so angefault waren, daß jede Hilfe zu spät kam, in seine Amtszeit fielen. Vernünftigerweise schritt er nicht ein, sondern überließ die Befreiung Osteuropas den Europäern und Russen selbst.

Aber von einer »Neuen Weltordnung« keine Spur. Statt dessen herrscht eine nicht in den Griff zu bekommende Neue Welt-Unordnung mit waffenhändlerischem Business As Usual, in der all der Religionshaß, all die nationalistischen Ressentiments, die unter den Gletschermassen des Sowjetreiches seit 1945 eingefroren waren (in Rußland selbst zum Teil sogar seit 1917), wieder aufbrechen und – gestärkt durch ihren Dornröschenschlaf und ohnmächtig beobachtet vom übrigen Europa sowie den wenigen Amerikanern, die sich dazu aufraffen können, Sarajewo im Atlas ausfindig zu machen – mit dem Morden beginnen.

Die Rechte hat ihre eigene Form von PC – patriotische Korrektheit, wenn man so will –, die ganz genauso auf die Verschleierung unschöner Wahrheiten abzielt. Sie hat außerdem ein unübersehbares Interesse daran, die Spaltung Amerikas in feindliche Lager aufrechtzuerhalten, eine Strategie, die für das Gemeinwesen des Landes Schlimmeres verheißt als alles, was sich der schwachen, in ihren eigenen Schlingen gefangenen amerikanischen Linken vorwerfen läßt.

Polarisierung macht süchtig. Sie ist das Crack der Politik – ein kurzer, intensiver Rausch, den der Organismus wieder und wieder benötigt, bis er zusammenbricht. Die immer größere Erbitterung, mit der Amerika sich in »rechts« und »links« spaltet, erwächst aus einem zunehmenden Realitätsverlust. Was die Wähler selbst von der Politik ihres Landes halten, wie sie ihre eigenen Bedürfnisse wahrnehmen, danach fragt schon längst keiner mehr. In den sechziger Jahren versuchte die Neue Linke alle Konservativen zu Faschisten abzustempeln. In den achtziger Jahren nannte die Neue Rechte jeden Liberalen einen Sozialisten – und der Name blieb haften. In ihrer hemmungslosen Feindseligkeit gegen alles, was seine Wurzeln im New Deal hatte, brachten es Reagan und die Seinen fertig, alle Staatseingriffe in die Wirtschaft (außer beim Militärbudget) mit schleichendem Marxismus gleichzusetzen. Als dann Ende der achtziger Jahre der real existierende Marxismus kollabierte, wurde sein Tod als eine vernichtende Niederlage für den amerikanischen Liberalismus verbucht. Es war ein Anblick, dem, eine Zeitlang zumindest, eine gewisse grausame Komik nicht abzusprechen war – all diese konservativen Leitartikler und Herausgeber, die im Chor jubelten: »Triumph, Triumph, die weitsichtigen Maßnahmen Ronald Reagans haben der Sowjetunion das Rückgrat gebrochen«, ohne zu merken, daß genau dieselben Maßnahmen auch die USA auseinanderbrechen ließen.

Etikettenschwindel, wohin man schaut. In den letzten fünfzehn Jahren ist es den amerikanischen Konservativen fast ebenso kampflos wie nahtlos gelungen, Forderungen und Wünsche, die in einem weniger neurotischen Staat als eine einfache Erweiterung der in der Verfassung garantierten Rechte und somit als ideologisch völlig neutral empfunden würden, als linksextrem zu brandmarken. »Ich bin für ›anti-politische Politik‹«, erklärte Václav Havel, kurz nachdem er Präsident der Tschechoslowakei geworden war. »Das heißt, eine Politik, die nicht als Technologie der Macht und Handhabung von Herrschaftssystemen auf Kosten der Menschen betrieben wird, auch nicht als gekonntes Jonglieren mit Sachzwängen, sondern als angewandte Moral, als Dienst an der Wahrheit, als ein von Grund auf menschliches und mit Menschenmaß gemessenes Bemühen um unsere Mitmenschen. Ein solcher Ansatz ... ist in dieser Welt extrem unpraktisch und schwer zu realisieren ...« Im Amerika unserer Tage wäre Havel, der intelligente Liberale, ebenso unwählbar wie Jefferson, der elitäre Sklavenhalter. Denn die Vorstellung eines »mit Menschenmaß gemessenen Bemühens« um die rechtmäßigen Interessen anderer fällt immer mehr einer hysterischen Suche nach Sündenböcken zum Opfer. Die Panikmache im Dienste von Feminismus, Abtreibungsfreiheit und der Gleichberechtigung Homosexueller hat den politischen Diskurs in einer Weise emotional aufgepeitscht, die in der abendländischen Demokratie ihresgleichen sucht.

Die allerwenigsten amerikanischen Homosexuellen sind Mitglied militanter Organisationen wie *Act Up* oder *Queer Nation*. Die meisten von ihnen lehnen zwar mit Recht Kardinal O'Connors Einstellung zu Kondomen ab – wie viele von uns Heterosexuellen ja schließlich auch –, aber sie stören deshalb nicht die Messe in St. Patrick's; sie wollen einfach nur ihr Leben leben, ohne um ihrer sexuellen Neigungen willen verfolgt zu werden.

Dennoch reagierte Washington in den achtziger Jahren in keiner Weise auf ihre Forderung nach Regierungsmaßnahmen zur AIDS-Bekämpfung. Reagan nahm das Wort AIDS in der Öffentlichkeit nicht ein einziges Mal in den Mund, und von Bush bekamen sie wenig mehr als vages Geschwafel zu hören. Jetzt sind sie Opfer eines billigen rhetorischen Spiels, diffamiert von Politikern, die ihren Wahlkampf zu gewinnen hoffen, indem sie an tief verwurzelte Vorurteile appellieren. So konnte 1992 eine Gruppe von schwulenfeindlichen Fanatikern der christlichen Rechten in Colorado mit dem Namen »Colorado for Family Values« ihre Anhänger zur Streichung der bestehenden

Gesetze des Staates gegen die Diskriminierung Homosexueller überreden. Seither genießen die Homosexuellen Colorados keinen Schutz mehr gegen Benachteiligung am Arbeitsplatz und bei der Wohnungsvergabe, gegen Homosexuelle gerichtete Drohungen und Gewalttaten haben sprunghaft zugenommen, und die Skifahrer in Aspen in ihren molligen, ökologisch korrekten Parkas mit Webpelzbesatz müssen sich sagen, daß sie zum Wohlstand eines Staates beitragen, der sich grob geschätzt auf das ethische Niveau der Rassenpolitik Alabamas in den fünfziger Jahren hinabbegeben hat.

Auch der amerikanische Feminismus zeigt etliche repressive Auswüchse, durch die er zur – oft abgrundtief banalen – Karikatur seiner selbst verkommt, wie zum Beispiel die akademische Gedankenpolizei, die es kürzlich schaffte, eine Reproduktion von Goyas *Nackter Maja* aus einem Seminarraum an der University of Pennsylvania zu verbannen. Er ist außerdem mit puritanischen Spinnerinnen wie der Autorin Andrea Dworkin geschlagen, die jeglichen Geschlechtsverkehr mit Männern, auch den auf freiwilliger Basis, als eine politisierte Form der Vergewaltigung betrachten. Aber entwertet das in irgendeiner Weise den Wunsch von Millionen von Amerikanerinnen, dieselben Rechte in Anspruch zu nehmen wie die Männer, von sexueller Belästigung am Arbeitsplatz verschont zu bleiben sowie in erster Linie Individuum sein zu dürfen und erst in zweiter Linie Mutter?

Dennoch ist der Feminismus in den Augen einiger amerikanischer Extremisten Teufelswerk und sonst gar nichts. Pat Robertson, ein ehemaliger Präsidentschaftskandidat, der sich durchaus noch einmal um das Amt bemühen könnte, bezeichnete kürzlich einen in Iowa eingebrachten Verfassungszusatz zur Förde-

rung der Gleichberechtigung als »feministische Agitation«, als einen »sozialistischen, familienfeindlichen politischen Schachzug, der die Frauen dazu ermutigen soll, ihren Männern wegzulaufen, ihre Kinder umzubringen, unter die Hexen zu gehen, den Kapitalismus zu zerstören und lesbisch zu werden«.[8]
Wo sich politische Äußerungen auf ein derartiges Niveau begeben, mögen sich zwar Fanatiker dem Kreuzzug anschließen, aber jeder halbwegs vernünftige Mensch distanziert sich davon. Wie die Wahl 1992 mehr als deutlich machte, hat es wenig Sinn, ein Parteiprogramm auf »Familienwerte« zu gründen, wenn die Leute in erster Linie Angst um ihre Arbeitsplätze haben, oder eine Kampagne für weniger Staat an den Mann bringen zu wollen, die weitgehend darin besteht, den Schwerpunkt staatlicher Kontrolle aus den Sitzungssälen der Unternehmen in den Gebärmutterhals zu verlagern. Eine Regierung, die den Menschen auf diese Weise Moral aufzuoktroyieren versucht, wird in den Augen der Bürger leicht zur lächerlichen Figur, zumal in einem Land, in dem der Klerus den Meinungsumfragen zufolge weniger Ansehen genießt als die Apotheker. »Vernünftige« Wähler beschleicht der Verdacht, daß das Herumreiten auf ethischen Werten das Fehlen eines praxisbezogenen sozialpolitischen Konzepts vertuschen soll. Aber es zeugt von politischer Idiotie, wenn diese »Vernünftigen« nun annehmen, der Wahlsieg Clintons und Gores könnte auch nur im Ansatz die großen Gewinne ausgleichen, die die religiösen Gruppierungen 1992 auf Kommunalebene verzeichnen durften. In Schulvorständen, Stadträten und den Parlamenten der einzelnen Staaten, kurz, in allen Bereichen des politischen Lebens außerhalb Washingtons, gewinnt der religiöse Fanatismus an Kraft, und so wird es auch bleiben. Wenn sich die amerikanische

Wirtschaft erholt, werden vermutlich weniger Wähler gegen die republikanische Finanzpolitik und eine größere Zahl für die moralischen Verheißungen einer vom Geist des Evangeliums durchdrungenen Grand Old Party stimmen. Die Intellektuellen des Landes dürfen sich nicht auf ihren Lorbeeren ausruhen – es sei denn, sie wollen, daß ihre Kinder in ein paar Jahren aus der Schule heimkommen und von der Sünde von Sodom erzählen oder das hanebüchene Geschwätz der »Schöpfungswissenschaft« nachplappern. Den konzertierten Anstrengungen der Fundamentalisten, die in der Verfassung verankerte Trennung von Kirche und Staat aufzuheben und das Land der Theokratie auszuliefern, muß sich jeder entgegenstellen, dem die amerikanische Demokratie am Herzen liegt.

In den achtziger Jahren war dem Gros der Wähler eine deutliche Politikverdrossenheit anzumerken, eine Abkehr von einer aktiven, besonnenen Ausübung der Staatsbürgerschaft. Diesen Trend können wir uns heute nicht mehr leisten. Er kam daher, daß die Amerikaner niemandem über den Weg trauten. Er war Teil der Depression, die die achtziger Jahre herbeiführten. Die republikanischen und demokratischen Parteien seit 1968 haben im Prinzip einfach nur zwei Arten konservativer Politik betrieben, die eine abschnittweise liberal, die andere betont anti-liberal. Beide Parteien vertreten die Interessen der gehobenen Mittelklasse. So war beispielsweise die letzte wahrhaft progressive Steuerreform, die von einem Präsidenten eingebracht wurde, die 1977 von Jimmy Carter vorgelegte – und mit ihr biß er bei einem demokratischen Kongreß auf Granit. Der gesamte Machtapparat in Washington ist auf die Lobbys der Großunternehmen ausgerichtet, nicht auf Forderungen kleiner Gruppen von Bürgern. Wie E. J. Dione in seinem kürzlich erschienenen Buch

Why Americans Hate Politics sehr beredt darlegt, gibt es im Repräsentantenhaus wie auch im Senat nicht einen Block, der die Bedürfnisse und Ansichten der Menschen in der breiten Mittelzone amerikanischen Lebens, wo sich Arbeiterschaft und Mittelklasse überschneiden, wirklich verträte.

In den frühen siebziger Jahren begannen die Demokraten sich das Vertrauen dieser Öffentlichkeit zu verscherzen, indem sie sich auf die »*liberation*«-Politik festlegten und die Rechte der Minderheiten und Armen immer größer auf ihre Fahne schrieben. Wenn man die Reden der liberalen Demokraten in den siebziger und frühen achtziger Jahren hörte, hätte man als Außenstehender annehmen können, daß es in Amerika nur zwei Arten von Leuten gab, deren politisches Schicksal tatsächlich ins Gewicht fiel – die ganz Reichen und die Sozialfürsorgeempfänger. Diese Aufspaltung war ein ideologisches Kunstprodukt aus dem Geist der späten sechziger Jahre. Die Demokraten sagten sich von ihren gemäßigteren und pragmatischeren Führern wie Henry »Scoop« Jackson los und setzten ihre politische Zukunft ganz auf *kulturelle* Befreiung. Wie die Republikaner im Jahre 1992 versuchten die Demokraten unter George McGovern 1972 einen Wahlkampf unter Berufung auf ethische Werte zu führen – und verloren ihn.

Die amerikanische Arbeiterklasse mißtraute den »Limousinen-Liberalen«, die nichts anderes im Kopf hatten als die Umwelt, Frauenemanzipation, Abtreibungsfreiheit, Quotenregelungen und den Transport von Schulkindern in andere Stadtviertel zwecks Rassenintegration. Wer sie deshalb des Rassismus bezichtigte, machte es sich freilich zu einfach – das war nur wieder eine andere Art, wirkliche Menschen in Schubladen zu sperren, ein Mißverständnis, dem die jüngeren, auf dogmatischere Weise liberalen Demokraten ständig aufsaßen. Der amerikanische Arbeiter sah ganz einfach seinen Arbeitsplatz und sein Zuhause durch eine Politik bedroht, die von oben verordnet war und nichts mit ihm zu tun hatte.

Und so konnten die Republikaner sich zu Verteidigern der mit Füßen getretenen Werte und Symbole der zu kurz gekommenen Mittelschicht aufschwingen, der Wähler aus der Arbeiterklasse, die an Amerika glaubten, einen gesunden Argwohn gegen wohlversorgte Radikale hatten und Flaggenverbrenner haßten. Es war nicht sofort zu erkennen, daß die Republikaner sich um die wirtschaftlichen Interessen dieser Leute den Teufel scherten. Wer konnte voraussehen, daß ihre Finanzpolitik in den achtziger Jahren zu einem kurzfristigen Wirtschaftsaufschwung zum Preis einer Staatsverschuldung von vier *Billionen* Dollar und dadurch zu Rezession, einem empfindlichen Anstieg der Arbeitslosigkeit und einem allem Anschein nach nicht wiedergutzumachenden Verfall der Infrastruktur führen würde? Auch wenn das Wirtschaftskonzept der Republikaner scheiterte, sie hatten doch zumindest eines. Es erhielt den Spitznamen »Tröpfchen-Theorie«: das starrsinnige ideologische Festhalten an der Vorstellung, daß eine finanzielle Begünstigung der Reichen Gelder für den Mittelstand und die Armen abwerfen würde. Die Demokraten konnten der Wählerschaft nicht einmal so etwas anbieten. Sie sprachen nicht gern über so prosaische Dinge wie Arbeitsplätze. Statt dessen redeten sie hauptsächlich über Rechte. Sie lebten, so kam es vielen Millionen von amerikanischen Wählern vor, weit weg in einem Wolkenkuckucksheim, wo sich jeder Pornograph in die Jeffersonsche Toga des ersten Amendments hüllen konnte und wo jeder, der zu behaupten wagte, daß ein Kind bessere Aussichten auf eine glückliche Entwicklung hat, wenn es von zwei Eltern aufgezogen wird, die sowohl es selbst als auch einander lieben, von einem dahergelaufenen linken Extremisten aus einer Soja-Kommune in Vermont mit Hohn und Spott überzogen werden konnte. Wie Dione es formuliert:

> Der Moralismus der Linken machte sie blind für die Tatsache, daß die Verärgerung des Mittelstandes durchaus berechtigte Ursachen hatte. Das Aufbegehren des Mittelstandes gegen eine wachsende Steuerlast war nicht Ausdruck der Selbstsucht, sondern die Reaktion auf die Schwierigkeiten, einen der Mittelklasse entsprechenden Lebensstandard aufrechtzuerhalten. Die Empörung über die ansteigende Kriminalitätsrate war kein verdeckter Rassismus, sondern Ausdruck einer ganz realen Angst ... Der Unmut über die sozialen Hilfsprogramme entsprang zwar manchmal Rassenvorurteilen, aber ebenso oft der Ansicht, daß gewisse Grundsätze im Hinblick auf den Wert der Arbeit für jedermann zu gelten hätten. Nicht alle, die von »traditionellen Familienwerten« sprachen, waren deshalb automatisch frömmelnde Fanatiker ...

Die Wertvorstellungen klafften so weit auseinander, daß man mit einem Lastwagen hätte hindurchfahren können, und genau das taten die Republikaner, was ihnen einen großen und äußerst nützlichen Wählerblock von »Reagan-Demokraten« einbrachte. Aber so ganz ist auf diesen Rückhalt nicht mehr Verlaß, nun da die tatsächlichen Ergebnisse des uneingeschränkten *laissez faire* vorliegen, dem die Republikaner das Wort geredet haben: das größte Haushaltsdefizit, die schwerste Auslandsverschuldung und die breiteste

Kluft zwischen hohem und mittlerem Einkommen, die es in Amerika je gegeben hat.

Die Reagan-Jünger redeten beschwichtigend von der Rückkehr traditioneller amerikanischer Werte, der bindenden Macht der Moral und dergleichen mehr. Im Umgang mit der schwarzen Bevölkerung schien die Macht der Moral schon einmal nicht sonderlich bindend – schließlich hatte die Grand Old Party schnell erkannt, wo die Wählerstimmen herkamen: aus den weißen Vororten, nicht aus den schwarzen Ghettos im Stadtinneren. Daher der fatale Fehler der Präsidentschaft von Reagan und Bush: ihre »Südstaatenstrategie« der Begünstigung von allem, was den Rassengegensätzen in Amerika Vorschub leistete, und ihr Widerwille, Schwarze als *Amerikaner* zu behandeln. Einheit, so wie sie von ihnen gepredigt wurde, war nie mehr als die Schein-Einheit des Wir-gegen-sie. Der berühmte republikanische Willie-Horton-Werbespot, der 1988 die Wahlkampagne von Dukakis kippte, bildete nur die Spitze dieses Eisbergs moralischen Versagens.

Die »Moral« der Grand Old Party befaßte sich ausschließlich mit Sex und dem Vater, den wir alle ehren sollen, und vermied es taktvoll, an irgendeines der anderen Gebote zu rühren, insbesondere an das gegen das Stehlen. Eine ganz typische Figur der Zeit war denn auch Charles Keating, ein Geschäftsmann aus Cincinnati mit den hohlen Wangen, den stechenden Augen und dem unerbittlich-sittlichen Blick des wiedergeborenen Cracker-Vertreters. Keating war Mitbegründer der National Coalition Against Pornography zum Zwecke der Errettung der Unschuldigen aus den Klauen des Satans und wurde einer der eifrigsten Verfechter der »traditionellen Moral« im Mittelwesten. Erst später wurde klar, warum Keating so viel daran lag, daß

die Amerikaner sich ihre Unschuld bewahrten: Mit seinen Manipulationen von Lincoln Savings and Loan betrog er Tausende von unschuldigen Menschen um Millionen und Abermillionen Dollar, wenn er auch – anders als die meisten seiner Kumpane bei dieser Gaunerei – dafür ins Gefängnis wanderte.
Der Reaganismus löste die amerikanische Geschäftswelt aus ihrer Verankerung in traditionellen Werten wie keine politische Ideologie in der Geschichte des Landes je zuvor. Diese Orgie, die im Sparkassen-Skandal gipfelte, wurde von der Öffentlichkeit eine gute Weile hingenommen – hauptsächlich deshalb, weil die Regierung die Öffentlichkeit im dunkeln darüber ließ, was da vor sich ging. In seltener Eintracht hielten die beiden rivalisierenden Parteien die unerquickliche Wahrheit, daß die Steuerzahler nun mehrere hundert Milliarden Dollar berappen mußten, um den Sparkassen aus der Patsche zu helfen, bis unmittelbar nach der Wahl 1988 zurück. Aber die Summen waren ohnehin so astronomisch, daß sich die wenigsten etwas darunter vorstellen konnten.
Die neuen Helden des Big Business, die Firmenaufkäufer und Junkbond-Händler – Michael Milken, Ivan Boesky, Kohlberg Kravis – sprengten die herkömmliche Geschäftsbeziehung zwischen Investor, Mitarbeiter und Kunden. Die einzigen Interessen, die in dieser neuen Atmosphäre des fremdkapitalfinanzierten Aufkaufens und Ausschlachtens etwas zu sagen hatten, waren die der Anleger und ihrer Handlanger. Das hatte nichts mit Konservatismus zu tun. Es war eher eine Art Jakobinertum – eine maßlos abstrahierte Form der fiskalischen Revolution-durch-den-Übernahmevertrag, in der jede Firma, ganz gleich, wie sehr sie überkommenen Geschäftsprinzipien und -praktiken verhaftet war, unter das Fallbeil der Verschuldung

gezwungen wurde. Um mit Michael Thomas zu sprechen:[9]

> Unter Bedingungen wie diesen wird auch die Zeit selbst in einzelne Teile aufgebrochen. Ein Unternehmen, das seit über einem Jahrhundert fest im Geschäftsleben verwurzelt ist, kann von einem Übernahme-Spezialisten innerhalb von Wochen zerschlagen werden. Beständigkeit spielt keine Rolle mehr. Beziehungen spielen keine Rolle mehr. Der moderne Finanzier lebt und stirbt in der Transaktion. Jeder Tag ist der erste Tag, das Rad läßt sich unbegrenzt neu erfinden. Kohärenz ist nicht gefragt, da Kohärenz keinen Vorteil bringt. Handeln ist alles ... Jedes Urteilsvermögen wird durch den Ruhm außer Kraft gesetzt, Kritik streckt die Waffen vor dem Erfolg.

In den achtziger Jahren wurde Kenneth Galbraiths mürrischer Aphorismus über die Abwehrhaltung der Amerikaner gegenüber allem, was an die Politik des New Deal erinnerte, Wahrheit. Private Opulenz, Brosamen für die Öffentlichkeit.

Die traditionelle Rolle der Architektur in einer Demokratie – dem Bürger ins Gedächtnis zu rufen, daß der Staat um seinetwillen geschaffen worden ist und nicht umgekehrt – ist aus dem kulturellen Drehbuch gestrichen worden. Amerika hat für die achtziger Jahre keine großen öffentlichen Bauprojekte vorzuweisen. Wo ist die Baukunst, die von 1880 bis in die dreißiger Jahre hinein das Bürgerherz höher schlagen ließ und dem sozialen Selbstvertrauen den Rücken stärkte – die Symbole des prometheischen Amerika wie die Brooklyn Bridge, die Golden Gate Bridge, das Empire State Building oder, wenn wir schon dabei sind, Huey Longs

Louisiana State House? Nirgends. Statt dessen bescherte das Jahrzehnt uns eine Reihe verspielter postmoderner Kreationen von Philip Johnson und den jüngeren Architekten seines Wohlgefallens, den ziergiebel-zitierenden Ralph Laurens ihres Faches: resopaldünne Denkmäler für die Eitelkeit des einen oder anderen *corporate raider*, vergoldeten Plunder, visuelle Reklame für das Imperium der Herren Trump & Duck. Kulturtouristen pilgerten nach New York, um die Monumente der Vergangenheit zu bestaunen, wie einst nach Rom; aber in der Gegenwart fanden sie nur Discos, Kunstgalerien, Trends, die glitzernd strudelnde Oberfläche der Mode. Jeder Teil der öffentlichen Außenhaut kündete von gestundeter Zeit: Nieten platzten von der Williamsburg Bridge ab, von Überführungen prasselte der Beton, die städtischen Straßen waren in einem schlimmeren Zustand als die Straßen Istanbuls, Schulen und Flughäfen wirkten heruntergekommen und verwahrlost. Dann und wann brach in den altersschwachen Eingeweiden von Manhattan ein Wasserrohr und legte den U-Bahn-Verkehr lahm, oder in Chicago arbeitete sich der Fluß durch eine Schwachstelle in seinen unterirdischen Kanälen, und aus einer Reparatur, die (rechtzeitig durchgeführt) fünfundzwanzigtausend Dollar gekostet hätte, wurde plötzlich eine Hochwasserkatastrophe, die die Stromversorgung im gesamten Stadtinneren kollabieren ließ. Solchen Metaphern des Verfalls konnte man sich nur schwer entziehen; sie machten einem eindringlich die Allgegenwart der Entropie inmitten der bestürzenden Mißverhältnisse von Arm und Reich bewußt, die Hohlheit im kulturellen Kern der Nation, den Rückzug aus der öffentlichen Verantwortlichkeit.

V

Der staatsbürgerliche Zusammenhalt verlor sich unterdessen in einem Wirrwarr von Reizthemen, die den Amerikanern, nun da sie ohne das große identitätsstiftende Feindbild des Kalten Krieges auskommen müssen, Gelegenheit geben, in kleineren Dingen unverhandelbare Positionen zu beziehen. Um mit William Greider zu sprechen: »Die wenigsten [amerikanischen Bürger] können sich eine konstante Beziehung zur Macht vorstellen – ein politisches System, das es ihnen erlauben würde, Anteil an der Regierungsarbeit zu nehmen und Vertrauen in ihre Resultate zu haben.« Das Bewußtsein der Machbarkeit von Demokratie hat sich, so Greider, »zurückentwickelt«.[10]

Die Wahlbeteiligung bei den Präsidentschaftswahlen ging zwischen 1960 und 1988 von einem Maximum von dreiundsechzig Prozent auf nur noch die Hälfte der Wählerschaft zurück – 50,1 Prozent. Die Wahl 1992 konnte einen bescheidenen Anstieg verzeichnen: Die wachsende Besorgnis über die dahinsiechende Wirtschaft und Ross Perots wechselhafter Anklang bei all denen, die sich von der Politik nach Art des Hauses übergangen fühlten, trieb einhundertvier Millionen Amerikaner, fünfundfünfzig Prozent der wahlberechtigten Bevölkerung also, an die Urnen. Diese Zahl war ermutigend, aber von einem plötzlichen Wiederaufleben staatsbürgerlichen Engagements nach zwei Jahrzehnten der Gleichgültigkeit kann deshalb noch lange keine Rede sein; die Beteiligung kehrte lediglich auf den Stand von 1972 zurück.

Eine derartige Apathie verblüfft Europäer wie auch, so sollte ich hinzufügen, Australier.

Warum machen in der ältesten Demokratie der Erde so viele Bürger von ihrem Wahlrecht keinen Gebrauch, zu einer Zeit, da das Ringen um die Demokratie in Europa und in der restlichen Welt in sein entscheidendstes, produktivstes Stadium seit 1848 eingetreten ist? Zum Teil ist es ein administratives Problem – das Verschwinden der alten Parteimaschine und der Wahldistrikte, deren letzte Bastion Chicago unter Bürgermeister Daley war. So sehr dieses System dem Mißbrauch Vorschub leistete, es brachte die Leute doch in die Wahllokale, Straße um Straße, Haushalt um Haushalt. Protektion hin oder her, es hielt in den Amerikanern, besonders denen aus der Arbeiter- und unteren Mittelklasse, den Glauben wach, daß sie als Bürger selbst noch von ganz unten einen Einfluß darauf hatten, wie ihr Land regiert wurde, Bezirk für Bezirk. Es gab ihnen das Bewußtsein, an der Demokratie teilzuhaben.

Ohne diesen Rückhalt hörten die Armen auf zu wählen, weil sie nicht mehr das Gefühl hatten, daß irgend jemand in Washington sie vertrat oder vertreten konnte. Je weniger die Armen zur Wahl gehen, desto mehr profitiert die Partei der Reichen. Das Ergebnis war eine Teufelsspirale, so daß das amerikanische Wahlsystem, wie es heute gehandhabt wird, das untere Drittel der Gesellschaft völlig ausklammert, außer wenn Teile davon durch die Drohung der Arbeitslosigkeit oder verdeckte Appelle an einen Rassismus der Arbeiterklasse kurzfristig aufgerüttelt werden können. Eine der großen Herausforderungen für Clinton wird es nun sein, der Demokratie die Bedeutung zurückzugeben, die sie zum großen Teil verloren hat, und wieder alle Amerikaner in den politischen Prozeß einzubinden. Clintons Wahl zum Präsidenten als solche ist noch keine Garantie, daß das gelingen wird, aber zumindest gibt sie Anlaß zur Hoffnung.

Es ist viel an Boden wiederzugewinnen. Bereits Ende

der siebziger Jahre war der amerikanische Bürger wenig mehr als ein passiver Beobachter politischer Ereignisse, die ihm sekundenweise zwischen den Werbespots dargeboten wurden. Das amerikanische Fernsehen besteht fast zur Gänze aus wirklichkeitsfernem Schund, und der Durchschnittsamerikaner, so hört man, führt sich täglich sieben bis acht Stunden davon zu Gemüte. Kein Wunder, daß das Kreuz auf dem Stimmzettel alle vier Jahre immer unwichtiger erschien und immer weniger Menschen dafür in die Wahllokale gingen. An der ersten freien Wahl nach Francos Tod beteiligten sich fast achtzig Prozent der spanischen Wählerschaft. Wenn achtzig Prozent der amerikanischen Wähler den Gang zur Urne auf sich nähmen, wie sie es zwischen 1840 und 1910, in den ungehobelten alten Zeiten der Büttenpolitik, regelmäßig taten, käme das einer demokratischen Revolution gleich: Es würde bedeuten, daß die Amerikaner ihre Staatsform allen Ernstes zu schätzen wissen, anstatt nur herumzusitzen und große patriotische Töne zu spukken, während sie die Demokratie anderen Nationen aufzwingen – die sie gar nicht so selten zu würdigen wissen, indem sie von ihrem Wahlrecht mehr Gebrauch machen als die Amerikaner selbst.
Aber mehr als patriotisches Getöne ließ Washington in den achtziger Jahren nicht vernehmen – und wem käme das nicht mittlerweile zu den Ohren heraus? Das politische Profil hat sich in Theater aufgelöst, in ein banales Drama von aufgeblähtem Optimismus, Feuerwerken und Balletten mit Elvis-Doubles an der Freiheitsstatue, kosmetisch geschönten kleinen Kriegen in Grenada und Panama, die durch simulierte Siegessüße den bitteren Nachgeschmack Vietnams auslöschen sollten. Die achtziger Jahre ließen die Staatskunst in einer Weise mit der Kunst der Imagepflege verschmel-

zen, wie sie in Amerika vorher nie dagewesen war. Zu viele Dinge in dieser angeblich offenen Republik wurden hinter dem Rücken der Bürger abgewickelt oder in einer Knappheit und comic-strip-artigen Vereinfachung dargestellt, die jeder öffentlichen Intelligenz spotteten. »Reagan Reagan sein lassen« nannte sich diese Strategie, und sie stimmte gar wundersam mit den Geboten des Fernsehens überein. Selbst die Sprache, die unsere Wahrnehmung von Geschehnissen beschrieb, machte entsprechende Mutationen durch: Zu den Dutzenden von Opfern zählt unter anderem »perception«, ein Wort, das von alters her für ein wahrheitsgetreues Erfassen der Wirklichkeit gestanden hat, in den achtziger Jahren jedoch zum Synonym für »Begriff« und schließlich sogar für »Illusion« oder »ärgerlicher Schnitzer« verkam.

Hatte dieses präsidentschaftliche Szenario der blendenden Rampenlichter vor schlammigen Wassern noch etwas mit dem ehemaligen amerikanischen Ideal der offenen Demokratie zu tun? Die abgeschirmte Macht der CIA und die Ereignisse der Iran-Contra-Affäre waren ein Hohn auf die Vision von der Transparenz der Regierungsvorgänge und der bürgerlichen Mitverantwortung, die Jefferson und Madison vor Augen gestanden hatte, als sie 1798 gegen Präsident John Adams' Sedition Act, das Gesetz zur Unterdrückung regierungskritischer Äußerungen, agitierten.

Das Erscheinungsbild der Politik und vor allem des Präsidentenamtes wurde einer Generalüberholung unterzogen und auf eine allgemeine Konzentrationsspanne zugeschnitten, die das Fernsehen drastisch verkürzt hatte. Je mehr und je schärfer diskutiert wird, desto mehr Leute wählen. Also diskutierte man nicht mehr, man produzierte aus wenigen Silben bestehende Sound-Bites, eindrücklich, leicht im Gedächtnis zu behalten. Man trat nicht auf; man gewährte Phototermine. Man schrieb seine Reden nicht selbst; dafür hatte man seine Ghostwriter, die einprägsame, billigrhetorische Prosa lieferten, deren Aufgabe es war, einen präsidentschaftlichen Nimbus zu erzeugen. In gewisser Weise war der Präsident Fernsehen pur – der erfolgreichste Moderator der Welt. Vergaß er manchmal etwas? Macht nichts: Fernsehen ist dazu da, uns beim Vergessen zu helfen. Log er? Ach, alles nur halb so schlimm. Vielleicht erinnerte er sich nicht so genau. Oder er hatte sich »versprochen«. Die Glotze ist die Muse der Passivität. Mit schlafwandlerischer Sicherheit zog Reagan Amerika auf sein eigenes Niveau herab. Er hinterließ 1988 ein Land, das ein klein wenig dümmer war als 1980 und ein gut Teil duldsamer der Lüge gegenüber, denn sein Regierungsstil der Image-Präsentation löste Ideen und Begriffe aus ihrem argumentativen Zusammenhang und ließ so dem Denken selbst kaum eine Chance. Als er vor 1992 auf dem Parteitag der Republikaner in Houston vor der wild jubelnden Zuhörermenge erschien, wartete er mit einem Lincoln-Zitat auf – »Die Reichen schwächen stärkt die Armen nicht« –, das überhaupt nicht von Lincoln stammte, sondern von einem Geistlichen aus Pennsylvania namens William Boetcker, der es gut fünfundvierzig Jahre nach Lincolns Tod zu Papier brachte. Aber wer nahm es schon so genau? Für Reagans Anhänger schien die Unterstellung, daß zwischen Zitat und Quelle ein Zusammenhang bestehen sollte oder sogar tatsächlich könnte, das Andenken seiner Amtszeit zu beschmutzen.

Dies war nicht die Art von Präsidententum, die Jefferson oder Lincoln vorgeschwebt hatte – oder vor der sie auch nur einen Anflug von Achtung empfunden hätten. Fürs Fernsehen zurechtgestylt wie nie zuvor, kam das Bild des Präsidenten aus dem Kasten und wanderte geradewegs wieder hinein, denn die Fernsehanstalten lagen ihm zu Füßen, und die Presse – weite Teile davon zumindest – stand ihnen darin nicht nach. Die großen Medien machten begeistert mit, waren doch diese Kürzel und Kniffe und Tropen ihre ureigene Sprache, Teil einer fugenlosen Kultur des Spektakels. VIP-Politik für ein Zeitalter des VIP-Journalismus. Was mit den Kennedys begonnen hatte, erreichte seinen Höhepunkt in den Reagans – die Hochstilisierung der Person des Präsidenten zu einem Ersatz-König, der nichts mehr gemein hatte mit dem *primus inter pares*, dessen Bild die Gründer der Republik mit solcher Kompromißlosigkeit entworfen hatten. Aber wo war der Bürger? Draußen, wie sich das bei einem Schaustück gehört.

Bush verfügte nicht über die Trösterkünste des Schauspielers Reagan, und zu seinem Pech begannen die Rechnungen, die die Reagansche Wirtschaftspolitik hatte anwachsen lassen, während seiner Amtszeit fällig zu werden. Im August 1992 lagen die Republikaner in den Meinungsumfragen bedenklich zurück, sie hatten kein plausibles Wirtschaftskonzept, und was sie mit dem ungeheueren, immer noch größer werdenden Haushaltsdefizit machen sollten, wußten sie auch nicht. Einer mittelständischen Wählerschaft, die angesichts einer bodenlosen Rezession panische Angst um ihre Arbeitsplätze und ihre bescheidenen Kapitalanlagen hatte, vermochten sie somit wenig Handfestes in Aussicht zu stellen. Dennoch galt es für sie nun, in Houston einen Parteitag zu inszenieren, der den Erfolg des demokratischen Parteitags in New York ein paar Wochen zuvor verblassen lassen würde. Die Republikaner befanden sich der Wähleröffentlichkeit gegenüber in einer ähnlich dummen Lage wie die englischen Konservativen unter John Major bei den Parlamentswahlen im selben Jahr. So griffen sie denn auch auf dieselbe Polarisierungstaktik zurück, nutzten Mißtrauen und Ängste mit derselben Schamlosigkeit aus, wobei sie dem Ganzen allerdings einen typisch amerikanischen Drall gaben, der die Intoleranz der Rechten in den zwanziger und fünfziger Jahren aus ihrem Geisterreich hervorholte – und noch dazu in genau derselben Sprache wie damals.

Clinton und Gore bestritten ihren Wahlkampf mit den Säuseltönen der Selbstfindung-Workshops und Gruppentherapien; sie machten auf Softie und kamen mit »Betroffenheit« und »Heilungsprozessen« daher. In einem Moment von besonders haarsträubender Sentimentalität berichtete Gore, wie sein Sohn einmal von einem Auto überfahren worden war, wie er selbst in die Augen des zwischen Leben und Tod schwebenden Kindes geblickt hatte und wie er dabei, Parteigenossen und arme, entrechtete Bürger da draußen, dasselbe gefühlt hatte wie jetzt beim Anblick Amerikas. So wie hinter den Reden Churchills die oratorischen Schatten von Demosthenes und Burke zu ahnen gewesen waren, spürte man die Schatten von Oprah Winfrey und Robert Bly über dem Podium der Demokraten im Madison Square Garden.

Aber die leichte Übelkeit, die solche Vergleiche verursachten, war nichts gegen das große Kotzen, das einem bei den rhetorischen Rundumschlägen des republikanischen Parteitags kommen konnte.

In Houston wurde das »große Zelt«, in dessen vielen Wohnungen konservative Geister in allen Spielarten und Härtegraden zusammenkommen sollten, zum Schauplatz einer Erweckungsversammlung. Reizwörter, die verborgenste Instinkte wachriefen; Appelle an Vorurteile statt an Vernunft oder Eigeninteressen, das war die Devise. Das Parteiprogramm der Grand Old Party duldete keinen Mittelgrund; es war Ausdruck eines plumpen, fast schon hysterischen Fanatismus, der nur ein Ziel kannte: die Spaltung Amerikas in »wir« und »sie«. Der Schlüssel dazu war natürlich nicht die Wirtschaftspolitik; ebensowenig war es die Außenpolitik, obwohl viel Wind um Bushs illusorischen Sieg über Saddam Hussein gemacht und wie üblich behauptet wurde, der Zusammenbruch des Kommunismus in Rußland, Deutschland, der Tschechoslowakei, Ungarn, Polen und im Baltikum habe viel weniger mit den Russen, Deutschen, Tschechen, Ungarn, Polen und Balten zu tun als mit den Ratschlüssen George Bushs im Weißen Haus.

Nein, der Schlüssel war ein moralischer: die »Familienwerte«, eine Formulierung, vor deren Klischeehaftigkeit es schon vor der Eröffnung des Parteitags kein Entrinnen gab und die am dritten Tag auch der glücklichst verheiratete Mensch nicht mehr hören konnte, ohne einen Würgereiz zu verspüren. Denn wenn die amerikanische Rechte die Tugenden der Kleinfamilie gepachtet hatte und wußte, wie man ihrem angeblichen Verfall wehren konnte, wie hatte es dann in den letzten zwölf Jahren ununterbrochener republikanischer Herrschaft so bedenklich damit bergab gehen können? Lieber nicht fragen. Es gab ein wahres Amerika, ein Kern-Amerika, das die »Familienwerte« hochhielt. Seine Wächter waren George Bush, Dan Quayle und die religiöse Rechte. Und es gab ein falsches Amerika, ein entartetes, zynisches Amerika, in dem diese Werte nichts galten. Seine Mächte nahmen Gestalt an in den Liberalen und ihren Freunden: Homosexuellen, Feministen, den Körnerfressern und FKKlern, Hollywood und »den Medien«, sprich allen Journalisten, ob von Presse, Funk oder Fernsehen, mit

Ausnahme des einen, dem der Vizepräsident oder seine Handlanger gerade ein Interview gaben. (»Ich meine natürlich nicht objektive, verantwortungsvolle Medienleute wie Sie, Bill, aber ... «.) Nicht alle diese Unholde existierten im wirklichen Leben; so brachte Quayle es fertig, eine Figur aus einer Fernsehserie, Murphy Brown, an den Pranger zu stellen, weil sie ein uneheliches Kind hatte – was in etwa so ähnlich war, wie wenn ein ungehaltener Elisabethaner Dortchen Lakenreißer, die Dirne aus *Heinrich IV*, als Beweis für den Sittenverfall am Hampton Court hätte anführen wollen. Ob wirklich oder erfunden, diese Leute bildeten eine »Kulturelite«, die ausgesandt war, um die »Familienwerte« des wahren Amerika in Verruf zu bringen und mit Füßen zu treten.

Zur Eröffnung der Schlacht wurde Patrick Buchanan, kurz zuvor noch Bushs konservativer Herausforderer, aufs Podium geschickt. Er hielt eine Ansprache, die so aggressiv und volksverhetzend war, daß sie wunderbar in den Reichstag im Jahre 1932 gepaßt hätte. Es kam nichts darin vor, was Buchanan nicht schon Hunderte Male gesagt hatte – was da unter der Mensch-wie-du-und-ich-Oberfläche seine Blasen warf, war dasselbe üble Gemisch aus Schwulenhaß, notdürftig bemänteltem Rassismus, tiefschwarzem irischen Verfolgungswahn und Autoritärpopulismus wie eh und je. Zwei Jahrzehnte zuvor hatte John Mitchell, der wohl korrupteste Justizminister, den Amerika je hatte, dies »positive Polarisierung« genannt; und Pat Buchanan, damals ein junger Redenschreiber für Richard Nixon, hatte seinem Präsidenten ein Arbeitspapier über die Vorteile einer Politik des »Teile und herrsche« unterbreitet: »Wenn wir das Land in zwei Hälften reißen, können wir die größere Hälfte einstecken.« Buchanans Jugendidol Joe McCarthy, wie er leibte und lebte. Um einen Staat zu spalten, müssen Sündenböcke und Haßobjekte her – menschliche Zerrbilder, die die Abgründe zwischen »denen« und »uns« deutlich machen. Wenn sich, wie das im Moment der Fall ist, ein Teil einer politischen Strategie auf die Hetze gegen Homosexuelle und die Beschneidung der ihnen als gesellschaftlicher Gruppierung zustehenden Rechte gründen kann, dann hat das Land offenbar nichts Besseres verdient: Pech für die Leute, die Buchanan in der Vergangenheit als Anwälte von »Satanskult und Selbstmord« bezeichnet hatte, als »pervers«, »destruktiv«, ein »Proletariat der Päderasten« – die lispelnden Mächte der Dunkelheit, die dort draußen herumschleichen und sich an *eure Kinder* ranmachen, nicht nur an gleichgesinnte Erwachsene! Gottes kleiner Helfer, das AIDS-Virus, war die Strafe, mit der der Himmel solche Menschen belegte, so wie für die fundamentalistischen Prediger der zwanziger Jahre Spirochäte und Gonokokkus von einem zürnenden Gott gegen die Wüstlinge und Verführer dieser Welt ins Feld gesandt worden waren. Es hatte sich nichts geändert.

VI

Aber warum sollte es auch? Abgesehen von den unendlich effektiveren Verbreitungsmöglichkeiten, den Databases, Faxgeräten, Sofortumfragen und all den anderen Waffen im Info-Blitzkrieg, ist wenig Neues an diesen Ergüssen des patriotischen und frömmlerischen Fanatismus, und an den Schlagwörtern, die ihnen vorangestellt werden, auch nicht. Noch überrascht es allzu sehr, daß die amerikanischen Wähler, klüger als die Auguren oft annehmen, ihnen nicht auf den Leim gegangen sind und ihre Entscheidung statt dessen von realeren Sachverhalten abhängig gemacht haben – vor allem von der verheerenden Wirtschaftslage.

Solche Bewegungen, solche Formen der Rhetorik treten in Amerika immer dann auf, wenn tiefgreifende Änderungen ins Haus stehen.

In den neunziger Jahren des letzten Jahrhunderts versuchten die Populisten den Identitätsproblemen eines durch den enormen Zustrom von Einwanderern in ständiger Umschichtung befindlichen Amerika durch ihren bösartigen Antisemitismus, ihr Pochen auf die Vorrechte der »Einheimischen« und ihren religiösen Fanatismus entgegenzuwirken. Zielscheiben des Hasses waren damals die neuen Einwanderer, Juden und irische Katholiken, nicht die »Liberalen« als solche. Gerade *weil* Amerika ein Land von Immigranten ist, sind es die Zuerstangekommenen, inzwischen Verwurzelten, die sich dem Einfall der neuen Fremden am erbittertsten widersetzen. Diese Spannungen machten sich auf allen Ebenen der amerikanischen Kultur des ausgehenden Jahrhunderts bemerkbar, oben wie unten, ganz genau wie heute. Die Iren dominierten die Tammany Hall, den weniger glücklichen Juden war das gar nicht recht. 1902 wurde ein jüdischer Leichenzug in New York auf seinem Weg durch einen irischen Industriedistrikt mit eisernen Maschinenteilen beworfen, und an die zweihundert jüdische Trauergäste wurden von irischen Cops niedergeprügelt.[11] Neunzig Jahre später spielen sich vergleichbare Ausschreitungen gegen »anpassungsverweigernde Ausländer« zwischen Juden und Schwarzen ab; Austragungsort ist nun Brooklyn.

In den zwanziger Jahren dann führte der Aufschwung der Großindustrie, das rapide Wachstum der Städte und neue Einwanderungsströme von Millionen von europäischen Katholiken und Juden dazu, daß die alteingesessenen WASPs, die White Anglo-Saxon Protestants, sich mit neuer Entschiedenheit gegen die »Fremden« zusammenschlossen. Wie Lipset und Raab es ausdrücken, hatten sie das Gefühl, »die Kontrolle über die Gesellschaft zu verlieren, die ihre Väter beherrscht hatten und zu deren Erben sie sich durch Geburtsrecht bestimmt glaubten«.[12] Am stärksten ausgeprägt war dieser Drang zur Selbstverteidigung bei den christlichen Fundamentalisten im »Herzland«, die ihre Werte durch die wachsende Vormachtstellung der »Großstadtkultur« und das Aufkommen von Relativismus und Naturwissenschaften bedroht sahen, das Amerika immer mehr seines festen Halts in der Wahrheit biblischer Offenbarung beraubte. Der »Affenprozeß«, in dem J. T. Scopes, Lehrer aus Tennessee, sich vor Gericht verteidigen mußte, weil er mit seinen Schülern Darwins Evolutionstheorie durchgenommen hatte, war nur das sichtbarste Zeichen einer landesweiten Reaktion gegen den Pluralismus. Daß in einer Demokratie eine Vielzahl von moralischen und intellektuellen Standpunkten nebeneinander existieren sollten, behagte diesen amerikanischen Monisten, die nur eine einzige Glaubenslehre, eine einzige offenbarte Wahrheit wünschten, ganz und gar nicht. Für sie war Meinungsvielfalt etwas Gesetzwidriges und der »Markt der Ideen« nichtig, damals in den zwanziger Jahren ebenso wie heute in den Neunzigern. Zu was für Extremen das führen kann, sieht man an dem unbelegten, einem Baptistenprediger zugeschriebenen Ausspruch, kein Mensch benötige mehr als nur ein Buch in seinem Bücherregal – wenn ein Gedanke nämlich in der Bibel vorkomme, brauche man nirgends sonst mehr danach zu suchen, und wenn nicht, so tauge er ohnehin nichts. Die monistische Lehre einer alleinseligmachenden Wahrheit steht in direktem Gegensatz zu Thomas Jeffersons weisem Aufruf: »Sollte es unter uns irgend jemanden geben, der diese Union auflösen oder ihre republikanische Staatsform verändert sehen möchte, so soll er in Frieden stehen dürfen als ein Denkmal für die Sicherheit, in der Fehlmeinungen toleriert werden können, solange es der Vernunft freisteht, sie zu bekämpfen.«

Was wir heute erleben, ist keine Rückkehr zu den zwanziger Jahren oder zu McCarthys fünfziger Jahren. Solche repressiven Tendenzen sind wie Pilzsporen in der Erde, immer da, immer bereit, über Nacht aus dem Boden zu schießen, wenn die Witterung günstig ist. Ihr Auftreten ist zyklisch, und ihre Zähigkeit macht es einem schwer, den Glauben an einen moralischen Fortschritt im Amerika des zwanzigsten Jahrhunderts zu bewahren. Aber die Gegner, die sie sich zur Zielscheibe wählen, wechseln, denn diese Art der ultrakonservativen Reaktion lebt von der Personifizierung sozialer Ängste vor dem »Anderen«. Die Auswirkungen des McCarthyismus auf die amerikanische Gesellschaftsmoral hatten wenig mit der Zahl von Kommunisten zu tun, die sich tatsächlich in Regierungsämtern fanden; sein Einfluß kam allein von dem Geschick, mit dem McCarthy das amerikanische Staatswesen aufbrach, indem er die diffusen Ängste seiner Zeit in einer halb menschlichen, halb dämonischen Schreckensfigur bündelte. Ja, es gab sowjetische Agenten in Amerika, auch wenn inzwischen so gut wie feststeht, daß Alger Hiss nicht dazugehörte; ja, die Medien zeigten sich dank der pro-sowjetischen Tendenzen einiger Autoren und Redakteure zum Teil relativ kommunismusfreundlich; ja, Spione stahlen Atomgeheimnisse, und Verräter waren am Werk. Viele Liberale verschlossen die Augen vor dem Grauen der stalinistischen und maoistischen Regierungsrealität, so wie ihre Kollegen in Frankreich und Italien auch, und daran änderte sich auch in den sechziger und selbst noch in den siebziger Jahren nichts. Aber all das genügt nicht als Erklärung für die Ausmaße, die die McCarthysche Hexenjagd annahm, für die apokalyptische Absolutheit, mit der sie sich der amerikanischen Phantasie bemächtigte.

Nein, Joseph McCarthy war deshalb so erfolgreich, weil er die ungeheuren Reserven des amerikanischen Monismus, die ganze lang aufgestaute Feindseligkeit gegen jegliches Anderssein, freisetzte, und weil er diese Gefühle genau zu dem Zeitpunkt mit der konkreten ideologischen Debatte Kommunismus versus liberale Demokratie kurzschloß, als Amerika einem kommunistischen Regime, Nordkorea, den Krieg erklärte. Der McCarthyismus war weniger politische Bewegung denn Kinderkreuzzug, ein irrationales, pseudoreligiöses Unterfangen. Er verdankte sowohl seinen anfänglichen Erfolg wie auch seinen letztendlichen Zusammenbruch der Unbestimmtheit seiner Feindbilder, ihrer Körper- und Namenlosigkeit. Von Natur aus opportunistisch, hatte der McCarthyismus mit Feineinstellung wenig im Sinn. Wer waren denn die *Amerikaner*, in denen das feindliche Gedankengut Gestalt annahm? »Was der Konkretisierung dieses inneramerikanischen Feindes noch am nächsten kam«, so Lipset und Raab, »waren McCarthys Angriffe auf die Elite.«[13] Die Elite – sprich die Schönen, Reichen und Gebildeten, die Crème de la crème der Ostküsten-WASPs – »hat die Nation an den Feind verkauft«, verkündete McCarthy, und zwar durch ihre »verräterischen Umtriebe«.

Einer Elite die Schuld in die Schuhe zu schieben oder die eigenen Feinde kurzerhand zur Elite zu erklären, ist einer der ältesten Kniffe aus dem demagogischen

Zauberkasten. Eliten sind versnobt, wirklichkeitsfremd, arrogant, heimlichtuerisch und schlicht und einfach unamerikanisch. Und, das ist das Beste an ihnen, ihre Mitglieder brauchen nicht näher bezeichnet zu werden. 1992, nicht lange nach Vizepräsident Quayles Rede über die »kulturelle Elite«, mit der er die braven Bürger so in Angst und Schrecken versetzte, bat ein Fernsehjournalist ihn, doch ein paar Namen zu nennen. Quayle weigerte sich, nicht ohne kokett hinzuzufügen: »Wir wissen ja alle, von wem ich spreche.« Nun, da es keinen Kommunismus mehr gibt, muß die Polarisierungspolitik sich an andere »Außenseiter« und »entartete« Randgruppen wie etwa die Homosexuellen halten, wenn sie nicht vom Fleisch fallen will. Sie ist außerdem auf Personen oder Symbole angewiesen, die sie idealisieren kann. Daher der Ehrgeiz, die amerikanische Flagge für »uns«, die amerikanische Rechte allein, in Anspruch zu nehmen, sie dermaßen zum Fetisch zu erheben, daß sie nicht mehr bloßes Nationalsymbol ist, sondern eine Art Hostie, so sakrosankt, daß sage und schreibe ein Verfassungszusatz her muß, um sie vor Mißbrauch zu schützen. Daher auch die bizarre Politik und die ebenso bizarre Bildlichkeit um das neue Kreuzesopfer des amerikanischen Konservatismus, den Fötus.

Wenn die Aktivisten, die eine Abtreibungsklinik umstellen, »Ja zum Leben« auf ihre Fahnen schreiben, kann man sicher sein, daß sie nicht um das Leben des verängstigten schwangeren Teenagers besorgt sind. Worum es in diesem Kampf geht, ist weniger das Überleben des Fötus als die Frage, wieviel Kontrolle über den weiblichen Körper unsere Gesellschaft dem Mann zugesteht. Denn ohne das Recht, sich für eine Abtreibung und gegen die Schwangerschaft zu entscheiden, ist die Gleichberechtigung der Frau nur ein Wort: Der unwillkürliche Mechanismus von Eierstock und Gebärmutter wird immer zwischen ihr und einer ungehinderten Gestaltung ihres Lebens – ihrer Ausbildung, ihres Berufs, ihrer Freizeit – stehen. Die immer fanatischeren konservativen Bemühungen, die Abtreibung gesetzlich einzuschränken und eine schwere moralische Entscheidung, die immer nur eine persönliche sein kann, mit Gewalt zur öffentlichen Angelegenheit zu machen, können sich letzten Endes nur als katastrophaler Schnitt ins eigene Fleisch erweisen. Sie werden für die Interessen der Konservativen das leisten, was die strikte Doktrin zur Geburtenregelung für die katholische Kirche getan hat.

Das Bild des Fötus ist in der amerikanischen Populärkultur seltsam allgegenwärtig, in einer Weise, wie man es sonst in der westlichen Welt nicht erlebt. So hatte es einen grotesken Auftritt bei den Abschlußfeierlichkeiten der Olympischen Spiele 1992 in Barcelona. Da nämlich hopste auf der Bühne des Montjuic-Stadions plötzlich ein knapp drei Meter hohes, allem Anschein nach aus Schaumstoff bestehendes Gebilde herum, das von einem in seinem Inneren verborgenen Tänzer bewegt wurde und ein starres weißes Grinsen zur Schau trug, gegen das die Smiley-Anstecker der siebziger Jahre sich noch intelligent ausnahmen. Das, verkündete der Ansager, war »Whatizit«, das offizielle Emblem der Olympischen Spiele in Atlanta 1996. Winzige Gliedmaßen, vorquellende Augen, ein überdimensionaler Körper und ein Schwanzstummel, auf dem die fünf olympischen Ringe kokett aufgefädelt waren wie Wurfringe auf einem Stab. Was Walt Disney der Ente angetan hat, das hatte ein Team amerikanischer Designer dem Fötus getan. Der Fetisch der religiösen Rechten ist jetzt ein Olympiamaskottchen. Kein Wunder, daß die Katalanen sich leicht befremdet zeigten.

Heißt das nun, daß man ab 1996 Fötus trägt? Wohl kaum, aber es wird mit Sicherheit Millionen von Whatizit-Souvenirs geben, so wie es in Barcelona Millionen von Cobis gab – Fötus-Anstecknadeln, Föten, die Werbung für Coca-Cola machen, Schmuseföten aus Synthetikplüsch, kleine fötale Briefbeschwerer. Schließen Sie die Augen und stellen Sie sich ein neues Michael-Graves-Hotel vor, mit Giebelchen, die von fötalen Karyatiden gestützt werden, alle geformt wie Whatizit. Ein solches Bild mag eine Ahnung davon vermitteln, auf welch absolute Weise der Fötus in das verquere Medienbewußtsein eines Landes eingegangen ist, in dem ein Drittel der Bevölkerung mit Zähnen und Klauen das ungeborene Leben verteidigt und ein weiteres Drittel sich mit dem Kind in uns schmückt.
Haben die Designer sich mit einem Komitee für Atlanta 1996 an einen Tisch gesetzt und beschlossen, ein Olympia-Logo in Form eines Fötus zu entwerfen? Eher unwahrscheinlich. Föten zeichnen sich nicht gerade durch Sportlichkeit aus. Sie sind im großen und ganzen so unsportlich wie kleine Paschas. Sie schaukeln in ihrem Fruchtwasser und üben weder den Schmetterlingsstil noch kraulen sie; sie fangen nicht einmal an zu treten, bis sie fast fertige Babys sind – von Springen, Langstreckenlaufen, Radfahren oder beachtenswerten Leistungen beim Scheibenschießen ganz zu schweigen. Nein, Whatizit ist kein bewußtes Symbol; er ist ein Phantom des Zeitgeistes, ein Ausfluß oder atmosphärischer Niederschlag der fötalen Überbelastung der Populärkultur. Semiotiker – wollte man sich in noch höhere Höhen versteigen – würden von einem frei flottierenden Signifikanten sprechen. Es gäbe ihn nicht ohne die Demonstranten, die in den Sechs-Uhr-Nachrichten vor den Abtreibungskliniken ihre Plastikbabys schwingen, ohne die beiden Pats der fanatischen

Rechten, Robertson und Buchanan, mit ihren Ergüssen über die unschuldigen Kindlein. Nur in Amerika konnte ein Fötus so schnell von der Gallionsfigur eines »Kulturkampfes« zum Logo einer Sportveranstaltung avancieren. Whatizit ist eine kuschlige Mahnung an ein alles andere als kuschliges Problem.

Deshalb wird Whatizit, je näher die Spiele rücken, ein zunehmendes Ärgernis werden, und ein unnötiges dazu. Mich ärgert er jetzt schon, dabei habe ich ihn erst einmal gesehen – aber ich als Ex-Katholik bin in solchen Dingen natürlich auch besonders empfindlich. In dem vergleichsweise simplen absolutistischen Rahmen einer katholischen Erziehung im irischen Australien vor vierzig Jahren war die Abtreibung bei weitem nicht so umstritten wie im heutigen Amerika: Abtreibung war Mord, undenkbar, da gab es gar keine Diskussion. Im Mittelpunkt standen vielmehr die Empfängnisverhütung und das Lebensrecht des Spermatozoon. Bis an die Ohren voll mit ungebärdigem Testosteron saßen wir Jungen, zweihundert an der Zahl, in der Internatskapelle und lauschten den moraltheologischen Ausführungen des Priesters zu diesem Thema. Gott, so lernten wir, hatte uns aus zwei Gründen mit dem Geschlechtstrieb ausgestattet. Erstens, um die Fortpflanzung sicherzustellen. Und zweitens, um Lust zu geben und so gesetzmäßige Ehen zusammenzuhalten. Es war sündhaft, Gottes ersten Zweck zu umgehen, um an den zweiten zu kommen, zumal wenn man nicht verheiratet war. Primäre Zwecke, sekundäre Zwecke: Diese knochentrockenen, von zölibatären Theologen ersonnenen Haarspaltereien haben zahllose Katholiken aus der Kirche getrieben. Vom Masturbieren wurde man vielleicht nicht blind, und es sproß einem davon auch kein einzelnes schwarzes Haar unaufhaltsam aus der Handfläche – für solch plumpe protestantische Angstmacherei waren sich die Jesuiten in der Regel zu gut. Aber jede Samenzelle war heilig, denn aus jeder Samenzelle konnte menschliches Leben erwachsen. Im Moment mochte sie zwar mehr wie eine mikroskopisch kleine Kaulquappe anmuten, aber sobald sie auf ein Ei traf, wurde sie ein Mensch, und deshalb galt es, sie zu ehren und zu bewahren wie ihre Millionen von Geschwisterchen auch. Jedes Abfiedeln bedeutete einen Massenmord an zukünftigen Katholiken, so klein, daß Hunderte davon auf einer Nadelspitze tanzen oder doch zumindest schwänzeln konnten.

Die Umstülpung der kosmischen Ordnung, das war die eigentliche Sünde beim Masturbieren – und beim Verhüten erst recht. Das Bewußtsein, daß ein kleiner Teil der kosmischen Ordnung an unseren kindlichen Pimmeln hing, war eine schwere Bürde für uns junge Soldaten in Sankt Ignatius' Gottesarmee. In einigen von uns, unter ihnen der gemeine Soldat Hughes, weckte es die Art von erdrückenden Schuldgefühlen, die zum Unglauben führt: Wenn der Herrgott so ausschließlich damit beschäftigt war, Spermien zu zählen, und offenbar so gar kein Interesse daran hatte, die Hungersnöte, Seuchen und Blutbäder dieser Welt zu verhindern, war Er es dann wert, daß man Ihn anbetete? Gab es Ihn überhaupt?

Funkstille am Altar.

Etwas von diesem Fetischismus treibt auch im Streit um die Abtreibung noch sein Wesen – so wirksam immerhin, daß Kardinal O'Connor sich 1992 bei einer Ansprache vor der Hauptversammlung der Knights of Columbus in New York zu dem Vorschlag verstieg, in jeder römisch-katholischen Diözese in Amerika solle ein »Grabmal des ungeborenen Kindes« errichtet werden. Dort, nicht bei den Olympischen Spielen, wäre

Whatizit am rechten Platz. Die Doktrin verlangt, daß wir dem drei Monate alten Fötus oder sogar dem Embryo, diesem empfindungslosen Stück hochdiffenzierten Gewebes an der Gebärmutterwand, eine größere Bedeutung zusprechen als den Interessen der Mutter, nicht aufgrund dessen, was er darstellt, sondern was er einmal darstellen *könnte*. Der primäre Zweck der Frau besteht in der Mutterschaft und der Erhaltung der Art, ihr sekundärer Zweck darin, eine autarke Person zu sein, die über ihren Körper und alles, was darin ist, verfügen kann. Wenn die beiden Zwecke einander ins Gehege kommen, muß der zweite den kürzeren ziehen, das ist das eiserne Gesetz der Abstraktion. Kein verantwortungsbewußter Mensch wird so tun, als erfordere die Abtreibung nicht eine schwere moralische Entscheidung; aber der springende Punkt dabei ist doch, daß es eine Entscheidung ist, die die Mutter zu treffen, nicht die der Staat ihr abzusprechen hat. Niemand – außer denjenigen, die der (jeder rationalen Grundlage entbehrenden) Überzeugung sind, daß dem Embryo tatsächlich vom Augenblick der Empfängnis an eine unsterbliche Seele innewohnt und er damit von Beginn an durch und durch Mensch ist – kann mit Sicherheit sagen, wann aus einem Embryo ein menschliches Wesen wird.

Die Unschuld des Fötus steht außer Zweifel. Aber sie ist irrelevant: Kohlköpfe sind auch unschuldig. Föten sündigen nicht, weil sie es nicht können. Sie können nicht sündigen, weil sie, zumindest soweit wir feststellen können, weder einen freien Willen haben noch Gelegenheit zum Sündigen. Dem Mutterleib gebricht es an Versuchungen. Er ist wie der Garten Eden, bevor es die Schlange gab. Das ist womöglich der Grund, warum die Abtreibungsgegner mit ihrem PC-Jargon von Unschuld und Verwirklichungspotential das ungeborene Leben dem geborenen vorziehen: Mit der Geburt werden wir Teil einer unvollkommenen Welt, dieweil der Fötus, wie das entschieden ungeboren wirkende Sternenkind in seinem Kreis von Licht in Kubricks *2001: Odyssee im Weltraum*, Sendbote einer vollkommenen ist – des Gebärmutterstaates, für den all unser teurer Komfort von Sofas bis hin zu beheizten Swimmingpools nur Metapher ist. Nicht zuletzt deshalb, so ließe sich vermuten, wird der Widerstand gegen die Abtreibung auch immer verbissener, je mehr sich die materielle Situation in Amerika verschlechtert.

Vor nur zwanzig Jahren veröffentlichte Philip Roth *Unsere Gang*, seine herrlich subversive Schmähschrift gegen Richard Nixon, in der der Präsident für seine Wiederwahl auf die Stimmen der »Föten und Embryos unseres Landes« setzt, die sich dankbar daran erinnern werden,

> wer für ihre Rechte gekämpft hat, während andere sich mit populären Tagesfragen befaßt haben. Ich denke, sie werden sich sehr wohl erinnern, wer es war, der sich trotz eines auswärtigen Krieges und einer Rassenkrise daheim mit allen Kräften bemüht hat, die Vereinigten Staaten zu einem idealen Land für die Ungeborenen werden zu lassen, das sie mit Stolz betrachten.

Es gab kaum einen Rezensenten in Amerika, der Roth nicht maßlose Übertreibung, das Sprengen jedes satirischen Rahmens und dergleichen mehr vorgeworfen hätte. (*Time Magazine* wie auch einige andere Zeitschriften weigerten sich, das Buch überhaupt zu besprechen.) Stimmenfang bei Föten! Wer hatte so etwas je gehört! *Unsere Gang* ist die einzige Satire aus der

Feder eines modernen Amerikaners, die sich mit Jonathan Swifts *Ein bescheidener Vorschlag* messen kann. Aber im Gegensatz zu Swifts Zukunftsvision eines hungernden Irland, das mit dem Fleisch seiner überschüssigen Babys gemästet wird (»Ich habe mir von einem äußerst beschlagenen *Amerikaner* versichern lassen ... daß ein gesundes, wohlgenährtes Kleinkind im Alter von einem Jahre ein höchst delikates, nahrhaftes und bekömmliches Mahl abgibt.«), ist Roths Prophezeiung im weiteren Sinne wahr geworden. Die amerikanische Wirklichkeit stellt manchmal noch die kühnste Satire in den Schatten, und in der Abtreibungsdebatte – dieses Gefühls konnte man sich nicht erwehren, als bei dem großen Parteitag der Republikaner 1992 in Houston ein Redner nach dem anderen flammend für die geheiligten Rechte der Ungeborenen und die Unabdingbarkeit eines Verfassungszusatzes zum Verbot der Abtreibung auch bei Schwangerschaften als Folge von Vergewaltigung oder Inzest eintrat – in der Abtreibungsdebatte übertrifft sie sich selbst.

VII

Anfang der achtziger Jahre hatte die amerikanische Linke nationalpolitisch ausgedient. Das bißchen Einfluß, das ihr noch blieb, war rein kulturell. Sie zog sich ins Kloster – sprich an die Universitäten – zurück und griff von da auf die Kunstwelt über.

Hauptangriffsziel des McCarthyismus war das Erbe des New Deal-Liberalismus aus den dreißiger Jahren gewesen. Hauptangriffsziel in den Achtzigern war, laut Paul Berman, »das auf die radikalen sechziger Jahre zurückgehende Erbe der demokratischen Offenheit und der sozialen Reformen« – einschließlich all der Blüten, aberwitzig oder brauchbar, die dieses Erbe auf dem Campus trieb.[14]

Die fortlaufende Panikmache in puncto »radikale« linke Kräfte im Universitätsbetrieb ist die wohl intellektuellste Variante des konservativen Angriffs: Achtung, Amerikaner, auch wenn die Ideologie des Totalitarismus in Europa und Rußland Schiffbruch erlitten hat, blüht und gedeiht sie doch noch in China, in Kuba – und an den amerikanischen Universitäten. Der Campus befindet sich dieser Lesart zufolge in der Hand eines »neuen McCarthyismus«, der dem freien Denken einen Riegel vorschiebt, nicht von rechts diesmal freilich, sondern von links. »Unsere Kultur«, warnt Hilton Kramer in *The New Criterion*, »steckt in großen, in heillosen Schwierigkeiten.« Die Hochschulwelt hat die Barbaren, die sie früher bedrohten, in ihre eigenen Reihen aufgenommen, und »dieses Barbarentum, dieses für die Grundprinzipien unserer Zivilisation so durch und durch schädliche Element ... erfreut sich in einem Großteil unserer Bildungseinrichtungen mittlerweile eines ungeheueren Zulaufs. Schon jetzt sind die kunst- und geisteswissenschaftlichen Institute unserer Colleges und Universitäten kaum mehr wiederzuerkennen.« Nicht jeder, der so denkt, ist übrigens neo-konservativ. So erklärte kein Geringerer als der Historiker Eugene Genovese 1991 in *The New Republic*: »Nachdem ich mit ansehen mußte, wie meine Professoren während der McCarthy-Zeit entlassen wurden, und als pro-kommunistischer Marxist selbst hart um mein Recht zu lehren kämpfen mußte, fürchte ich, daß unsere konservativen Kollegen heute einem neuen McCarthyismus ausgesetzt sind, der in gewisser Hinsicht noch effektiver und bösartiger ist als der alte.«

Andere (vorwiegend jüngere) Akademiker wehren

sich vehement gegen den Vorwurf des McCarthyismus; für ist sie der Vergleich eine Metapher, die weit über das Ziel hinausschießt. Und in der Tat ist wenig von dem zu sehen, was die Universitäten in den fünfziger Jahren von dem Senator aus Wisconsin und seinen Spießgesellen auszustehen hatten, vorrangig durch Druck auf Verwaltungen und Fakultäten, die sich als liberal sahen: die Entlassung wohlbestallter Professoren in der Mitte ihrer Laufbahn, die Zensur von Bibliotheken und Studienplänen durch das House Un-American Activities Committee, die Campus-Loyalitäts-Eide, die ganze schmutzige Atmosphäre von Nachstellung, Denunziantentum und Verfolgungswahn. Die Anzahl der von der linken Gedankenpolizei gefeuerten konservativen Dozenten ist gleich Null. Gut, es hat Anfeindungen und dümmliche Wortklaubereien en masse gegeben. Es hat unhaltbare Rassismusbezichtigungen gegeben, etwa gegen den Harvard-Historiker Stephan Thernstrom, der den – aus PC-Sicht absolut indiskutablen – Standpunkt vertrat, daß jemand, der die Geschichte der amerikanischen Sklaverei studiert, das gesamte historische Material aufmerksam lesen sollte, also auch die Argumente, die von Sklavenhaltern und sklavereifreundlichen Autoren vorgebracht wurden. Und ganz gewiß herrscht auf dem Campus kein Mangel an Eiferern, Autoritätsfetischisten und Strebern, für die die politische Korrektheit einen geschickten Karriereschachzug oder ein willkommenes Ventil für den eigenen Frust darstellt.

Ebensowenig ist es eine Erfindung der Rechten, daß es im Amerika unserer Tage keinen Dozenten an einer geisteswissenschaftlichen Fakultät gibt, der sich nicht (zum allermindesten) mit PC-Attitüden herumschlagen müßte. Und der nicht einiges an innerer Unabhängigkeit braucht, um diesem Druck standzuhalten, denn wer sich eines Verstoßes schuldig macht, wird ähnlich in Acht und Bann getan wie die Frevler in den alten amerikanischen Religionsgemeinschaften. Er bekommt außerdem im Zweifel keine feste Anstellung. Dem Dilemma wird noch Vorschub geleistet durch die schiere Größe des amerikanischen Universitätsbetriebs, die ständig wachsenden Studentenzahlen, das Bewußtsein, daß das akademische Publikum im Prinzip ja ohnehin ein Massenpublikum ist und daß deshalb kein Gedanke an eine Öffentlichkeit außerhalb seiner selbstbezogenen und nur allzuoft konformistischen Kreise verschwendet werden muß. Keine Frage, der akademische Betrieb ist mehr als verliebt in die Aufkleber und Etiketten – rassistisch, sexistisch, homophob, progressiv, reaktionär und wie sie alle heißen –, die einen bequemen Moralismus an die Stelle von Denken und Urteilen setzen. Die Uniformen in diesem gegenwärtigen Krieg der Mäuse und Frösche mögen sich neu ausnehmen, aber der Krieg selbst ist, wie uns Audens Gedicht »Unter welcher Leier« in Erinnerung ruft, alles andere als neu:

Doch Zeus' unwägbarer Beschluß
Will, daß der Drang-zum-Widerspruch
    Im Land grassiert,
Daß predigt jedes Varieté
Und jegliche Festivität
    Polemik wird.

Laßt Ares ruhn, die andre Schlacht
Wird augenblicks erneut entfacht
    Zwischen den Reihen,
Die Hermes' Vorwitz mit sich reißt,
Und jenen, die dem Dünkelgeist
    Apolls sich weihen.

Brutal wie alle Olympiaden,
Wenngleich mild lächelnd ausgetragen
Und undramatisch:
Dieser haarspalterische Zwist
Zwischen zivilen Göttern ist
Doppelt fanatisch.

But Zeus' inscrutable decree
Permits the will-to-disagree
To be pandemic,
Ordains that vaudeville shall preach
And every commencement speech
Be a polemic.

Let Ares doze, that other war
Is instantly declared once more
'Twixt those that follow
Precocious Hermes all the way
And those that without qualms obey
Pompous Apollo.

Brutal like all Olympic games,
Though fought with smiles and Christian names
And less dramatic,
This dialectic strife between
The civil gods is just as mean,
And more fanatic.

Dennoch ist Vorsicht geboten bei der Standardklage der Neo-Konservativen, der amerikanische Universitätsbetrieb werde ganz von der militanten Linken beherrscht – von, wie Dinesh D'Souza, Autor des Bestsellers *Illiberal Education: The Politics of Race and Sex on Campus* (1991), es ausdrückt, einer Verschwörung von »Westgoten in Tweed«. Eine klangvolle Formulierung

– aber sie läßt doch gewisse Zweifel aufkommen, ob D'Souza bei den abendländischen Kulturwerten, um die er so besorgt ist, ganz den Durchblick hat. Wenn er eine Ahnung von den Westgoten hätte, wüßte er, daß sie sich im sechsten Jahrhundert auf beispielhafte Weise um die Konsolidierung der schwer angeschlagenen Überreste der römischen Herrschaft in Spanien verdient gemacht haben, daß ihr Gesetzeskodex zu Recht als einer der Meilensteine westlicher Jurisprudenz gilt und daß sie, nachdem sie das Christentum zur Staatsreligion erhoben hatten, keine Kosten und Mühen für den Kirchenbau scheuten. Viel mehr hätten sie unter der Führung von William Bennett und Kardinal O'Connor auch nicht tun können. Die Wahrheit ist doch, daß es seit der russischen Revolution so gut wie keine Zeit gegeben hat, in der die amerikanische Rechte *nicht* über die vielen »Radikalen mit Lehrstuhl« (Zitat Roger Kimball) lamentierte, die sich an den amerikanischen Universitäten breitmachen, und einer ungleich besseren und weniger ideologieverseuchten Vergangenheit nachtrauerte. Allenthalben liest man, wie sehr die akademische Welt der »Politisierung« anheimgefallen sei im Vergleich zu, sagen wir, den fünfziger Jahren.
Aber dann stößt man plötzlich auf den namhaften Philosophen Sidney Hook, der sich 1953 in *Heresy, Yes. Conspiracy, No* (1953) für ein Lehrverbot für Kommunisten an amerikanischen Colleges aussprach und behauptete, allein schon in New York gäbe es tausend rote Dozenten:

> Selbst wenn jeder Dozent, wollte man von einem konservativen Schätzwert ausgehen, im Lauf eines Jahres nicht mehr als hundert Studenten unterrichtet, würde das heißen, daß allein in New York City

> jedes Jahr hunderttausend Studenten einer pädagogisch verderblichen Infiltration ausgesetzt sind. Von diesen ... werden Hunderte von ihren Lehrern dazu gebracht, einer der kommununistischen Jugendorganisationen beizutreten, aus denen sich der Kommunismus seine fanatischste Anhängerschaft heranzüchtet.

Wie es die Alten sungen ... Wenn die Marxisten jetzt, in den neunziger Jahren, tatsächlich im Begriff sein sollten, sich die Hochschulen unter den Nagel zu reißen, dann gehen sie mit außerordentlicher Heimlichkeit zu Werke – obgleich das natürlich an ihren machiavellistischen Verstellungstaktiken liegen könnte. Eine kürzliche Umfrage des Higher Education Research Institute an der University of California ergab, daß von fünfunddreißigtausend befragten Professoren an dreihundertzweiundneunzig Hochschulen nur 4,9 Prozent sich als »linksextrem« bezeichneten, während sich 17,8 Prozent (mehr als dreimal so viel) als »konservativ« einstuften. Alle anderen nannten sich entweder »liberal« oder »gemäßigt«. Selbst an der soziologischen Fakultät der Universität Berkeley, in den sechziger und siebziger Jahren die Hochburg studentischer Radikalität, bekennt sich heute nur eine von dreißig Personen zum Marxismus.
Diese Zahlen sind freilich mit Vorsicht zu genießen: Nicht alle amerikanischen Colleges sind Dozenten mit linken Tendenzen gegenüber so tolerant wie die Eliteschulen der Ivy League oder des kalifornischen Staatssystems, und an den Community Colleges ist sogar extreme politische Zurückhaltung angesagt. Es gibt nach wie vor gute Gründe für einen Dozenten, sich in einer Umfrage gemäßigter zu geben, als er in Wirklichkeit ist. Dennoch ist das Ergebnis dieser Umfrage

im großen und ganzen wahrscheinlich repräsentativ genug.
Auf die nicht abreißenden Klagen der Konservativen über die »Politisierung« des modernen amerikanischen Campus läßt sich eigentlich nur erwidern, daß er immer politisiert gewesen ist. Die Vorstellung, daß die akademische Welt vor den sechziger Jahren eine Art Paradies des objektiven Forschens war, unkontaminiert von politischen Interessen und politischer Tendenz, ist ein reiner Mythos: Der Unterschied besteht lediglich darin, daß der politische Druck in den Jahren nach dem Krieg in die andere Richtung ging und der Campus folglich mehr als Informationsquelle für das FBI und als Rekrutierungsgebiet für die CIA diente.
Ist jemand einer Meinung mit uns über Ziele und Funktionen der Kultur, so empfinden wir ihn als objektiv; ist er es nicht, werfen wir ihm Politisierung der Diskussion vor. Politische Zielsetzungen bestehen immer und überall, und der feierliche Anspruch der amerikanischen Konservativen, die von ihnen vertretenen kulturellen und wissenschaftlichen Standpunkte seien »apolitisch«, ist schlichtweg unsinnig. Natürlich gibt es an den geistes- und sozialwissenschaftlichen Instituten Linke in allen Schattierungen – aber warum auch nicht? Die Studenten *sollen* an der Universität doch mit der Diskussion konfrontiert werden, und zu einer richtigen Diskussion gehören nun einmal die Linke, die Rechte und die Mitte, gerade in Zeiten, die so konservativ sind wie die unsrigen. Was man der linken Ideologie an amerikanischen Universitäten vorwerfen kann, ist nicht, daß sie existiert – denn sie soll existieren und sich frei entfalten können –, sondern daß sie über weite Strecken abstrus ist, von Jargon verunklart und sich so mit Randproblemen verzettelt. Aber wie verhält es sich mit den konservativen Profes-

soren, die das Gros der wichtigsten gesponserten Lehrstühle an den amerikanischen Hochschulen innehaben und die großen Fakultäten der Wirtschaftswissenschaften und der öffentlichen Verwaltung leiten, von der Harvard Business School abwärts? Die großen amerikanischen Universitäten sind Big Business, sie investieren riesige Summen in Aktien und Immobilien und stehen über zahllose beraterische Drähte in direkter Verbindung mit der Regierung. Ihre Vetternwirtschaft verläuft unweigerlich in konservativen Bahnen und hat es immer getan. Dergleichen »apolitisch« nennen zu wollen, wäre absurd.

Ein Großteil der traditionellen Lehre an amerikanischen Hochschulen war, wenngleich nicht unbedingt der Manipulationsapparat, den ihre heutigen Kritiker in ihr sehen, so doch um einiges weniger »unvoreingenommen«, als gerne behauptet wird. Bestes Beispiel dafür ist der Grundkurs in westlicher Kulturgeschichte selbst.

Wie die Historiker Carol Gruber und William Summerscales aufzeigen, wurden die »Western Civ«-Kurse – ein Kurzüberblick über die »kulturellen Werte« und »Hintergründe« der europäischen Zivilisation – tatsächlich erst in die amerikanischen Lehrpläne aufgenommen, als und weil die Vereinigten Staaten in den Ersten Weltkrieg eintraten.[15] Die amerikanische Regierung wollte, daß die College-Boys wußten, wofür sie kämpften, und so wurde denn ein »War Issues«- sprich Propaganda-Kurs eingerichtet. Sein Zweck war die Schaffung von, wie ein Leitartikel im *History Teacher's Magazine* es damals sehr treffend ausdrückte, »denkenden Bayonetten«. Er hatte die amerikanische Jugend über die teutonischen Teufeleien aufzuklären. Nach Kriegsende wurde der Kurs vom Columbia College zur »Geschichte der zeitgenössischen Kultur« umgemodelt, dem Prototyp der modernen »Western Civ«-Kurse; Ziel war nunmehr (mit den Worten eines Dekans am Columbia College) die Heranbildung »demokratie-sicherer« Studenten, komplett geimpft gegen die neue Bedrohung durch »das destruktive Element in unserer Gesellschaft«, die Bolschewiken.

Das eigentliche Problem des modernen amerikanischen Hochschulwesens liegt nicht in seinen ideologischen Inhalten, es liegt in den Voraussetzungen, die seine Studenten mitbringen. Dieses Problem reicht bis in die High Schools zurück, wo man »unterprivilegierten« – vorwiegend schwarzen – Studenten Grundkenntnisse vermittelt, die bestürzend weit hinter dem weißen Standard zurückbleiben. Versäumnisse im Schulunterricht haben, wie eine Umfrage der National Assessment of Education Progress in den späten achtziger Jahren ergab, dafür gesorgt, daß unter den Einundzwanzig- bis Fünfundzwanzigjährigen nur sechzig Prozent der Weißen, vierzig Prozent der Latinos und fünfundzwanzig Prozent der Schwarzen imstande sind, einem Zeitungsartikel oder einem Jahrbuch Informationen zu entnehmen. Nur vierundvierzig Prozent der Weißen, zwanzig Prozent der Latinos und acht Prozent der Schwarzen können ausrechnen, wieviel Wechselgeld sie nach dem Bezahlen einer Restaurantrechnung herausbekommen; und nicht mehr als fünfundzwanzig Prozent der Weißen, sieben Prozent der Latinos und drei Prozent der Schwarzen werden aus einem gedruckten Busfahrplan schlau. Keine Universität vermag etwas an dieser katastrophalen Lage zu ändern; eine Verbesserung könnten nur drastische Reformen im High-School-Wesen herbeiführen. Es ist nicht die Schuld der Schüler und Studenten. In den achtziger Jahren hoben die schwarzen Studenten ihren nationalen Durchschnitt bei den sprachlichen und mathematischen Aufnahmeprüfungen fürs College (auch wenn sie insgesamt nach wie vor schlechter abschnitten als die weißen) um neunundvierzig Punkte an – ironischerweise genau zu dem Zeitpunkt, als die Reagan-Regierung bei den staatlichen Stipendien für bedürftige Studenten den Rotstift ansetzte.

Die Versuche der Universitäten, dem Elend der Bildungsungleichheit auf die Schnelle abzuhelfen, machen die Sache auch nicht gerade besser. Was für eine Lösung soll das sein, im Namen der »positiven Diskriminierung« die Zulassungsanforderungen zu senken? Ende der achtziger Jahre beschloß die Universität Berkeley, daß die neu zugelassenen Studenten – Schwarze, Latinos, Asiaten und Weiße – anteilmäßig in etwa der demographischen Verteilung dieser Volksgruppen in der nordkalifornischen Gesellschaft zu entsprechen hätten.

Dummerweise konnten sich aber von den Schulabgängern, die sich in Berkeley bewarben, unter den Asiaten – chinesisch- und japanischstämmigen Amerikanern – dreißig Prozent qualifizieren, dagegen nur fünfzehn Prozent der Weißen, sechs Prozent der Chicanos und ganze drei Prozent der Schwarzen. Der Grund lag auf der Hand: Die asiatischstämmigen Jugendlichen waren fleißig und kamen in der Regel aus Elternhäusern, in denen der Familienzusammenhalt stark und harte Arbeit an der Tagesordnung war. Also änderte Berkeley einfach seine Aufnahmebedingungen. Fürderhin mußten Schwarze nur noch 4800 von 8000 erreichbaren Punkten vorweisen, um zugelassen zu werden, während die Mindestpunktzahl für chinesisch- und japanischstämmige Amerikaner auf 7000 hinaufgesetzt wurde. Als sich das in der asiatischen Gemeinde herumsprach, waren Entrüstung und Protest natürlich groß.

Dennoch hält sich im amerikanischen Hochschulwesen auch weiterhin der Trugschluß, daß schwarze und anderen Minderheiten angehörige Studenten »sozialpolitisch aufgewertet« werden und »faire Startbedingungen« erhalten, wenn man die Aufnahmeanforderungen drückt. Dabei bestünde doch die einzig sinnvolle Hilfestellung, die die Universität zu leisten vermag, darin, den *intelligenten* unterprivilegierten Studenten Hürden aus dem Weg zu räumen, die für die *intelligenten* privilegierten nicht existieren. Wie Dinesh D'Souza und andere dargelegt haben, wäre es sehr viel gerechter, die Bevorzugung bei der Aufnahme ins College von der finanziellen Bedürftigkeit eines Studenten abhängig zu machen statt von seiner Rasse. Universitäten sind für die höhere Bildung da, nicht (zumindest nicht in erster Linie) zur Sozialtherapie. Haben sie das Recht, Zulassungsbedingungen und Unterrichtsniveau zu senken, damit die Unterprivilegierten auf Kosten der begabteren Studenten ihren Nachholbedarf decken können?

Wenn man der Meinung ist, daß Colleges Ausbildungsstätten für Eliten sind, ganz gleich auf wie breiter Basis, dann lautet die Antwort eindeutig nein. Aber der allgemeine Trend unter den Lehrenden, die ihr Studium in den sechziger Jahren oder später begonnen haben, geht zu einer leidenschaftlichen, fast schon reflexartigen Ablehnung jeglichen Elitedenkens. »Die herrschende Ideologie«, schreibt der Pädagoge Daniel J. Singal,[16] »verzichtet lieber von vornherein auf hervorragende Leistungen, als es zu riskieren, daß das Selbstwertgefühl irgendeines Schülers verletzt wird. Statt die Kinder dazu anzuspornen, sich selbst ehrgeizige Ziele zu stecken, verwenden die Lehrer ihre gesamte Energie darauf, dafür zu sorgen, daß langsam Lernende sich auch ja nicht als Versager vorkommen ... manch-

mal spürt man geradezu eine Voreingenommenheit gegen gute Schüler.«
Wo die Ursachen für das schlechte Abschneiden schwarzer Studenten im Vergleich zu asiatischstämmigen oder weißen zu weit in die Schulzeit zurückreichen, um an der Pforte zur Universität behoben zu werden, da kann, um mit dem Historiker Eugene Genovese zu sprechen, ein Herunterschrauben der Anforderungen für schwarze (oder irgendwelche sonstigen) Studenten nichts anderes sein als »Scharade ... Wenn die einen, ob nun schwarz oder weiß, mit schlechteren kulturellen Rahmenbedingungen, einer schlechteren Vorbereitung und weniger Begabung anfangen als die anderen, dann liegt es doch eigentlich auf der Hand, daß die ›Chancengleichheit‹ lediglich den Fortbestand der ursprünglichen Ungleichheit zur Folge haben kann.«[17] Was diese sozialtherapeutischen Anstrengungen am Leben erhält, ist laut Genovese die »radikal-egalitäre Überzeugung, daß jeder die Eignung für und den Anspruch auf den Universitätsbesuch hat ... Wir haben unsere Colleges von Stätten der höheren Bildung in Fachschulen für unzureichend vorbereitete junge Männer und Frauen verwandelt, die einen Hochschulabschluß brauchen, weil sie sonst in unserer college-versessenen Gesellschaft keinen Job bekommen würden.« Wenn Amerika dem Akademikerstatus keinen so übertriebenen Stellenwert beimessen würde, wäre das Problem damit vielleicht nicht vom Tisch, aber es würde zumindest normale Dimensionen annehmen. Für die wenigsten Tätigkeiten, die die Menschen in dieser Welt verrichten, ist ein College-Abschluß vonnöten, wohingegen Sattelfestigkeit im Lesen, Schreiben und Rechnen sowie gewisse Grundfertigkeiten im Verwerten von Informationen absolut unerläßlich sind. (Soweit, sollte ich vielleicht hinzufü-

gen, meine eigenen Erfahrungen als vorzeitiger College-Abgänger ohne jeden Abschluß.) Die Hauptleistung des amerikanischen Akademiker-Fetischismus war es, qualifizierter praktischer Arbeit den Stempel der Zweitklassigkeit aufzudrücken, all das verächtlich zu machen, was Walt Whitman in seiner großen Litanei im »Gesang für die Berufe« feiert:

Seltsam und schwer das wahre Paradox, das ich künde:
Die Körperlichkeit der Dinge und die unsichtbare Seele sind eins.
Das Häuserbauen, das Ausmessen, das Sägen der Bretter,
Das Hufebeschlagen, Glasblasen, Nagelschmieden, Faßbinden, Dachdecken mit Blech und mit Schindeln,
Schiffsbau und Dockbau, das Fischepökeln, das Pflastern von Wegen mit Pflastersteinen,
Die Pumpe, die Ramme, der Ladebaum, der Kohlen- und der Ziegelofen,
Kohlenzechen und alles, was sich in ihnen verbirgt, die Lampen im Dunkel, die Echos, die Lieder, welch tiefes Sinnen, welch unendliche, urwüchsige Gedankenwelt ...

Strange and hard that paradox true I give,
Objects gross and the unseen soul are one.
House-building, measuring, sawing the boards,
Blacksmithing, glass-blowing, nail-making, coopering, tin-roofing, shingle-dressing,
Ship-joining, dock-building, fish-curing, flagging of sidewalks by flaggers,
The pump, the pile-driver, the great derrick, the coal-kiln and brick-kiln,

Coal-mines and all that is down there, the lamps in the darkness, echoes, songs, what meditations, what vast native thoughts …

Ins Hintertreffen geraten sind dadurch außerdem die wachsenden Probleme am anderen Ende des sozialen, ethnischen und pädagogischen Spektrums: die besser gestellten Studenten, von denen die meisten aus Schulen außerhalb der Stadtzentren kommen und die, so Singal, seit Mitte der siebziger Jahre »ihr Studium mit so miserablen Vorkenntnissen beginnen, daß ihre Leistungen weit hinter ihren Möglichkeiten zurückbleiben, oft sogar bis zum vollständigen Versagen«. 1970 noch hatten die Studienanfänger an einigen der führenden Colleges (Columbia, Swarthmore, der University of Chicago) im sprachlichen Teil ihrer Aufnahmeprüfungen im Durchschnitt 670 bis 695 von 800 erreichbaren Punkten. Bis zur Mitte der achtziger Jahre war dieser Durchschnitt auf 620 bis 640 Punkte gesunken. Genau dasselbe gilt für den Rest der Vereinigten Staaten (zu den wenigen Ausnahmen zählen vor allem die besseren Südstaatenuniversitäten, an denen die durchschnittliche Punktzahl nach voller Aufhebung der Rassentrennung *anstieg*). Wo die Dozenten nicht alles daran setzen, Sprachverständnis und Auffassungsvermögen der Studenten auf High-School-Stand zu bringen, paßt sich das Lehrniveau eben ihren verminderten Fähigkeiten im Lesen von Texten, Auswerten von Quellen und Analysieren von Begriffen an. Was bleibt, ist ein trauriger Abklatsch sowohl der intensiven geistigen Schulung, die den Studenten früher geboten war, als auch der Erwartungen, die man dabei an sie herantrug. Alleiniger Maßstab ist der Erfahrungshorizont der Studierenden, so als wäre dieser eine Art pädagogisches Absolutum und nicht genau das, was eine wirkliche Erziehung in Frage stellen und erweitern sollte – statt Studium ein Brei von oberflächlichen Soziologiekursen, die sich auf das Einimpfen von Schlagwörtern beschränken und sich um die schwierigeren Fragen des historischen Kontexts so weit wie möglich drücken. Auf Analyse und kritische Auseinandersetzung wird kaum Wert gelegt, auf persönliche Einstellung und Gefühl dafür um so mehr. Die volle Wirkung dieser Verwässerung wird sich erst in den neunziger Jahren bemerkbar machen; das ganze PC-Getue – in dem es um Gefühle und sonst gar nichts geht und das, so wie es aussieht, von den Dozenten mehr gepflegt wird als von den Studenten selbst – ist nur eines ihrer Frühsymptome. Denn als die Sechziger-Jahre-Ressentiments gegen das Elitedenken Einzug in das amerikanische Erziehungswesen hielten, brachten sie eine Toleranz gegenüber studentischen Wissenslücken mit sich, die ebenso immens wie zynisch war, jedoch als Rücksicht auf »persönliche Meinung« und »Selbstwertgefühl« verkauft wurde. Zuviel lesen oder zu scharf nachdenken zu müssen, hätte die armen Kleinen am Ende »gestreßt«; ihre zarten Seelen hätten durch die Konfrontation mit universitätsgerechten Anforderungen womöglich Schaden genommen, also verringerte man lieber ihr Lesepensum, was die Sprachbeherrschung gleich mit verringerte. Im logischen Analysieren ebenso unerfahren wie im Aufbau methodischer Argumente in einer Diskussion oder der genauen Untersuchung von Texten auf bestimmte Sachverhalte hin, sahen sich die Studenten auf die einzige Position zurückgeworfen, die sie wahrhaft ihre eigene nennen konnten: ihre *gefühlsmäßige* Reaktion. Wo Gefühle und subjektive Einstellung die Hauptbezugspunkte für jegliche Argumentation sind, bedeutet die Kritik an einem Standpunkt automatisch einen Angriff auf die Person, die ihn vertritt, oder sogar eine Beschneidung der »Rechte«, die sie (oder er) für sich in Anspruch nimmt. Jede Gegenmeinung wird zur Beleidigung und nähert sich dem Tatbestand der Nötigung, wenn nicht gleich der Vergewaltigung. »Ich fühle mich unheimlich bedroht durch deine Ablehnung meiner Ansichten über [bitte ankreuzen] den Phallozentrismus/die Mutter-Gottheit/den Wiener Kongreß/Youngs Elastizitätsmodul.« Lassen Sie diesen Subjektivierungsprozeß drei Generationen von Studenten beziehungsweise künftigen Dozenten durchlaufen, unter immer höherer Potenzierung der Dioxine der sechziger Jahre, und Sie haben den entropischen Hintergrund unserer Kultur der Wehleidigkeit.

VIII

Im kulturellen Bereich hat die alte Spaltung in rechts und links mittlerweile fast so etwas wie zwei puritanische Sekten hervorgebracht, von denen die eine einem elegischen Konservatismus frönt, während die andere mit der Pose des Revolutionärs kokettiert, sich dabei jedoch hinter akademischer Larmoyanz verschanzt, um sich nicht in der wirklichen Welt engagieren zu müssen. Sekte A macht Anleihen bei den Methoden der republikanischen Angriffspolitik, um zu zeigen, daß, so Sekte B nicht schnellstens ein Riegel vorgeschoben wird, das Studium Platos, Tizians und Miltons durch Gehirnwäsche mit Schwerpunkt auf dem Werk obskurer Dritte-Welt-Autoren und kalifornischer Chicano-Graffitikünstler ersetzt werden wird und die Säulen der abendländischen Zivilisation umgehend in sich zusammenstürzen werden. Sekte B ist unterdessen viel zu sehr von ihrem Lamentieren in Anspruch genommen, um eine angemessene Verteidigung zustande zu bringen, zumal sie nahezu alle Brükken zur Kultur in ihrer Gesamtheit abgebrochen hat (und in ihren narzißtischeren Momenten sogar soweit geht, die Existenz des normalen intelligenten Lesers ganz zu leugnen – obwohl doch das Hauptproblem in dem Mangel an normalen intelligenten *Autoren* besteht). Abgesehen von so herausragenden Ausnahmen wie Edward Saïd, Simon Schama oder Robert Darnton gibt es in Amerika kaum einen erstklassigen Geschichtsschreiber, Biographen oder Kulturkritiker mit Lehrstuhl, auch wenn viele Autoren einer Universität angehören, als dekorative Eremiten oder als Aushängeschilder jener Art der Gruppentherapie, die als »creative writing« bekannt ist. (»Es wundert mich«, schrieb 1914 der boxende Dadaist Arthur Cravan in einer Philippika gegen die Kunstakademien, »daß noch kein Gauner auf die Idee gekommen ist, eine Schule für Dichter aufzumachen.« Ach, Arthur!) Aber alles in allem kann von einem Kontakt zwischen dem Universitätsbetrieb und dem ganz normalen intelligenten Leser kaum mehr die Rede sein, weil Überspezialisierung und die *déformations professionelles* der akademischen Karrieresucht ihm keine Chance lassen.

In den modernen amerikanischen Literatur- und Geisteswissenschaften ist die Spezialisierung – der Themen, der Denkweisen und vor allem der Sprache – mittlerweile so weit fortgeschritten, das Blickfeld so eingeengt durch das ausgetüftelte Regelwerk der Theorie und der Zwang, noch unbearbeitete Themen zu finden, so erdrückend, daß eine Ausweitung des Rahmens gar nicht mehr denkbar ist. Der größte Teil des wissenschaftlichen Diskurses würde an einem Laienpublikum völlig vorbeigehen. Ja und? sagt die Verteidigung, seit wann soll die Arbeit eines Forschungsassistenten am Massachusetts Institute of Technology von Laien gelesen oder gar verstanden werden? Die Leute dort arbeiten in den Grenzbereichen der Mathematik und Quantenphysik, an Themen, die so hochspezialisiert sind, daß es auf der ganzen Welt vielleicht dreißig Experten gibt, die ihren Ausführungen folgen können. Was soll daran denn falsch sein? Ist es nicht die Aufgabe der Universitäten, »zweckfreies« Wissen zu fördern, Bereiche der wissenschaftlichen Forschung, die keinen offensichtlichen Bezug zum normalen Alltag haben und zu denen nur eine winzige Handvoll von Menschen Zugang hat – schließlich besteht doch immer Grund zu der Annahme, daß solches Wissen zu gegebener Zeit außerordentlich »relevant« werden kann! In den Naturwissenschaften kommen auf jeden Pfad, der die Menschheit weiterbringt, tausend Sackgassen, und die Forschung muß eine jede von ihnen bis zum Ende gehen – sonst hat sie ausgespielt.

Alles nur zu wahr; nur ist diese Weisheit leider nicht auf die Geisteswissenschaften übertragbar, da das Verständnis von Kunst und Literatur keinerlei »wissenschaftliche« Basis hat. Worum es sich hier handelt, ist die quantitativ nicht meßbare Währung von Gefühl, Intuition und (von Zeit zu Zeit) moralischem Urteil; eine objektive, wissenschaftlich erfaßbare »Wahrheit« gibt es nicht. Wie Louis Menand betont, wurde die für die amerikanische Literaturwissenschaft maßgebliche Institution, die 1883 gegründete Modern Language Association (MLA), von Philologen ins Leben gerufen, »Gelehrten, deren Tätigkeit tatsächlich wissenschaftlich war und darum ›objektiv‹ ausgewertet werden konnte«. Erst 1950 nahm die MLA das Wort »Wissenschaft« überhaupt in ihre Satzung auf, und zwar nur deshalb, weil die Literaturwissenschaft zunehmendes Gewicht auf ihre Verankerung in der Theorie legte und sich somit als *wissens*fördend verstand, nicht nur als ein Beitrag zur Summe der Meinungen. Theoriebesessenheit im Verein mit mangelnder schriftstellerischer Begabung – das Ergebnis ist die grauenhafte Prosa der akademischen Literaturkritik. Niemand wird für eine Rückkehr zu dem schöngeistigen, »humanistischen« Gehüstel plädieren, das an der Tagesordnung war, bevor vor vierzig Jahren der »New Criticism« das Feld übernahm, aber der Stil, in dem an den Universitäten gegenwärtig über Literatur und Kunst geschrieben wird, ist ein Mittelding zwischen Schlaftablette und Skandal.

Um ihre Existenz in einer Zeit zu rechtfertigen, in der das amerikanische Hochschulwesen wissenschaftlich zu sein hatte, mußten sich die literaturwissenschaftlichen Fakultäten zu Vorreitern der neuesten Methodik erklären. Daher das, wie es im Fachjargon heißt, »*foregrounding*« oder Herausstellen von Terminologien, die keinen Bezug zu irgendeiner Wirklichkeit außerhalb ihrer selbst haben; daher auch das Auseinanderdriften von akademischer Literaturkritik und den wesentlich klareren Äußerungen der nicht-akademischen Presse zu ähnlichen Themen. Wie Menand ausführt:

> … Der größte Teil der akademischen Welt ist ein unermeßlicher Ozean der Konformität, und jedesmal, wenn eine neue Welle der Theorie und Methodologie heranrollt, versuchen alle Fische, in ihre Richtung zu schwimmen. Vor zwanzig Jahren sprach jeder Literaturwissenschaftler vom Selbst, von seiner Autonomie und seiner tragischen Isolation. Heutzutage würde ein Akademiker, der etwas auf sich hält, lieber sterben, als das Wort noch in

den Mund zu nehmen, denn das »Selbst« heißt nunmehr »Subjekt«, und das Subjekt, da sind sich alle vollkommen einig, ist nichts weiter als ein kontingentes Konstrukt ... Was allen am meisten zu denken geben sollte, ist die Tatsache, daß die große Mehrheit der veröffentlichten Beiträge zur literaturwissenschaftlichen Diskussion so durch und durch vorhersagbar ist.[18]

Forschung und wissenschaftliche Veröffentlichung haben einen hohen, die tatsächliche Lehrtätigkeit einen unverhältnismäßig niedrigen Status. Immer mehr Studenten müssen für die anstehenden Publikationen des Professors recherchieren. Das mittelalterliche Lehrlingssystem erhält sich an den amerikanischen Universitäten wie eine Fliege im Bernstein. Zum Teil ist dies eine zwangsläufige Folge der wachsenden Studentenzahlen. Wenn es zu viele Studenten gibt, als daß die Dozenten sie alle unterrichten könnten, und die Mittel begrenzt sind, behilft man sich eben mit »teaching assistants«, die für einen Hungerlohn Kurse abhalten; wenn der Professor sich mehr zum Publizieren denn zum Lehren berufen fühlt, kann er auf ein Rudel von »research assistants« zurückgreifen – seine eigenen Studenten –, die ihm seine Arbeit abnehmen. Manche sehen darin ein gutes Training für ein eigenständiges und kritisches Denken; andere empfinden es, ebenfalls zu Recht, als eine Form des Lehrvertrags, die zu Konformität und Opportunismus führt.
Als die ehemaligen linken Studenten der sechziger Jahre als Dozenten an die Universität zurückkehrten, mußten sie mit ansehen, wie die kühnen Hoffnungen ihrer Jugend nach 1968 zu schrumpfen begannen, vom Gegenschlag der siebziger Jahre in die Knie gezwungen wurden und 1980 bereits nur noch Archäo-

logie waren. Keine der wunderbaren Verheißungen hatte sich erfüllt.
Ihre Reaktion auf diese traumatische Erfahrung war eine Abkehr vom klassischen Marxismus mit seiner Betonung des Wirtschafts- und Klassenkampfes in der realen Welt und die Hinwendung zu den eher diffusen, paranoiden Theorien der Frankfurter Schule – Theodor Adorno, Herbert Marcuse.
Diesen Theoretikern zufolge ist jegliches menschliche Leben von repressiven Mechanismen geprägt, die weniger in der konkreten Politik verankert sind als vielmehr in Sprache, Erziehungswesen und Unterhaltung – in der gesamten Struktur der sozialen Kommunikation.
Diese These wurde unterstützt durch die Ansichten der französischen Poststrukturalisten, namentlich Michel Foucault und Jacques Derrida. Nach ihrer Lehre ist das »Subjekt« – das denkende, agierende Individuum, das »Ich« in jedem Satz – eine Illusion. Es gibt nur noch den Text, nicht mehr das subjektive Bewußtsein; nur noch Ohnmacht angesichts der unbestimmbaren Unterdrückungssysteme, die überall im kulturellen Umfeld eingeschrieben sind, aber kein Mittel zu ihrer Überwindung. Früher einmal gab es den Dichter; jetzt gibt es nur noch das, was Foucault verächtlich die »Autorenfunktion« nennt. Unter solchen Bedingungen ist der Intellektuelle Gewalt und Fremdbestimmung so hilflos ausgeliefert wie ein Lachs, der in einem verschmutzten Fluß schwimmt – nur daß wir im Gegensatz zu dem Fisch *wissen*, daß das Wasser vergiftet ist.
Wir haben, so das Diktum des Poststrukturalismus, weder Kontrolle über unsere eigene Geschichte, noch können wir sie je erlangen. Unsere höchste Wahrheit ist die, daß die Wahrheit sich dem Begreifen entzieht;

wir mißtrauen allen Äußerungen außer der, daß es keine Äußerung gibt, der man trauen könnte. Eine hoffnungslosere – oder autoritärere – Sackgasse ließe sich nur mit Mühe finden. John Diggins bringt die Sache in *The Rise and Fall of the American Left* auf den Punkt: »Die große Herausforderung für den Intellektuellen von heute ist nicht die aufklärerische der Wissensförderung im Dienste der Freiheit; der neue Auftrag lautet, Mißtrauen zu verbreiten. Der französische Poststrukturalismus ... stillt ein tiefes Bedürfnis der amerikanischen Gelehrtenwelt, wenn es auch nur das Bedürfnis ist, das eigene Versagen zu rationalisieren.« Ein Intellektueller, der glaubt, den Status quo in Frage stellen zu können, indem er die Nutzlosigkeit der Sprache ins Feld führt, schießt nicht nur *ein* Eigentor, sondern gleich drei. Das ist der Grund, warum der Poststrukturalismus im vergangenen Jahrzehnt zwar die Seminarräume gefüllt und uns einen Berg weitgehend unlesbarer Kulturkritik sowie ein Häufchen moralisierender neokonzeptueller Kunst beschert, aber so gut wie keinen dauerhaften Einfluß auf das Schreiben, Denken und Handeln der Allgemeinheit ausgeübt hat. Er ist zum größten Teil eine Enklave der abstrakten Wehleidigkeit.

Außerhalb seiner Peripherie gehen das wirkliche Leben, die wirkliche Sprache und die wirkliche Kommunikation weiter. Während in den späten achtziger Jahren die amerikanischen Gelehrten leere Theorien über den Tod der Sprache und des denkenden Subjekts aufstellten, brachte das Verlangen nach Freiheit und humaner Kultur die Tyrannei in Europa zu Fall. Sicher, wenn die chinesischen Studenten ihren Foucault gelesen hätten, hätten sie gewußt, daß die Repression in alle Sprachen eingeschrieben ist, ihre eigene eingeschlossen, und hätten es sich sparen können, sich am Platz des Himmlischen Friedens den Panzern entgegenzustellen. Aber haben Václav Havel und seine Mitstreiter, all diese Dramatiker, Dichter und Intellektuellen, die Tschechoslowakei dadurch befreit, daß sie Derridas oder Lyotards Aussagen über die Unentschlüsselbarkeit von Texten zitierten? Ganz gewiß nicht: Sie haben es geschafft, indem sie ihr Vertrauen in die verändernde Kraft des Denkens setzten – indem sie ihre Schultern unter das gewaltige Weltenrad stemmten. Die Welt verändert sich tiefgreifender, umfassender und bewegender, als sie es seit 1917 oder vielleicht sogar seit 1848 getan hat, und die akademische Linke in Amerika sitzt da und redet sich die Köpfe heiß über die Art, wie der Phallozentrismus in Dickens' Porträtierung von Little Nell »eingeschrieben« ist.

Ein Schriftsteller, den es in eine solche Welt verschlägt, muß sich vorkommen wie Gulliver bei seinem Besuch an der Königlichen Akademie von Lagado mit ihren todernsten »Projekteuren«, die sich abrackern, um aus Gurken Sonnenstrahlen zu extrahieren, Häuser vom Dach abwärts zu bauen oder den Nährwert menschlichen Kots wiederherzustellen, und dabei alle gleichermaßen von der Wichtigkeit ihrer Arbeit überzeugt sind. Mich persönlich erinnert es auch an Australien, die Heimat verlorener biologischer Phänomene: Genau wie die Beuteltiere und eierlegenden Säuger, die Känguruhs, Ameisenigel und Schnabeltiere, sich in aller Ruhe auf ihrem treibenden Fragment des Mutterkontinents Gondwana vermehrten, nachdem sie in allen anderen Teilen der Erde schon seit Äonen ausgestorben waren, so mümmeln und hoppeln die letzten Derridaianer, Lyotardisten und Baudrillardianer in der akademischen Landschaft Amerikas herum, während ihre geistigen Mentoren in Frankreich selbst

längst Schnee von gestern sind. Und solche Leute jammern dann über den Kulturkolonialismus!
Ende der achtziger Jahre versuchte der Herausgeber der Presses Universitaires de France, Nicos Poulantzas, verzweifelt, eine in den siebziger Jahren begonnene umfassende Bücherreihe zum Thema Marxismus im zeitgenössische Alltag fertigzustellen: Marx und die Kochkunst, Marx und der Sport, Marx und die Sexualität, Marx und alles, was das Herz begehrte. Aber es ging nicht: Poulantzas konnte beim besten Willen keine auf Marx fixierten französischen Autoren mehr auftreiben. »Unsere einzige Hoffnung ist Amerika«, äußerte er düster zu einem Kollegen, kurz bevor er sich umbrachte.
Daß der Marxismus bei der akademischen Linken in Amerika nach wie vor eine solche Rolle spielt – in einem Maße, daß sich sogar noch der eine oder andere Althusserianer findet –, ist ein Beweis für die Macht der Nostalgie. Gründe für die Jugend, sich mit Marx zu befassen, gibt es genug, und das wird auch so bleiben; schon das zwanzigste Jahrhundert an sich ist ja nicht zu verstehen, wenn man sich nicht über den enormen Einfluß im klaren ist, den Marx' Ideen und das, was andere aus diesen Ideen gemacht haben, auf die Weltpolitik hatten.
Dennoch ist der Marxismus tot; dieser Abschnitt der Geschichte ist abgeschlossen. Sein Kadaver wird noch weiterhin Geräusche und Gerüche von sich geben – Säfte, die eintrocknen, Gase, die sich ausdehnen. Alle möglichen ehemals kommunistischen Europäer werden noch als Ultra-Nationalisten wiedergeboren werden, wie etwa der völkermordende einstige Apparatschik Slobodan Milosevic, jetzt Präsident von Serbien. Viele von denen, die ihren Durst nach bürokratischer Herrschaftsgewalt früher innerhalb des kommunisti-

schen Machtgefüges befriedigt haben, werden ihn nun eben an den neuen Brunnen des regionalen Nationalismus stillen.

So wenig Respekt solche Menschen verdienen, sie sind doch immerhin realistischer als die Intellektuellen, die den gescheiterten Hoffnungen von Marx und Lenin nachweinen. Denn der Marxismus, daran führt kein Weg vorbei, hat seine Hauptwette von vornherein verloren. Sein gesamter Anspruch auf historische Notwendigkeit basierte auf der Vorstellung, daß die Menschheit in Klassen zerfalle, nicht in Nationen. Das war ein Irrtum.

Weil die Bande der Volkszugehörigkeit so viel stärker waren als die der Klassenzugehörigkeit, ließ sich die Revolution nur auf dreierlei Weise durchführen: als direkte Eroberung durch Moskau, so wie in Osteuropa; durch die Neuerfindung alter, xenophober, totalitärer Machtstrukturen mit marxistischer Tünche, wie in Maos China; und als eine bequeme Form der Rhetorik, die nationalen Stammeshäuptlingen und *caudillos* eine »internationalistische« Legitimation verlieh, wie in Ceaucescus Rumänien, Castros Kuba und jeder Menge kurzlebiger afrikanischer Regimes.

Aber die grundlegende Verheißung des Marxismus – eine Internationale der Arbeiter, durch gemeinsame Interessen zu einer transnationalen Front zusammengeschlossen – stellte sich als reines Hirngespinst heraus. Der Nationalismus ist unverwüstlich. Ein halbes Jahrhundert nach Hitlers Tod marschieren in Deutschland Banden von Neonazis, halten Rockkonzerte mit Haßtexten ab und verbrennen schlafende türkische Gastarbeiterinnen, und in Italien ist Mussolinis Enkelin in der Politik tätig. Wohingegen sich vierzig Jahre nach Stalins Tod in ganz Europa kein einziger wahrhaft überzeugter Marxist an der Macht

oder auch nur irgendwo in der Nähe der Macht befindet.
Amerika hat vom Marxismus nichts zu erwarten. Nach einem Dreivierteljahrhundert des Experimentierens ist er in jeder Gesellschaft, in der er in der Praxis erprobt wurde, gescheitert. Er hat nichts hervorgebracht als Armut, Tyrannei und Mittelmäßigkeit. Die Tatsache, daß er oft andere Systeme ersetzt hat, die ebenfalls tyrannisch, mittelmäßig und armselig waren, ändert nichts an seinem Scheitern. Als Historiker lernt man es, niemals »nie« zu sagen, aber dennoch ist es höchst unwahrscheinlich, daß sich in absehbarer Zukunft größere Mehrheiten dem Joch einer politischen Ideologie ausliefern, die von der Annahme ausgeht, daß die Menschheit in der Lage sei, die gesamte Welt nach einem »rationalen«, »wissenschaftlichen« Modell, einem einzigen, zentralistischen Programm objektiv zu begreifen, zu beurteilen und zu lenken. Der Marxismus hat sich als Gegenentwurf zum Nationalismus definiert, er hat sich ausgebreitet, indem er sich ihm anpaßte, und zuletzt ist er von ihm zu Fall gebracht worden.
Hierin liegt die besondere Ironie der gegenwärtigen amerikanischen Debatte über die »multikulturelle Gesellschaft«. Die akademische Linke will in ihr die Verheißung eines neues Radikalismus sehen: Der Marxismus ist durch das Feuer seiner eigenen Auflösung gegangen und wird nun als »Held der tausend Gesichter« wiedergeboren – im Multikulturalismus. Wer mit einer solchen Fiktion hausieren geht, leugnet den Grundwiderspruch zwischen dem Marxismus-Leninismus und der Unterschiedlichkeit der einzelnen Völker, fast so, als stecke doch ein Körnchen Wahrheit in der andernorts mittlerweile vehement zurückgewiesenen Behauptung, der Marxismus stärke das nationale

Identitätsbewußtsein. Dazu versucht jener letzte Rest, der von der Linken noch übrig ist, auch noch, ganz normalen gesellschaftlichen Unterschieden – zwischen den Geschlechtern, den Rassen, den sexuellen Vorlieben – einen überzogenen Charakter des Völkischen aufzudrücken, als verkörperten sie nicht nur kulturelle Verschiedenheit, sondern stellten allen Ernstes eigenständige »Kulturen« dar. »Queer Nation« fürwahr. Die amerikanischen Konservativen indessen gebärden sich, als hätten diese vergeblichen Bestrebungen, den Multikulturalismus in den Dienst postmarxistischer System-Rettung zu stellen, irgendeinen Bezug zur Realität. Einen Marx, dem es die Stirn zu bieten gälte, gibt es nicht mehr, also reitet man in vollem Harnisch gegen den ungreifbaren, hydraköpfigen Multi. So stecken denn beide Parteien als Gefangene der eigenen Obsession in einem ansonsten leeren Schützengraben eines beigelegten Kalten Krieges.

Wie könnte ein echter Multikulturalist – wie könnte irgend jemand mit einem aufrichtigen Interesse an den Unterschieden in der Kultur, der Geschichte und den Zukunftsentwürfen der verschiedenen Gesellschaften oder gesellschaftlichen Gruppierungen sich je einer Doktrin verschreiben, die im Namen der »Befreiung« jegliche menschliche Vielfalt in ein und dasselbe internationalistische, pseudo-wissenschaftliche System zu zwängen trachtete? Abgesehen davon, daß man (bei allem Respekt vor den Hardlinern) keine Ideologie braucht, um Ungerechtigkeit und Unterdrückung wahrzunehmen und dagegen angehen zu wollen: Lange bevor es das Kommunistische Manifest gab, empörten sich Männer und Frauen schon, wenn sie mit ansehen mußten, wie die Starken die Schwachen der Hoffnung beraubten, und sie werden das

Unrecht, das die Reichen den Armen antun, auch dann noch abzumildern suchen, wenn das letzte marxistische Regime längst der Vergangenheit angehört. Trotzdem ist man hierzulande immer noch verzweifelt darum bemüht, etwas von der angeblich »reinen« Essenz des marxistischen Gedankenguts aus den Trümmern seines Schiffbruchs in der wirklichen Welt zu retten – weil es in Amerika, anders als in Rußland, China oder Kuba, nie eine auch nur im Ansatz marxistische Regierung gegeben hat und darum die utopischen Hoffnungen und Träume des Marxismus nie auf die Probe gestellt worden sind. Die amerikanischen Radikalen durften sich stets an den idealistischen Verheißungen des Marxismus erbauen, ohne sich mit seinen weit weniger ersprießlichen praktischen Konsequenzen herumschlagen zu müssen. So wie das Christentum ausgedient hätte, wenn der Messias tatsächlich zurückkäme, läßt sich auch der Glaube an den Marxismus nach dem Zusammenbruch des europäischen Kommunismus nur dadurch aufrechterhalten, daß man sich als »Post-Marxist« definiert und sich aufs Reden verlegt statt aufs Handeln.

Was daher an den Universitäten zählt, ist Kulturpolitik, nicht eine Politik der Vermögensverteilung und der sozialen Realitäten, als da sind Armut, Drogenabhängigkeit und die wachsende Kriminalität. Die akademische Linke interessiert sich mehr für Rassen- und Geschlechterdifferenzen als für den Klassenkampf. Und ihr liegt *sehr* viel mehr an Theorien über Rassen- und Geschlechterdifferenzen als an einer Auseinandersetzung mit dem Phänomen als solchem. Das ermöglicht es ihren Koryphäen, sich als Vorkämpfer des gesellschaftlichen Wandels zu fühlen, ohne irgendwelche Beinarbeit außerhalb der akademischen Welt zu leisten. Die »traditionelle Linke« ist weit abgeschlagen;

wer will schon heute noch dieses fade, abgedroschene Zeug über die Arbeiter hören? Viel aufregender ist es, in der Populärkultur zu kramen und all die oppressiven Strukturen aufzuzeigen, die hier in sie »eingeschrieben« sind, dort von ihr »in Frage gestellt« werden – ein Spannungsverhältnis, das sich selbstredend nicht abkoppeln läßt von den proteischen Energien des Kapitalismus, der sein oppressives Selbst durch die Populärkultur Tag für Tag neu erfindet in seiner ständigen Suche nach neuen, besseren Methoden, uns in willenlose Konsumenten zu verwandeln. Diese Jagd nach kleinen Dingen, auf die Theorie und Metatheorie ihre großen Freistil-Gedankengebäude bauen können, hat notgedrungen Inflation und Entwertung zur Folge. Auf die Quantität der »Wissensproduktion« kommt es an, nicht auf ihre Qualität. Also werden, um es mit den Worten des Chicagoer Englisch- und Pädagogikprofessors Gerald Graff auszudrücken,[19]

> so engstirnige Kategorien wie Beweiskraft, logische Konsistenz und Klarheit des Ausdrucks über Bord geworfen. Wer an ihnen festhält, behindert den Fortschritt. Ein Versuch, bei den akademischen Veröffentlichungen unserer Tage auf Objektivität und Beweisbarkeit zu bestehen, ließe sich nur mit der Rückkehr der amerikanischen Wirtschaft zum Goldstandard vergleichen; das Ergebnis wäre ein sofortiger Zusammenbruch des ganzen Systems.

Diese Einstellung hat auf alle Bereiche der Kulturkritik übergegriffen und entwickelt in den meisten davon ihre eigene, strenge Etikette. Im Rahmen eines Colloquiums am Whitney Museum im Mai 1992, bei dem fortgeschrittene Graduierte und Dozenten der Kunstgeschichte zum Thema »Männlichkeit und Weiblichkeit: Konstruktion der Geschlechterrollen und Grenzüberschreitung in der amerikanischen Kunst und Kultur des zwanzigsten Jahrhunderts« das Wort ergriffen, trug ein Doktorand der New York University namens Christopher Davis seine Theorie über die »Konstruktionen der Männlichkeit in der Stummfilmkomödie« vor. Er zeigte mehrere Filmausschnitte, darunter einen aus *Wild and Woolly*, in dem Douglas Fairbanks so tut, als reite er auf einem Pferd, und einen aus *The Freshman*, wo Harold Lloyd armeschwenkend ein Football-Lied herausschreit. Was trieben diese Knaben da? Abspritzen, was denn sonst, so rhythmisch, wie ihre Körper zuckten. Wer es noch nicht wußte: »Die Masturbationsbildlichkeit in dem Harold-Lloyd-Film ist so dicht, daß selbst der geschriebene Text – die weißen Buchstaben der Zwischentitel – zu einer Art textuellem Ejakulat wird, einer graphischen Wortexplosion, die den Samenerguß des masturbierenden Jungen spiegelt.« Und was für ein Interesse konnten die jungen Männer der zwanziger Jahre daran haben, Harold Lloyd bei der unterschwelligen Masturbation zuzusehen? Ganz einfach: Während »Männlichkeit traditionell aufs engste mit Grundbesitz verknüpft war«, fehlte den Bewohnern eines industrialisierten, urbanisierten Amerika »dieser Erlebnisraum zur Formung ihrer Maskulinität … Der notwendigen strukturellen Voraussetzungen zur Mannwerdung und der Kontrolle über ihr Arbeitsumfeld beraubt, fanden viele im Kino einen simulierten Freiraum, in dem die Männlichkeit … sich entfalten konnte.« Und in dem man sich im Zweifelsfall einen runterholen konnte, ohne daß die Mama es merkte.

Solches Geseire, solches Patchwork undefinierbar »radikaler« Aperçus, das sich auf keinerlei Beweise stützen kann, tritt zunehmend an die Stelle kritischer Kulturbetrachtung – Davis' Referat war bei weitem nicht das absurdeste, das damals im Whitney Museum zu Gehör kam.

Madonna ist ein besonderer Magnet für derlei Refrains. Sie ist zum Pin-up-Girl der amerikanischen Gelehrtenwelt geworden, gewandet in die Lochstickerei der Theorie, bald dünner verschleiert, bald dicker. Wie Daniel Harris es in *The Nation* ausdrückte,[20] wird sie »als überwältigend unglaubwürdiges Sprachrohr für die Wertvorstellungen und Standesinteressen der Universitätsdozenten in Anspruch genommen«. Es gibt eine Lacansche Madonna, eine Baudrillardsche Madonna, eine Freudsche Madonna, eine Foucaultsche Madonna – ganz ähnlich, wie ein Katholik im Mittelmeerraum seine Gebete an die Madonna von Loreto, von Fatima oder von Lourdes richten kann. Ist man gar eine marxistische Feministin wie Melanie Morton, so kann man auch aufzeigen, daß ihre Songs »sich dem entziehen, was wir in der Narrativik ideologische Geschlossenheit nennen würden. Es findet keine Rekapitulation statt, die Machtverhältnisse fixiert und irgendeinem der Elemente eine Vormachtstellung einräumt oder bestätigt.«

So sprengt also die blonde Sexbombe die etablierten Machtgefüge. Sie untergräbt »kapitalistische Konstrukte« und »verweigert sich den zentralen Glaubenssätzen der Bourgeoisie« – eine Tatsache, die meinen eigenen Arbeitgebern bei Time-Warner neu sein dürfte: Sie haben Madonna kürzlich sechzig Millionen Dollar für die Rechte an ihrem Werk bezahlt. Welch eine Verweigerung! Die Wahrheit ist weit weniger »radikal«: Der Universitätsbetrieb will auch ein paar Brosamen vom üppigen Spektakel der Massenkultur. Geblendet von seinem Glanz und all dem Geschwalle, sind die Geisteswissenschaftler mehr Groupies als Rebellen. Die Abläufe sind vorhersagbar. Ice-T und Sister Souljah rappen fröhlich, daß man die weißen Ärsche abknallen soll, und nennen sich dabei Revolutionäre. Einer der Geschäftsführer von Time-Warner, wo Ice-T's Aufrufe zum Bullen-Killen vertrieben werden, verteidigt das Recht der Firma, solches Zeug in Umlauf zu bringen, in Tönen, die stark an Miltons *Areopagitica* erinnern. Die Gelehrtenwelt, nicht faul, sekundiert die frommen Sprüche mit schlauen Aufsätzen über die revolutionäre Verheißung Sechzehnjähriger in der »'hood«. Auftreten die Konservativen und raufen sich die Haare über Rap, Rock 'n' Roll und die ungerechtfertigten dionysischen Ekstasen der Massen-Multi-Kultur – Alan Bloom selig läßt grüßen. Daß Rap und Hip-Hop möglicherweise gar nicht die Vorboten einer herbeigewünschten oder gefürchteten Apokalypse sind, sondern einfach eine neue Mode in der Popmusik, geht über all diesem Gerangel völlig unter. Und zwar geht es deshalb unter, weil die eine Seite die andere braucht, um ihr jeweiliges Parteiprogramm zu einer chiliastischen Schlacht um die Seele Amerikas aufzubauschen. Die radikale akademische Linke und die kulturkonservative Rechte sind ineinander verkeilt in einer prachtvollen symbiotischen *folie à deux*, und mehr als den Gegner verabscheuen beide nur denjenigen, der zwischen ihnen zu vermitteln sucht. Soviel zur jüngsten Mutation des puritanischen Erbes.

Wenn die amerikanische Linke noch einmal auf die Beine kommen soll, muß sie wieder ein verständliches Englisch lernen, in die wirkliche, handgreifliche Welt zurückkehren und sich nicht nur die Grundsätze der Aufklärung erneut zu eigen machen, sondern auch die Sprache von Orwell und Tom Paine – und das wird sie nie tun, solange sie noch bis zum Hals in Theorie steckt. Was die Illusion der Radikalität im akademischen Poststrukturalismus und Neomarxismus aufrechterhält, ist einzig und allein die konservative Opposition. Die Rechte braucht eine Linke: Wenn die Grundfesten der abendländischen Kultur sich nicht im Zustand andauernder Belagerung befänden, was würde dann aus ihren Verteidigern? All die Gelder, die aus den unerschöpflichen Schatzkammern der Familie Scaife und der Olin Corporation in neo-konservative Sittenwächterei gepumpt werden, würden versiegen. (Der Chor von Konservativen, die die »gut gesponserte akademische Linke« des Schmarotzertums bezichtigen, während sie selbst hübsche Summen von diversen rechten Sponsoren einstreichen, gehört zu den großen Wundern des amerikanischen Intellektuellenlebens.) Die Reaktion der amerikanischen Konservativen auf den Tod der marxistischen Ideologie, ihres Leib-und-Magen-Feindes, ruft einem unweigerlich die Frage ins Gedächtnis, die vor achtzig Jahren Konstantin Karafis stellte:

> Was hat diese jähe Unruhe zu bedeuten,
> und diese Verwirrung? (Wie ernst ihre Gesichter
> auf einmal sind!)
> Was leeren sich Straßen und Plätze so hastig,
> und warum wandern alle so nachdenklich nach
> Haus?
> Weil es Nacht ist und keine Barbaren in Sicht,
> und Boten kommen von den Grenzen zurück,
> die sagen, es gibt die Barbaren nicht mehr.
> Was soll nun aus uns werden ohne sie?
> Sie waren eine Art Lösung.

What does this sudden uneasiness mean,
and this confusion? (How grave their faces have become!)
Why are the streets and squares rapidly emptying,
and why is everyone going back home, so lost in thought?
Because it is night and the barbarians have not come;
and some men have arrived from the frontiers
and they say that barbarians don't exist any longer.
And now what will become of us without barbarians?
They were a kind of solution.

Die beliebtesten Allzweck-Barbaren heißen im Moment »Multikulturalisten«.

Teil II

Multikulti und die Miesmacher

I

Das obsessive Thema der fruchtlosen Auseinandersetzung zwischen den beiden PCs – dem politisch und dem patriotisch Korrekten – wird schwerfällig als »Multikulturalismus« bezeichnet. Der Begriff ist zu einem Schlagwort verkommen, das fast so viele Bedeutungen wie Nachplapperer hat.

Durch die Verknüpfung von Multikulturalismus und politischer Korrektheit ist viel Schlamm aufgewühlt worden, und was eigentlich als großzügige Anerkennung kultureller Vielfalt gedacht war, wurde so in ein wertloses, mit radikalem Jargon vollgestopftes, symbolisches Programm verkehrt. Ein Ableger davon ist das Gerede vom kulturellen Separatismus.

Aber der Separatismus ist nicht, wie manche Konservative behaupten, die unausweichliche Folge des Multikulturalismus, die beiden sind vielmehr Gegensätze.

Der Multikulturalismus geht davon aus, daß Menschen unterschiedlicher Herkunft koexistieren können, daß sie lernen können, sich in fremden Bilderwelten zurechtzufinden, daß sie imstande sind und sein müssen, ohne Vorurteile oder Illusionen über die Grenzen von Rasse, Sprache, Geschlecht und Alter hinwegzublikken, und daß sie lernen können, vor dem Hintergrund einer hybridisierten Gesellschaft zu denken. Er macht – in aller Bescheidenheit – geltend, daß sich die interessantesten Entwicklungen in Geschichte und Kultur mitunter an der Schnittstelle zwischen den Kulturen ereignen. Er will Grenzsituationen nicht nur studieren, weil sie faszinierend sind, sondern weil das Verständnis dafür die Welt um ein Stückchen Hoffnung reicher machen könnte.

Der Separatismus dagegen leugnet nicht nur den Wert eines solchen Dialogs, sondern sogar die Möglichkeit dazu. Er lehnt einen Austausch ab. Der Separatismus ist umgeschlagener Multikulturalismus, zum Gären gebracht durch Verzweiflung und Wut, und er ist (zumindest in Amerika, aber auch in Bosnien-Herzegowina und im Nahen Osten) zum Scheitern verurteilt. Will man die kulturellen Folgen der amerikanischen Vielfalt als Werkzeug benutzen, um das amerikanische Gemeinwesen zu zerschlagen, geht nur das Werkzeug selbst zu Bruch.

Es ist schon ein Ungetüm, dieses Wort »Multikulturalismus« mit seinen sieben Silben, aber hätte es den Begriff schon vor dreißig Jahren gegeben, als ich Australien den Rücken kehrte, ich hätte ihn mir sofort zu eigen gemacht. Im Ausland gibt man einen Teil der eigenen Kultur auf – alles kann man nicht mitnehmen –, aber im Gegenzug gewinnt man auf seinen Reisen auch einiges hinzu. Wer fremde Sprachen lernt und fremde Sitten und Weltanschauungen unmittelbar und mit einem gewissen Maß an Bescheidenheit erlebt, macht zweifellos wertvolle Erfahrungen. Das kann kultureller Provinzialismus nicht leisten.

Eine der weniger schönen Erinnerungen an meine Schulzeit verdanke ich den vier Minuten, in denen ich vor versammelter Klasse und vor unserem Jesuiten-Lehrer aufstehen und über Horaz' berühmten Spruch *Coelum non animam mutant qui trans mare currunt* – »Wer über See geht, ändert das Klima und nicht den Charakter« extemporieren mußte. Darüber ärgerte ich mich nicht nur wegen meiner kümmerlichen Lateinkenntnisse, sondern vor allem auch, weil mir die Aussage falsch vorkam – die Bemerkung eines selbstzufriedenen Römers, dem der Rest der Welt gleichgültig war. Horaz und die Hegemonie.

Aber er hatte die meisten Australier auf seiner Seite. Das Motto der Sydney University zum Beispiel verriet Zufriedenheit mit den kolonialen Bindungen: *Sidere mens eadem mutato*, eine andere Version von Horaz' imperialem Gedanken – »Der gleiche Geist unter anderen Himmeln«.

Unsere Erziehung sollte uns darauf vorbereiten, kleine Engländer und Engländerinnen zu werden, wenn auch mit näselndem Akzent. Von den Engländern selbst würden wir allerdings nie als ihresgleichen akzeptiert werden; dazu reichte es bei uns denn doch nicht. Kein Gedicht eines Australiers würde sich je in eine englische Lyrikanthologie verirren – unser nationales Schicksal war es, solche Anthologien zu lesen, aber keinesfalls zu ihnen beizutragen. Es kam uns ganz natürlich vor, daß unser Staatsoberhaupt, das die Macht hatte, jeden demokratisch gewählten australischen Premierminister abzusetzen, eine junge Engländerin sein sollte, die 14 000 Meilen von uns entfernt wohnte. Welcher geborene Australier hätte es schon verdient gehabt, daß man so zu ihm aufblickte wie zu dieser Königin? Unser Premierminister Robert Menzies, der letzte wahre australische Empire-Getreue, nannte uns »Gefolgsleute der Königin«, »britisch bis in die Stiefelspitzen«. Fragte man ihn, wie er sich nach dem Ausscheiden aus der Politik sein weiteres Lebensglück vorstelle, antwortete er prompt: »Ein Cottage, vollgestopft mit Büchern bis zur Decke, und zwar in Kent.«

Damals hatten wir eine kleine, zu 95 Prozent weiße, anglo-irische Gesellschaft, an deren Schulen man Latein, aber kein Italienisch, Alt-, aber kein Neugriechisch lernen konnte. Was wir in der Schule von der Welt erfuhren, kam aus der großen Tradition (und ich gebrauche das Wort ohne Ironie) englischen Denkens und englischer Geschichte. In australischer Geschichte wurden wir kaum unterrichtet. Von den anderen Weltreligionen außer dem Christentum – Judentum, Buddhismus, Hinduismus, Islam – verstanden wir ungefähr genausoviel wie Katzen, die vor dem Fernseher hocken, beziehungsweise hätten wir genausoviel davon verstanden, wenn es 1955 in Australien schon Fernsehen gegeben hätte, was aber zum Glück nicht der Fall war. Einen Juden habe ich erst auf der Universität kennengelernt, und die Ansichten, die die Jesuiten etwa zur spanischen Inquisition oder zur Politik von Ferdinand und Isabella vertraten, kann sich jeder selbst vorstellen. Ich wußte noch nicht einmal, was ein *Episkopaler* war. Bei meinem ersten Gespräch mit einem australischen Ureinwohner, das zudem noch ziemlich kurz ausfiel, war ich fast zwanzig. An der Sydney University gab es keine Aborigines unter den Studenten und unter den Dozenten schon gar nicht. Die ersten Kolonisten Australiens – deren Vorfahren 30 000 Jahre v. Chr. die Inseln, die zwischen »unserem« Kontinent und Asien lagen, zu Fuß und im Paddelboot überwunden hatten – waren uns weißen Stadtmenschen vollkommen unbekannt. Ihre Geschichte und Kultur gehörten in eine Schublade mit dem Etikett »Anthropologie«, womit das Studium von Exoten gemeint war, mit denen einen nichts verband und deren Kultur der unseren nichts Wertvolles zu bieten hatte. Mit diesem Denken gelang es uns, den unterschwelligen Verdacht, daß unsere Kultur der ihren

anderes als Elend und Tod gebracht habe, gar nicht erst richtig aufkommen zu lassen.
In der Art wie mein Vater, der 1895 geboren wurde, von Asien sprach, unterschied er sich in nichts von anderen Australiern seiner Generation. Er sah es als Bedrohung an – kein Wunder eigentlich, wenn man bedenkt, daß sich Australien zwischen 1941 und 1945 mit Japan im Krieg befand und auf den pazifischen Inseln, Neuguinea, der Burma-Straße und in so grausamen Konzentrationslagern wie Changi viele junge Männer verlor. Nur um Haaresbreite und unter massivem Einsatz amerikanischer Waffen entgingen wir dem Schicksal, mit Gewalt der von Tojo so genannten *Greater East Asian Co-Prosperity Sphere* einverleibt zu werden.
Solche nationalen Erfahrungen, gepaart mit einer langen sinophoben Tradition – denn die bestimmte Rassen ausschließende White-Australia-Politik war ein Gesetz der politischen Linken und ursprünglich dazu gedacht, billige Kuli-Arbeitskräfte aus Australien fernzuhalten –, bewogen selbst intelligente Australier wie meinen Vater nicht unbedingt dazu, sich für die Zen-Kalligraphie oder die Feinheiten des Teetrinkens zu begeistern. In einem Schrank (nicht an der Wand) bewahrte er eine erbeutete japanische Fahne auf, und manchmal habe ich dieses verschossene Baumwollquadrat mit dem hellroten Kreis und dem ausgefransten Loch, das, wie ich mir vorstellte, eine Kugel hineingerissen haben mußte, herausgeholt und mir vorgestellt, daß ohne Gottes Hilfe dieses Stück Stoff nun über dem Royal Sydney Golf Club flattern würde. (Damals wurde in Japan noch nicht Golf gespielt.)
Wer redet denn heute noch von »Asien« oder von »Asiaten« – auch wenn wir uns in vagen Verallgemeinerungen über die »europäische« Kultur ergehen? Es

gibt nur noch Chinesen, Japaner, Indonesier, Kambodschaner, und selbst innerhalb dieser nationalen Kategorien sind Identität und gemeinsames Erbe von einer Komplexität, daß sie einem Fremden aus der Ferne unbegreiflich bleiben müssen. Aber mein Vater dachte noch abstrakter. Mir gegenüber gebrauchte er kaum einmal das Wort Asien. Er nannte es den Fernen Osten, womit der Nahe Norden gemeint war, und er wäre nie auf die Idee gekommen, etwa dort hinzufahren. Der Ferne Osten, östlich wovon? Jenseits von Eden, östlich von England, einem Land, in dem er bis zu seinem Tod weniger als drei seiner sechsundfünfzig Lebensjahre zugebracht hat, zwischen Einsätzen mit seiner Sopwith Camel, die er im Ersten Weltkrieg von Frankreich aus für King und Empire flog. Würde man heute einen zwölfjährigen australischen Jungen fragen, was ihm zum »Osten« einfällt, würde er wahrscheinlich erst einmal stutzen. Was meint dieser Gruftie bloß damit? Neuseeland vielleicht, das liegt doch im Osten. Oder Peru, das liegt noch weiter östlich.

Man könnte also sagen, daß ich eine monokulturelle, ja klassisch koloniale Erziehung genossen habe, und zwar in dem Sinne, daß sie sich in erster Linie auf die Geschichte, Literatur und die Werte Westeuropas, insbesondere Englands, beschränkte. Die Themen, die heutzutage an australischen Schulen auf dem Lehrplan stehen, die Betonung regionaler Geschichte und der Kultur von Minoritäten, der in allen gesellschaftlichen Fragen um Ausgewogenheit bemühte nicht-anglozentrische Ansatz, kamen in unserem Unterricht so gut wie gar nicht vor. Der »Multikulturalismus« ist in Australien nun seit fast zwanzig Jahren offizielle Norm, und seine Folgen sind fast ausschließlich positiv. Er spiegelt eine Wirklichkeit wider, die wir mit den sogar noch heterogeneren, aber kulturell zurückhaltenderen USA gemeinsam haben – und die, auf den einfachsten Nenner gebracht, so aussieht, daß der Mensch, der im Bus nach Sydney neben einem sitzt, genausogut von einem relativen Neuankömmling abstammen kann, von einem Kleinhändler aus Skopelos, einem Mechaniker aus Palermo, einem Koch aus Saigon, einem Rechtsanwalt aus Hongkong oder einem Schuster aus irgendeinem Schtetl in Litauen, wie er der Ururenkel eines freien oder deportierten Engländers oder Iren sein kann. Im Unterschied zu der Stärke unserer Wurzeln ist deren Länge in meinem Land kaum noch ein Thema, ganz gleich, was für ein nostalgisches Bedauern dies auch bei der australischen Minderheit auslösen mag, deren Familien schon fast seit den Anfängen der (weißen) Geschichte im Land ansässig sind. Seit den siebziger Jahren ist Australien kein »im Grunde britisches« Land mehr, und es ist ein Ding der Unmöglichkeit, die Tochter eines kroatischen Einwanderers davon zu überzeugen, daß sie irgendein mystisches Band mit Prinz Charles oder dessen Mutter verbindet – oder daß sie aus der Geschichte der Plantagenets einen bleibenden Nutzen für ihre Bildung ziehen kann. Wahrscheinlich sind heutzutage die jungen Australier, deren Heimat sich viele Amerikaner immer noch so ähnlich wie ein anders gepoltes Texas auf der unteren Welthalbkugel vorstellen, weitaus besser im Bilde über die Welt – den Nahen Norden inbegriffen –, als es ihre amerikanischen Altergenossen je sein können. Dieses Wissen verdanken sie ihrem Bildungssystem und in letzter Zeit auch dem Fernsehen. Der australische Staat unterstützt nicht nur einige wenige Programme, sondern einen ganzen Network Channel, SBS, der sieben Tage die Woche Nachrichten, Dokumentationen, Filme und Kommentare aus der ganzen Welt ausstrahlt, in zwanzig Sprachen, von

Arabisch bis Tagalog (mit englischen Untertiteln). Man kann sich leicht vorstellen, was für ein Sturm der Entrüstung über »kulturelle Zersplitterung« unter den Bonzen des amerikanischen Konservatismus losbrechen würde, wenn Washington auch nur daran dächte, Steuergelder für ein vergleichbares Projekt in den Vereinigten Staaten auszugeben. Doch wenn das Programm von SBS irgendeine Wirkung auf das politische Leben in Australien hat, dann wahrscheinlich die, es durch gegenseitige Toleranz und Neugier zu festigen, statt es in Zonen kultureller Nabelschau zu zersplittern. In Australien, das beileibe kein Utopia, aber eine weniger streitbare Einwanderergesellschaft als die amerikanische ist, funktioniert ein intelligenter Multikulturalismus zum gesellschaftlichen Nutzen aller, und konservatives Krisengerede über den Bau »eines kulturellen Turms zu Babel« und dergleichen wird als überholte Panikmache der übelsten Sorte angesehen.

II

War also meine Erziehung in den frühen fünfziger Jahren trügerisch? Es fällt mir schwer, das zu glauben – aber das ist wohl nur natürlich.

Vor kurzem fiel mir ein Buch eines ehemaligen Kommilitonen von der Sydney University in die Hände, eines Mannes, der in den Fünfzigern noch ein relativ frisch Eingewanderter war, ein »Neu-Australier«. Dieser ungarische Jude namens Andrew Riemer, der 1946 mit seinen Eltern aus Budapest ins Land kam und die Demütigungen des australischen Exils am eigenen Leib erfahren hat (unter anderem wurde er in eine Klasse für geistig zurückgebliebene Kinder gesteckt, weil sein Englisch schlecht war), ist heute an der Sydney University Dozent für Anglistik. In *Inside, Outside* (1992), seinen zärtlichen und hellsichtigen Erinnerungen, beschreibt er, wie es war, zwischen der angloaustralischen Kultur und der Kultur der Einwanderer in unserem rauhen, derben und phantasiearmen Land aufzuwachsen. An einer Stelle nennt der Autor den Grund dafür, warum unsere anglozentristische Erziehung damals trotz allem nicht ohne einen gewissen Wert war. Riemer war ein Stadtkind, und in den frühen fünfziger Jahren hatte man in den bürgerlichen Vorstädten keinen Begriff von der schroffen Schönheit und der eigentümlichen Zartheit des australischen Buschs; von dem Bewußtseinswandel, der erst durch die australische Umweltbewegung eingeleitet wurde und der heute allgemein zu spüren ist, waren damals kaum Ansätze zu erkennen. »Nichts in unserer Umgebung deutete darauf hin, daß die Natur eine Quelle des Staunens, des Trostes oder gar der Transzendenz sein könnte.« Seine Lehrer und Mentoren vermittelten ihm nicht einmal eine Ahnung davon, daß die australische Natur eine kulturell inspirierende Wirkung haben könnte: »Für sie war [die Natur] nichts weiter als Wüste, eine schreckliche Leere in einer leeren Welt.« Die so entstandene Lücke wurde durch die englische Dichtung und vor allem durch Naturlyrik aufgefüllt:

> Gewiß war dies nur ein nachempfundenes und vielleicht sogar billiges Gefühl ... aber Tennysons Worte bedeuteten für uns eine lebenswichtige Erfahrung, die wir auf keine andere Weise machen konnten. Seine Gedichte gaben uns genau wie die von Wordsworth, Keats und Shelley ... Zuflucht und Trost in der häßlichen, gewöhnlichen Welt, in der zu leben wir gezwungen waren. Weder in der

physischen Welt, die uns umgab, noch in den Gedichten, die sie hervorbrachte, konnten wir diese Zuflucht und diesen Trost finden ... Die Literatur Englands entführte uns in eine romantische Phantasiewelt und befriedigte so eines der Grundbedürfnisse der Pubertät. Darüber hinaus erfüllte sie noch andere Sehnsüchte, wie zum Beispiel die Sehnsucht nach einer heroischen oder edlen Vergangenheit, an der wir teilhaben konnten, und nach ethischen Strukturen, die wir als Modell für unsere Phantasien, wenn nicht gar für das wirkliche Leben nahmen.[1]

»Es ist eine heikle Sache«, führt Riemer leicht untertreibend weiter aus, »diese Themen in dem derzeitigen, durch kulturellen Nationalismus geprägten Klima anzuschneiden.« Aber zumindest bei mir stößt er damit auf Gegenliebe, obwohl ich (als Auslandsaustralier) finde, daß Riemer zu weit geht, wenn er mit Bezug auf die Gegenwart hinzufügt: »Im heutigen Bildungs- und Kulturklima [Australiens] gibt es nichts, was diesen starken Sehnsüchten so gerecht wird – Romantik, Idealismus, die Suche nach Schönheit, die für den einzelnen oft nur schwer zu erkennen oder zu bestimmen ist – wie für uns die Zugehörigkeit zur britischen Welt, die uns durch Bücher und eine bestimmte Lesart der Geschichte Verhaltensmuster an die Hand gegeben hat.« Dies gilt heute einfach nicht mehr für die Art und Weise, wie junge Australier ihre eigene Umwelt erleben, begeistert, informiert – und nicht ohne Ironie. (BEWAHRT UNSERE AUSTRALISCHE TIERWELT lautete kürzlich ein Graffito in Sydney, und darunter hatte eine andere Hand geschmiert DINGOS IN DIE DOSE.) Und zweifellos können die »Lesart der Geschichte« und die »Verhaltensmuster«, die die Australier meiner

und Riemers Generation in der britischen Bilderwelt fanden, auch aus australischen Quellen gespeist werden. Dabei besteht das Problem darin, diese Quellen bereitwillig anzunehmen, und das heißt, sich aus der kolonialen Sackgasse zu befreien, eine Aufgabe, der sich neben mir auch zahlreiche andere australische Autoren verschrieben haben. Dazu müssen zunächst einmal die letzten politischen Nabelschnüre gekappt werden, die die australische Regierung noch an die britische Krone fesseln. Australien muß Republik werden. Dabei kommt es jedoch darauf an, weder in ein kulturelles Katzbuckeln zu verfallen (zu glauben, daß die australische Kultur nichts von Wert zu bieten hat, solange es nicht in Übersee abgesegnet worden ist), noch in ein naßforsches kulturelles Imponiergehabe in dem Stil, daß man zur Melodie des Gassenhauers *Waltzing Matilda* auf und ab marschiert und sich vormacht, daß nichts, was außerhalb Australiens entstanden ist, für Australier »relevant« sein kann. Die richtige Haltung ist weder die des Kriechers noch die des Gockels, sondern ein natürlicher, gelassener, aufrechter Gang. Vielleicht sollten sich das auch einmal die vielen Verfechter eines kulturellen Gruppen-Separatismus (schwarz, latino, indianisch, feministisch, schwul und was es sonst noch gibt) zu Herzen nehmen, die mit ihrem oft fragwürdigen Gerede von »Stolz« und »Anrecht« so laut in Amerika herumtönen.
In meiner Jugend habe ich festgestellt, daß Australien durch die Lektüre englischer Gedichte des achtzehnten und neunzehnten Jahrhunderts keineswegs aus meinem Gesichtsfeld verschwand. Ganz im Gegenteil. Erst dadurch wurde ich motiviert, mich mit australischen Dichtern zu beschäftigen, deren Ziel es war, Natur, Geschichte und gesellschaftliche Erfahrungen unseres Landes in Bildern darzustellen, die für Austra-

lier einen Sinn ergaben – Schriftsteller wie Kenneth Slessor (in *Five Bells*), Robert Fitzgerald (in *The Wind at Your Door*), Judith Wright oder, zwanzig Jahre später, Les Murray. Es ist zwar eine Binsenweisheit, aber trotzdem wahr, daß ein Schriftsteller allen Literaturen gegenüber offen sein muß und daß nationale oder stammesspezifische Unterschiede nicht als unüberwindliche Gegensätze erlebt werden dürfen. Die Idee, daß der Ex-Kolonisierte die Kunst des Ex-Kolonialisten im Interesse des *politischen* Wandels ablehnen sollte, ist absurd und engt den geistigen Horizont ein. Sie ist und bleibt absurd, ganz gleich, welche Form von »Kolonisierung« auch gemeint ist, ob nun eine wirtschaftliche, eine sexuelle oder eine rassische. Man kann von Picasso lernen, ohne Phallokrat zu sein, von Rubens, ohne ein Habsburger Höfling zu werden, von Kipling, ohne sich in einen Imperialisten zu verwandeln. Das Besondere nährt sich vom Allgemeinen, und modische Begriffe wie »Anglozentrismus« oder »Eurozentrismus« sind viel zu primitive Werkzeuge, um die komplexen eklektischen Prozesse beschreiben zu können, durch welche sich die individuelle Phantasie und eine allgemeine Kultur – mit viel Feedback und manchen Löschungen – über das Medium Sprache gegenseitig formen. In meiner Heimat bezeichnet das Wort »Euro« in der Aborigine-Sprache ein großes Känguruh.

In einem wichtigen Essay, der bereits 1977 veröffentlicht wurde und deshalb viel von der heutigen Multikulturalismusdebatte in Amerika vorwegnimmt, beschreibt Les Murray, wie die Kultur der Aborigines und ihre Liederzyklen sein Werk beeinflußt und »vielen Australiern erst die Augen geöffnet haben für die Vorstellung der Ureinwohner von der Heiligkeit des Landes und der Heimat eines Menschen«. Gespeist wurde diese Strömung in erster Linie durch T. G. H.

Strehlows monumentale Sammlung *Songs of Central Australia*, die 1970 erschien. Obwohl eine solche Wahrnehmung von fest mit der Landschaft verwurzelten Mythen (im Werk eines weißen Dichters schottischer Abstammung) auf englischen poetischen Traditionen aufbaute, konnte es nicht ausbleiben, daß sie als Gegenentwurf zur kolonialen Sicht verstanden wurde, für die Australien nur ein leeres Feld der Andersartigkeit war, unfruchtbar und öde im Vergleich zur »Fülle« Europas. Schon in den siebziger Jahren gab es innerhalb der (weißen) australischen Kultur eine politische Schuld-Fraktion, die einen solchen Austausch ablehnte und seine (weißen) Urheber der Ausbeutung, Bevormundung und dergleichen mehr bezichtigte. Dabei hat Murray recht, wenn er darlegt:[2]

> Es wäre tragisch, wenn der normale Prozeß künstlerischer Entlehnung und Befruchtung, durch die jede Kultur ihren Teil zur Kommunikation der Menschheit beiträgt, im Falle der Aborigines durch Manöver, die in Wahrheit nur dem Kampf um die politische Macht innerhalb der weißen Gesellschaft unseres Landes dienen, oder durch den taktischen Gebrauch von Dritter-Welt-Rhetorik zum Erliegen käme. ... Künstlerische Entlehnungen ... machen den Gebenden nicht ärmer, sondern lenken gerade die Aufmerksamkeit auf seine Schätze, die doch nur durch Vernachlässigung und Vertrauensverlust geschmälert werden können; dadurch gehen sie verloren. Entlehnungen zeugen von Achtung, sie können den Respekt vor diesen Reichtümern wiederherstellen und helfen, sie zu bewahren. Es steht dem Gebenden jederzeit frei, sich ihrer selbst zu bedienen.

Deshalb bin ich trotz der gegenwärtigen Angriffe auf den Eurozentrismus froh über die Schulbildung, die ich genossen habe. Sie war umfassend, »elitär« im Sinne von leistungsbetont und rigoros. Allein der Arbeitsaufwand, die vielen Bücher, die wir zu lesen und zu verarbeiten hatten, würde einem modernen amerikanischen Schüler grausam erscheinen. Diese Schulbildung ließ uns keine Zeit, »an den Rosen zu schnuppern«, wie es in dem Lieblingsspruch liberaler amerikanischer Pädagogen so schön heißt (und der sich in den meisten Fällen mit »fernsehen« übersetzen läßt). Es hat uns nicht geschadet. Entweder wir bestanden, oder wir fielen durch und wiederholten das Jahr; die Zeugnisse gingen an unsere Eltern, deren Gefühle nicht geschont wurden. Wir mußten Texte auswendig lernen und laut vorlesen, mit dem Ergebnis, daß manches davon hängengeblieben ist. (Ich konnte mich noch nie mit der weitverbreiteten Meinung anfreunden, daß das Auswendiglernen von Texten die »Kreativität« eines Schülers zerstöre; in Wahrheit bereichert es sie, indem es ihm Erinnerungen gibt, aus denen er später schöpfen kann.) Sicher haben wir uns manchmal über die Disziplin geärgert, aber alles in allem waren wir stolz, zur jesuitischen Kavallerie und nicht zum Fußvolk der Schulbrüder zu gehören. Manche von uns waren Snobs, manche angehende Fanatiker, aber so ist nun einmal die Pubertät. Insgesamt gab uns dieser eurozentristische, einheitsreligöse Grundlehrplan eine Basis, von der aus wir uns entfalten konnten. Ein Kritiker des Eurozentrismus würde sagen, dadurch sei der Keim zu dauernder Voreingenommenheit in uns gelegt worden. Vielleicht, aber wir können andere Kulturen erst dann verstehen, wenn wir durch eine gründliche Kenntnis unserer eigenen an einem Punkt angelangt sind, wo wir sie mit einbeziehen können.

Anderenfalls kommt bloß ein unnützer Einheitsbrei dabei heraus.

Wenn ich mich also heute gegen eine zentralisierte, imperialistische Kultur wende, wenn ich mich mehr für Unterschiede als für den angeblichen Mainstream interessiere – sonst hätte ich wohl kaum ein längeres Buch über Barcelona und den katalanischen Nationalismus geschrieben –, dann habe ich den Impuls dazu vermutlich Pater Wallace zu verdanken, der mich mit fünfzehn Jahren lesen ließ, was Byron über den Hellenismus zu sagen hatte. Wenn ich einige romanische Sprachen, die ich in Australien nie gehört habe, einigermaßen beherrsche, liegt es zum Teil auch daran, daß Pater Fraser mir Catull und Ovid nahegebracht hat, ohne sich vor ihren erotischen und skeptischen Seiten zu drücken. Wenn ich mir eine der mächtigen Barockkirchen Mexikos ansehe – Santo Domingo in Oaxaca zum Beispiel – und mir darüber Gedanken machen kann, inwiefern sie spanischen oder italienischen Gotteshäusern der Epoche ähnelt beziehungsweise sich von ihnen unterscheidet, dann verdanke ich dies im Grunde der Tatsache, daß ich als Junge in unserer Schulkapelle mit den häßlichen Gipsheiligen eine gemeinsame ikonographische Grundlage kennengelernt habe. Und obwohl die Vorliebe der Jesuiten für die alten Sprachen keinen Platz für die Beschäftigung mit der arabischen Geschichte ließ, hat sie es mir mit Sicherheit erleichtert, meine Meinung über den Islam zu ändern, als ich später entdeckte, wie wenig vom schriftlichen Erbe Griechenlands und Roms die Jahrhunderte ohne arabische Gelehrte überdauert hätte.

Ich würde also sagen, daß mein Umfeld zwar monokulturell, aber nicht monolithisch war. Es gab mir selbst das Werkzeug an die Hand, mit dessen Hilfe ich mich dagegen auflehnen konnte. Das tat ich, indem ich wegging, woanders lebte und mich immer mehr für das Hybride, das Uneinheitliche interessierte und ein Gespür für die eklektische Mixtur entwickelte, die so vielen Schöpfungen des zwanzigsten Jahrhunderts zugrunde liegt. Kultur und Geschichte weisen zahllose Grenzen auf, die aber alle bis zu einem gewissen Grad durchlässig sind. Und Amerika ist das klassische Beispiel dafür; ein Land der Unterschiede, der ungelösten Geschichtsprobleme, der Metaphern und Bilder, die aufeinander einwirken und unerwartete Formen hervorbringen. Pilger landen 1620 auf einem Felsen und ahnen nicht, daß die Spanier schon zehn Jahre vorher mit der Erbauung von Santa Fe begonnen haben. Doch warum sollte in den Schulbüchern der eine Strang der Geschichte vor dem anderen einen so deutlichen Vorrang genießen? Die Geschichte der Spanier in Amerika ist nicht allein etwas für Hispanics. Die Geschichte der Schwarzen ist nicht nur für die Schwarzen da. Keine Minderheit, keine Gruppe kann aus der amerikanischen Geschichte herausgetrennt werden, denn dafür sind sie zu eng in den Stoff der großen, gemeinsamen Erzählung verwoben.

Diese Polyphonie der Stimmen, dieser konstante Ruf nach Anerkennung von Identität ist eines der Dinge, die Amerika zu dem gemacht haben, was es ist. Das ist der Grund dafür, ich muß es noch einmal wiederholen, warum der Fremde sich hier wohl fühlt. Wenn ich nun also höre, wie Pat Buchanan, ein anderer netter, irisch-katholischer Junge, über die möglichen Folgen spekuliert, die es haben könnte, wenn man »eine Million Zulus nach Nordkarolina« holte, und wie er sich darüber ausläßt, daß wir den einen, apostolischen, christlichen und europäischen Geist der amerikanischen Kultur auf keinen Fall irgendwelchen unspezifizierten multikulturellen Horden ausliefern dürfen … dann kommt mir die Galle hoch.

Nichts läßt sich weniger mit dem kleinen, homogenen Australien meiner Kindheit vergleichen als diese gigantische, gespaltene, hybridisierende, multiethnische Republik, die Jahr für Jahr von sämtlichen legalen und illegalen Auswanderern der Welt die Hälfte bis zu zwei Dritteln aufnimmt. Im Jahr 2000 werden weniger als 60 Prozent der Menschen, die auf den amerikanischen Arbeitsmarkt drängen, im Land geborene Weiße sein. Betrachtet man die Frage des Multikulturalismus unter rein pragmatischen und durchaus eigennützigen Gesichtspunkten, lassen sich folgende Argumente zu seinen Gunsten anführen: Obwohl es immer Eliten geben wird, da wir von unserer biologischen Grundstruktur her nicht ohne sie auskommen – ob wir das nun wahrhaben wollen oder nicht –, muß die *Zusammensetzung* dieser Eliten nicht notwendigerweise statisch sein. In einer Weltwirtschaft ohne Kalten Krieg wird die Zukunft der amerikanischen Führungsschichten in der Hand gebildeter Menschen liegen, die auf hohem geistigen Niveau über ethnische, kulturelle und linguistische Grenzen hinweg denken und handeln können. Dazu kommt es als erstes auf die Erkenntnis an, daß wir eben keine große Weltfamilie sind und auch nie eine sein werden. Man muß zugeben, daß die Unterschiede zwischen Rassen, Nationen und Kulturen mit ihrer jeweiligen Geschichte mindestens so weit- und so tiefgehend sind wie ihre Gemeinsamkeiten. Und man muß sich darüber klarwerden, daß diese Unterschiede keine Abweichungen von einer europäischen Norm darstellen, sondern Strukturen sind, die einen hohen Eigenwert besitzen. Wer in der Welt der Zukunft nicht mit Unterschieden zurechtkommen kann, ist erledigt.

Wenn Multikulturalismus also bedeutet, über Grenzen hinwegzusehen, bin ich jederzeit dafür. Amerikaner haben echte Schwierigkeiten, sich den Rest der Welt vorzustellen. Damit stehen sie nicht allein da – die meisten Dinge sind den meisten Menschen fremd. Aber wenn man bedenkt, aus wie vielen verschiedenen Nationalitäten sich ihre Gesellschaft zusammensetzt, ist man als Fremder doch erstaunt über ihren Mangel an Neugier und ihren Hang zum Klischee, und das gilt selbst noch für mich, der ich nun schon seit zwanzig Jahren in diesem Land lebe. Nehmen wir ein Beispiel: Wenn weiße Amerikaner immer noch Probleme im Umgang mit Schwarzen haben, wie steht es dann mit den Arabern? Wie jeder andere habe auch ich den Golfkrieg im Fernsehen und in der Presse verfolgt und erlebt, wie in der Berichterstattung über diesen Konflikt Amerikas feindselig ignorante Haltung gegenüber der arabischen Welt auf die Spitze getrieben wurde. In den Medien und vor allem bei den Politikern fand sich so gut wie kein Hinweis darauf, daß die Realitäten der islamischen Kultur (gestern und heute) etwas anderes sein könnten als eine Geschichte des Fanatismus. Statt dessen traten reihenweise selbsternannte Experten auf, die der Öffentlichkeit einredeten, die Araber seien im wesentlichen ein Haufen gewalttätiger, religiöser Irrer, eine Bande von Geiselnehmern, Söhne des Dornbuschs und der Wüste, die schon von jeher eine Abneigung gegen den engeren Kontakt zu zivilisierteren Ländern gehegt hätten. Der moderne islamische Fundamentalismus wurde auf dem Bildschirm in Form von kreischenden Mündern und fuchtelnden Händen dargestellt, während man von der islamischen Vergangenheit – oder gar von modernen arabischen Dissidenten, die gegen fundamentalistische Xenophobie und Militarismus Stellung beziehen – sehr viel weniger hörte. Es schien, als sollte den Amerikanern eine verschärfte und auf die heutigen Verhältnisse zugeschnittene Version der Ansichten über den Islam eingeflößt werden, die Ferdinand und Isabella im fünfzehnten Jahrhundert vertreten haben. Im Kern lautete die Botschaft, daß die Araber nicht nur unzivilisiert, sondern *unzivilisierbar* seien. Auf eine perverse Art arbeitete man damit den Mullahs und Saddam Hussein sogar noch in die Hände – denn in den Augen der Amerikaner war nun all das ausgelöscht, was in der arabischen Welt im Widerspruch zu deren Grausamkeiten und eschatologischen Manien stand, so daß die Fanatiker das Schlachtfeld für sich allein hatten.

Es führt sowieso zu nichts, in der islamischen Kultur und Geschichte einzig und allein einen Wegbereiter für den heutigen Fanatismus sehen zu wollen. Genausogut könnte man eine gotische Kathedrale in Frankreich mit den Augen eines modernen Christen wie Jimmy Swaggart oder Pat Robertson betrachten. Historisch gesehen, ist das Bild vom Islam als zerstörerischer Kraft ein Mythos. Ohne arabische Gelehrte gäbe es unsere Mathematik nicht, und vom geistigen Erbe Griechenlands wäre uns nur ein Bruchteil überliefert worden. Verglichen mit Bagdad war Rom im Mittelalter ein Räubernest. Ohne die arabische Eroberung von Südspanien oder *el-Andalus* im achten Jahrhundert, mit der das islamische Reich unter der Abbasiden-Dynastie in Bagdad seine westlichste Ausdehnung erreichte, wäre die Kultur des südlicheren Europas unvorstellbar viel ärmer. Das hispano-arabische Andalusien in der Zeit zwischen dem zwölften und fünfzehnten Jahrhundert war eine blühende »multikulturelle« Zivilisation, erbaut auf den Ruinen römischer Kolonien, deren halb vergessene Motive sie in sich aufnahm, westliche mit nahöstlichen Formen mischend, herrlich in ihrem lyrischen Ideenreichtum und ihrer adaptiven Toleranz. Welche Architektur könnte die der Alhambra in Granada oder der Großen Moschee in Córdoba übertreffen? *Mestizaje es grandeza*: Mischung ist Größe.

Die konservative Angst vor Vermischung ist von paranoiden Übertreibungen gekennzeichnet. Man braucht bloß anzudeuten, daß die »Geschichte von unten« – ein von dem Theologen Dietrich Bonhoeffer 1942, in Europas schwarzen Tagen, geprägter Begriff, um eine denkbare Geschichte der »Leidenden« zu bezeichnen – natürlich eine gewisse moralische und erzieherische Berechtigung hat, und schon bricht das Geschrei los. Wenn wir Plato beiseite legen, um mal kurz Rigoberta Menchu zur Hand zu nehmen, steht sofort William Bennett in seinen schweren, schwarzen Stiefeln da, um lautstark den Feierabend für die westliche Zivilisation aufzurufen. »Es ist eine Tatsache, daß der Feind von Gerechtigkeit und Humanität der westliche Mensch ist«, höhnt Dorothy Rabinowitz, Leitartiklerin des *Wall Street Journal*.

Was ist eigentlich so zerbrechlich an der westlichen Zivilisation? Oder, andersherum gefragt, was ist so radikal am Multikulturalismus, unter dem man in Amerika ein verbessertes Verständnis der Kunst, Literatur, Geschichte und Werte anderer Kulturen als der dominanten anglo-jüdischen versteht? Schriftsteller und Universitätsprofessoren sind nicht die einzigen, die erkannt haben, daß der Multikulturalismus die Bewegung der Zukunft ist. Aber sie sind wahrscheinlich (mit Ausnahme ihrer konservativen Gegner, denn auch in diesem Punkt berühren sich die Extreme) die einzigen, die davon überzeugt sind, daß er eine Gefahr für den Kapitalismus darstellt. Die Kapitalisten wissen selbst am besten, daß dies nicht der Fall ist. Ted Turners Entscheidung, vor einigen Jahren das Wort »ausländisch« aus dem Vokabular der weltweit übertragenen Nachrichtensendungen von CNN zu streichen, hat weitaus mehr für den multikulturellen Gedanken getan als alle Referate über uns und die anderen, die jemals bei den Treffen der *Modern Language Association* gehalten wurden, zusammengenommen. Der Kulturkritiker David Rieff beschreibt diese Entwicklung so:[3]

> Je öfter man in wissenschaftlichen multikulturellen Zeitschriften und in Veröffentlichungen der Wirtschaft liest, je genauer man die Reden von Unternehmern und die Vorträge bekannter Multikulturalisten vergleicht, desto mehr fallen einem die Gemeinsamkeiten ihrer Weltanschauung auf. Weit davon entfernt, sich als erbitterte intellektuelle Gegner gegenüberzutreten, konstatieren vielmehr beide Gruppen genau die gleichen Veränderungen in der demographischen Struktur der Gesellschaft und des Arbeitsmarktes. Beide Seiten heben die zunehmende Bedeutung weiblicher Arbeitskräfte hervor sowie die Notwendigkeit, die Arbeitswelt für Frauen attraktiver zu gestalten. Beide betonen, daß es nicht länger möglich sei, von den Vereinigten Staaten als von einer feststehenden, autarken Einheit zu reden, und beiden geht es mehr um globale als um nationale Zusammenhänge.

Leider braucht man der Gegenseite nicht allzulange Gehör zu schenken, um festzustellen, daß nicht wenige Verfechter des Multikulturalismus unter diesem Begriff etwas anderes verstehen als echte Aufgeschlossenheit fremden Kulturformen gegenüber. Das erste Opfer ist dabei die Idee von Europa – denn wie könnte jemand, der sich auch nur im entferntesten mit der so unglaublich reichen wie konstrastreichen europäischen Literatur und Philosophie auskennt, sonst auf den Gedanken kommen, Europa sei ein einziger »eurozentristischer« Einheitsbrei, »als würden«, wie es Russel Jacoby formuliert, »Adolf Hitler und Anne Frank die gleiche Welt repräsentieren«? Manche reden zum Beispiel auch von einer lateinamerikanischen Kultur (im Gegensatz zur »repressiven« Anglo-Kultur), ohne zu merken, was für grobe Verallgemeinerungen dieser Begriff enthält. Eine »lateinamerikanische Literatur« gibt es genausowenig wie ein »Asien« mit einer gemeinsamen Literatur, die sowohl das *Ramayana*, die Schriften des Konfuzius und das *Kopfkissenbuch der Hofdame Sei Shonagon* irgendwie miteinander verbindet. Es gibt nur die verschiedenen Kulturen unterschiedlicher lateinamerikanischer Länder, die sich zwar einer gemeinsamen Bildersprache bedienen – gespeist aus den unerschöpflichen Quellen des römisch-katholischen Glaubens zum Beispiel –, die aber geprägt sind durch ihre eigene politische und ethnische Geschichte, durch jeweils andere Auffassungen von Nation und Identität und durch unterschiedliche Sprachen. Sie alle sind Produkte eines langen, intensiven und nicht vorhersagbaren Hybridisierungsprozesses dreier Kontinente, nämlich Afrika, Europa und Amerika – eines Prozesses, der sich im Kern der »eurozentristischen« Kultur ebenfalls immer deutlicher abzeichnet. Ist es zum Beispiel möglich, von einer einzigen »portugiesischen Literatursprache« zu reden? Statt der einen »reinen« portugiesischen Sprache gibt es in Folge von Kolonisation und Vermischung mehrere. Da wäre natürlich zum einen die Stammsprache Portugals zu nennen, in der Camoes sein Epos *Os Lusíadas* verfaßt hat. Aber schließlich gibt es auch das brasilianische Portugiesisch, das sich mit Hilfe afrikanischer und indianischer Entlehnungen bewußt von Grammatik und Sprachgebrauch der Kolonialherren absetzt. Es gibt ein angolanisches und ein mit Hindi-Elementen gemischtes mosambikanisches Portugiesisch, es gibt das Portugiesisch von Cabo Verde, das der Dichter Jorge Barbosa erst zur Literatursprache gemacht hat, und das Portugiesisch Guinea-Bissaus. Jedes dieser unterschiedlichen Idiome bildet die Grundlage einer eigenständigen Literatur, und wenn man, wie es so viele Spanier und Nordamerikaner tun, allgemein von einer »lateinamerikanischen Dichtung« spricht, so ist das nur eine leere Abstraktion.

Doch damit nicht genug. Viele »Radikale« scheinen anzunehmen, daß man sich, wenn man sich unter der Rubrik »Multikulturalismus« mit anderen Kulturen beschäftigt, hauptsächlich für ihre jeweilige Spielart des Marxismus oder des »Befreiungskampfes« interessieren sollte. Aber ist es denn nicht auch ein eurozentristisches Zerrbild, wenn man jetzt plötzlich in anderen Ländern und Kulturen ausgerechnet die Ideologien bewundern soll, die sie erst kürzlich vom Westen übernommen haben? Wenn diese Begeisterung für marxistische Neuinszenierungen in Afrika, Asien und im Nahen Osten kein Eurozentrismus ist, was dann? Als im Westen der Maoismus modern war, wurde er von seinen Jüngern gründlich mißverstanden – sie übersahen nicht nur, was für eine abstoßende Gewaltherrschaft sich dahinter verbarg, sondern sie bildeten sich auch ein, er stelle etwas völlig Neues dar, und dies war die größte Illusion von allen. Die Geschichte, Zivilisation und Philosophie Chinas sind so alt und kontinuierlich, daß die von Mao Tse-tung konzipierte und vor weniger als fünfzig Jahren eingeführte Version des stalinistischen oligarchen Kollektivismus nicht mehr als eine unbedeutende Episode in den sechs Jahrtausenden dokumentierter chinesischer Geschichte darstellt. Der Maoismus kann nur als ein Wiederaufleben – in Marxscher Verkleidung – des archaischen chinesischen Kults um den unveränderlichen Gott-Kaiser verstanden werden, der während der Qing-Dynastie Ende des achtzehnten Jahrhunderts seine Blütezeit erlebte. Allzuoft hat das, was als »radikaler Multikulturalismus« daherkommt, genausoviel Ahnung von fremden Kulturen wie ein kalifornischer Gebrauchtwagenhändler, den man in den sechziger Jahren vielleicht zum US-Botschafter von Irgendwonistan ernannt hätte.

III

Der sogenannte »radikale Multikulturalismus« bedeutet in Wahrheit nichts anderes als Separatismus. Er behauptet, europäische Institutionen und Denkstrukturen seien im Gegensatz zu nicht-eurozentristischen von Natur aus repressiv – eine, gelinde gesagt, fragwürdige Auffassung. Das Gefühl der Politikverdrossenheit hat auf die Kultur übergegriffen, sich dort eingenistet und zu eitern begonnen. Dies hat dazu geführt, daß viele Menschen, die ansonsten kaum etwas bewirken können, ihre Machtkämpfe jetzt innerhalb der schönen Künste austragen, die damit zu einer Arena für das Einfordern von Rechten verkommen sind.

Dieser Prozeß hat zu schwerwiegenden Fehleinschätzungen in bezug auf die politische Funktion der Künste geführt, und zwar genau in dem Moment, da sie – wegen der Allgegenwärtigkeit des Fernsehens – auf dem Tiefpunkt ihrer politischen Wirkung angekommen sind. So entsteht ein geistiges Klima, in dem die

Beschäftigung mit kulturellen Phantomthemen gedeiht, die sachliche Auseinandersetzung mit wirklichen Problemen aber verkümmert.
Als Beispiel hierfür wäre die fruchtlose Debatte um den sogenannten »Kanon« zu nennen, diese Dicke Bertha der Unterdrückung, deren Kanonenrohr über die Verschanzungen der westlichen Zivilisation hinweg auf Schwarze, Schwule und Frauen gerichtet ist. Der Kanon, so erzählt man uns, sei eine Liste von Büchern toter Europäer – Shakespeare, Dante, Tolstoi, Dostojewski, Stendhal, John Donne, T.S. Eliot ... Sie kennen die Typen, lauter bleiche, patriarchalische Penisprotze. Ich wußte noch nicht einmal, daß es überhaupt einen Kanon gab. Erst als ich schon lange in den Staaten war, erfuhr ich davon, und dann war es zu spät. In Australien war Mortimer Adler ein Unbekannter. Bei uns zu Hause gab es keinen Bücherschrank mit den in Kunstleder gebundenen großen Werken des Westens. Wir hatten nur jede Menge Regale, in denen viele verschiedene Bücher ohne bestimmte Ordnung nebeneinanderstanden, von Miltons *Das verlorene Paradies* bis zu *Andrew Lang's Purple Book of Fairy Stories*, von Shakespeare bis zu unserem nationalen Knittelverseschmied Banjo Patterson, von Xenophons *Anabasis* bis zu Kiplings *Kim* und dem *Dschungelbuch* – das Original, kaum zu vergleichen mit der plumpen und verballhornten Disney-Version, mit der sich heutzutage die meisten Kinder abspeisen lassen müssen – und Carrolls *Die Jagd nach dem Schnark.* Daher der fatale Eklektizismus meiner kindlichen Lesegewohnheiten. Mir hat keiner gesagt, daß die eine Sorte Buch eine andere verdrängt.
Diejenigen, die sich über den Kanon beschweren, gehen von der Annahme aus, daß er Leser heranzieht, die nie mehr etwas anderes lesen werden.

Wenn dem doch bloß so wäre! Was die Kanonkritiker nicht zugeben wollen – auf jeden Fall nicht öffentlich –, ist, daß die meisten amerikanischen Studenten sowieso nicht viel lesen und daß eine ganze Reihe von ihnen, wenn man sie sich selbst überließe, überhaupt nie ein Buch in die Hand nehmen würden.

Dafür hat der schwachsinnige nationale Babysitter gesorgt. 1991 wurde in der Mehrzahl der amerikanischen Haushalte (60 Prozent, genausoviel wie in Spanien) nicht ein einziges Buch gekauft. Über kurz oder lang werden die Amerikaner an die Tage, in denen die Menschen noch zu Hause saßen, sich aus reinem Vergnügen in Bücher vertieften, darin herumblätterten oder einander laut daraus vorlasen, wie an ein verlorenes Zeitalter zurückdenken – so, wie wir heute ländliche Nähkränzchen aus dem neunzehnten Jahrhundert sehen. Keine amerikanische Universität kann voraussetzen, daß ihre Studienanfänger in mehr als technischer Hinsicht des Lesens und Schreibens mächtig sind. Vielleicht konnten sie das nie. Aber heute ist es mit Sicherheit nicht mehr möglich. Will man die Begrenztheit des Hintergrundwissens, die Gleichgültigkeit dem Lesen gegenüber und die kulturelle Seichtheit selbst der privilegierteren unter den jungen Produkten der amerikanischen TV-Gesellschaft beschreiben, kann man kaum Begriffe wählen, die kraß genug wären.

An Universitäten, die 20 000 Dollar im Jahr dafür verlangen, die Ausbildung einer jungen Carmen oder eines jungen Peter zu vervollkommnen, haben die Dozenten der Geistes- und Gesellschaftswissenschaften nichts Besseres zu tun, als ihren Schützlingen klarzumachen, daß das Elitedenken der Fluch der westlichen Kultur ist und daß sie deshalb auf gar keinen Fall zuviel kritischen Verstand entwickeln sollten, damit sie sich nicht etwa damit anstecken. Die merkwürdigen Zuckungen, in die Amerika wegen des Literaturkanons an Universitäten verfallen ist, entspringen weniger einem leidenschaftlichen Interesse für Literatur als vielmehr illusorischen Vorstellungen von dem, was einen therapeutischen Wert hat und was nicht.

Dies erst macht, wie die Schriftstellerin Katha Pollit kürzlich ausgeführt hat,[4] die Debatte um den Kanon so erstickend und unsinnig. Stillschweigend geht man von der Annahme aus, so schreibt sie,

> daß die Bücher auf der Liste die einzigen sind, die gelesen werden, und daß überhaupt nicht mehr gelesen würde, wenn man die Liste abschaffte. Schullektüre zu werden, ist die einzige Chance, die ein Buch hat; das betrachten alle Seiten als selbstverständlich. Und genauso sind sich alle darin einig, daß man gewisse Dinge lieber nicht erwähnt ... Daß man zum Beispiel, wenn man nur 25 oder 50 oder auch 100 Bücher kennt, diese Bücher nicht verstehen kann, ganz egal, wie sorgfältig sie auch ausgewählt sein mögen. Und wenn man nur unter Zwang liest – wie eben die meisten Studenten –, werden einem auch die Bücher auf der Liste nicht gefallen, und man wird sie in dem Moment vergessen haben, in dem man sie ausgelesen hat.

Die Auseinandersetzung um den Kanon spiegelt das zählebige Vorurteil wider, daß Kunstwerke eine therapeutische Wirkung haben oder haben sollten. Studiere mit neunzehn den *Staat* oder *Phaidon*, und du wirst ein bestimmter Typ Mensch werden; beschäftige dich mit *Jane Eyre*, *Mrs. Dalloway* oder den Gedichten von Aphra Behn, und du wirst ein anderer; lies Amiri Baraka, *Die Farbe Lila* oder die Werke von Wole Soyinka, und du wirst wieder ein anderer. Dies geschieht oder soll dadurch geschehen, daß der Autor, sei es nun Plato oder Alice Walker, zur »Identifikationsfigur« wird, indem er durch seine imaginativen Kräfte die imitativen Fähigkeiten des Lesers weckt. Wenn man Evelyn Waugh vor Franz Fanon liest, wird man entweder (falls weiß) zum Rassisten, oder man erleidet (falls schwarz) einen Angriff auf die Gehirnwindungen durch plötzlichen Druckabfall in der Selbstwertgefühlkammer. Denn im literarischen Nullsummenspiel des Kanongeredes läuft alles darauf hinaus, daß du, wenn du X liest, Y nicht liest.

In der Theorie sind alle guten Liberalen dafür, daß jeder »wichtige« Text soweit wie möglich für jedermann zugänglich sein sollte. In der Praxis sind wir uns dessen aber längst nicht immer so sicher, weil uns die Autoren nämlich bewegen wollen, unsere Ansicht in einem bestimmten Punkt, ob groß oder klein, zu ändern. Und was macht man dann mit einem Schriftsteller, der zwar unbestreitbare Qualitäten, um nicht zu sagen Genie besitzt, dessen Ansichten aber jedem halbwegs normalen Menschen als widerwärtig erscheinen müssen? Wie verhält es sich zum Beispiel mit Céline, bei dem sich sowohl die imaginative Kraft als auch der Antisemitismus aus dem Haß auf die französische Bourgeoisie nähren, so daß sein rigoroses Talent ohne seinen Judenhaß einfach nicht zu haben ist? Oder, wie Simone de Beauvoir im Titel eines Essays fragt, *Soll man de Sade verbrennen?* – de Sade, der Republikaner als absoluter Antidemokrat, der Schriftsteller, der in seinen Mitmenschen nichts anderes als Opfer sah, passive Instrumente für den souveränen Willen der Lust in einem hermetisch abgeschlossenen, absolutistischen Universum, wo »die Grausamkeit eines der natürlichsten menschlichsten Gefühle ist, eine der süßesten und intensivsten Neigungen, die der Mensch von der Natur bekommen hat«? Die Literatur ist keine nette Normalisierungskur mit dem Ziel, uns dazu zu bringen oder auch zu zwingen, bessere Bürger des jeweiligen Staates zu werden, in dem wir gerade lesen.

Dies scheinen die Intellektuellen auf beiden Seiten des Atlantiks gelegentlich aus den Augen zu verlieren. Wenn Norman Podhoretz schreibt: »Den Geisteswissenschaften als Übermittlern des Kanons ... fällt traditionell die Aufgabe zu, ein Gefühl für den Wert unseres demokratischen Erbes zu wecken«, fragt man sich, was er damit meint. Denn für jeden Schriftsteller, der das »demokratische Erbe« rühmte, gab es einen anderen, der es gefürchtet und ihm mißtraut hat – angefangen bei Plato. Shakespeare zum Beispiel, mit seiner Verachtung für den wankelmütigen, prinzipienlosen Pöbel, die in *Julius Caesar* und in Coriolanus' Rede an die Plebejer so plastisch vorgeführt wird:

> Du schlechtes Hundepack! des Hauch ich hasse,
> Wie fauler Sümpfe Dunst; des Gunst mir teuer,
> Wie unbegrabner Männer totes Aas,
> Das mir die Luft vergift. Ich banne dich!
>
> *You common cry of curs, whose breath I hate*
> *As reek o' th' rotten fens, whose loves I prize*
> *As the dead carcasses of unburied men*
> *That do corrupt my air: I banish you.*

Oder Dryden, für den der Sturz der Könige und das Aufkeimen des Egalitarismus im England des siebzehnten Jahrhunderts einen abscheulichen Rückfall in einen »Naturzustand« bedeutete, »wo alle ein Recht auf alles haben«. Oder Baudelaire: »Wir alle haben den republikanischen Geist in den Adern, wie wir die Syphilis in den Knochen haben: Wir sind demokratisiert und syphilitisch.« Oder Nietzsche, Pound und Lawrence – oder Yeats (»Alles, was gesungen/alles, was gesagt wurde in Irland, ist Lüge/Geboren aus der Ansteckung mit den Massen«) – ganz gleich, nach welchen Kriterien man sich einen Literaturkanon auch zusammenbastelt, die Liste der bedeutenden Demokratieverächter dürfte darin immer ziemlich lang ausfallen.

Sie würde sogar einige der Schriftsteller enthalten, die uns die Neokonservativen als Musterbeispiele kritischer Integrität hinstellen möchten: Matthew Arnold zum Beispiel, der die Meinung vertrat, die Universitäten sollten »das Beste, was je gesagt und gedacht wurde« bewahren – aber als *Gegenmittel*, um das Übergreifen liberaler und demokratischer Werte zu verhindern. Oder T. S. Eliot – der Herausgeber des alten *Criterion* –, der für die Demokratie ungefähr genausowenig übrig hatte wie für Juden und der Matthew Arnolds Vorhaben wieder aufgriff, den geheimnisvollen Nimbus der Monarchie und der anglikanischen Hochkirche zu stärken, um sie gegen eine Aushöhlung durch demokratische Ideen zu schützen. Waren Eliots Verehrung für den Hofpoeten Spenser und seine feindselige Haltung gegenüber Milton, den Republikaner und Königsmörder, nicht *politisch* inspiriert? Sowohl Eliot als auch Leavis wollten Milton ganz aus dem Kanon streichen, was in etwa genauso einfach zu bewerkstelligen gewesen wäre, als wollte man einen gestrandeten Wal bei Ebbe wieder ins Meer schieben. Aber es war ein gründlich lektorierter Eliot, den uns die Neokonservativen vorgesetzt haben, ein Eliot ohne allzulaute monarchistische Blähungen (genauso, wie während der achtziger Jahren in den Katalogen zu den schicken Museumsausstellungen über britische Schlösser wie *Treasure Houses of Great Britain* die brutalen Seiten des Lebens im achtzehnten Jahrhundert diskret verschwiegen wurden). Auch mit dem Antisemitismus dieses Eliot hält man lieber hinter dem Berg, vielleicht, weil sich darin die modernen konservativen Argumente für die Geschlossenheit des Kanons unerfreulich deutlich wiederfinden lassen. Man will schließlich nicht, daß irgendwelche Eindringlinge das richtig schön rechte Gesamtbild der westlichen Kultur stören. Wie schrieb Eliot doch in *After Strange Gods*? »Noch wichtiger ist jedoch die Einheitlichkeit des religiösen Hintergrundes, so daß sowohl aus rassischen als auch aus religiösen Gründen jede größere Anzahl freidenkerischer Juden unerwünscht ist.«

Wenn die Neokonservativen gegen die »Politisierung« der Literatur zu Felde ziehen, tun sie gern so, als ob sie selbst für *un*politische Interpretationen einträten, für einen von Ideologie ungetrübten Blick auf die Geschichte, auf Prosa, Drama und Lyrik. Der Schlüsselbegriff in diesem Zusammenhang lautet »Unvoreingenommenheit«.

Doch die große Welt der Literatur enthält alles – und von allem das Gegenteil. Seit fünfundvierzig Jahren, seit ich als Neunjähriger zum bewußten, eifrigen Leser wurde, habe ich viel gelesen. Aber der Gedanke an die vielen Bücher, die ich nicht gelesen habe, die ich vielleicht hätte lesen sollen und nun wohl nie mehr lesen werde, macht mich schwindelig und beschämt.

Ein starrer, geschlossener Kanon großer Werke wirft drei Probleme auf. Erstens kann er nie vollständig sein. Er bleibt gewissermaßen immer nur eine Krücke, ein pädagogisches Hilfsmittel, dessen Grenzen erst dann richtig deutlich werden, wenn man es aus dem spezifischen Kontext der Universitätsseminare herausnimmt.

Zweitens verknöchert er immer mehr und wird so trostlos wie die schönste Gemäldesammlung in einem Museum, dessen Direktor zu feige ist, sie zu erweitern.

Drittens macht er sich durch seine exlusive Haltung Feinde und versperrt den Zugang gerade zu den Werken, die er propagiert.

Für den Literaturwissenschaftler Frederick Crews sind Neokonservative wie Allan Bloom, William Bennett und Roger Kimball »Kulturnostalgiker«, die

> implizit einem »Transfusions«-Modell von Erziehung und Bildung anhängen, bei dem die gesammelte Weisheit der Geisteswissenschaften als eine Art Plasma angesehen wird, das uns zu unserem Wohle in die Adern tröpfelt, solange wir uns in seiner Gegenwart nur passiv genug verhalten. Ich aber verstehe unter Lernen etwas völlig anderes. Ich wünsche mir spannende Debatten, keine Ehrfurcht vor großen Werken, ein historisches Bewußtsein und Selbstreflexion statt angeblich zeitloser Werte, und ich wünsche mir eine kontinuierliche Erweiterung unseres nationalen Kanons, damit er unseren notwendigerweise sich wandelnden Begriff von uns selbst, davon, wer »wir« sind und worauf es uns letztlich ankommt, reflektiert ... Von dem Getöse rund um den Kanon sollte man sich nicht beirren lassen. Meiner Ansicht nach kann es so etwas wie einen sakrosankten Text, einen angeborenen Kulturgedanken oder einen ganz und gar unvoreingenommenen Literaturwissenschaftler nicht geben.[5]

Crews hat mit Sicherheit recht; und die Vorstellung, daß man eine Hierarchie »zeitloser Werte« erstellen und den Widrigkeiten der Gegenwart zum Trotz an ihnen festhalten kann (beliebte Metaphern aus der Nautik: Polarstern, Leuchtturm, Ankerplatz et cetera), ist falsch. Doch wie will man daraus ableiten, daß die Geisteswissenschaften auf den Müll gehören? Um zu verstehen, warum uns Unbeweglichkeit nicht weiterbringt, müssen wir uns sowohl mit der Vergangenheit als auch mit der engen Gegenwart befassen, wobei wir (mit Glück und Fleiß) von den »kanonischen« Werken genausoviel begreifen und verinnerlichen werden, als glaubten wir tatsächlich an die Notwendigkeit eines Kanons. Wenn wir dies tun, erkennen wir – unter anderem –, daß die Geschichte der Literatur eine Geschichte kontinuierlicher Einschlüsse und Umbrüche ist. Der literarische Geschmack hat nur selten lange stillgestanden, und es gibt keinen Grund, warum das heutzutage anders sein sollte. Gerade heute nicht, angesichts der tiefen Verunsicherung der amerikanischen Gesellschaft und der kulturellen Identitätskrisen, die der Zerfall der in zwei Blöcke geteilten und vierzig Jahre lang von rechts und links durch die eiserne Schraubzwinge des Kalten Krieges zusammengehaltenen Welt mit sich gebracht hat. Die Schlüsselbegriffe müssen »sowohl/als auch« und nicht »entweder/oder« heißen.

Die Konservativen würden uns am liebsten gar nicht erst in diesen Irrgarten hineinlassen, aber die Linken mit ihren radikalen Phantasien werden uns nicht hindurchbringen. Zu nennen wäre hier zum einen die Idee von der therapeutischen Kraft der Kultur – die bereits erwähnte Vorstellung, daß wir zwangsläufig das werden, was wir lesen. Denn was könnte verdummender sein, als einen Studenten nur das einüben zu lassen, was ihm, wie sein Lehrer glaubt, in bezug auf Rasse, Geschlecht oder Klasse kulturell entspricht, und alles andere zu vernachlässigen? Ein anderer Schwachpunkt ist das Mißtrauen gegenüber den Verstorbenen, wie es sich in dem Ausdruck »toter, weißer Europäer« widerspiegelt. Ich betrachte es als selbstverständlich, daß manche Bücher nun einmal ausführlicher, umfassender, tiefgründiger sind als andere, unentbehrlich für das Verständnis unserer Kultur und unserer selbst. Da spielt es auch keine Rolle, wie lange ihre Autoren schon tot sind. Wer hohle Phrasen wie die von den toten weißen Europäern nachplappert, täte gut daran, sich bewußt zu machen, daß der Tod in der Literatur relativ ist. Lord Rochester ist tot, genau wie Sappho, aber deshalb sind sie keineswegs so leblos wie Brett Easton Ellis oder Andrea Dworkin. Statistisch gesehen sind die meisten Autoren tot, aber manche von ihnen sprechen noch heute derart anschaulich und mit einer solchen moralischen Eindringlichkeit zu uns, daß es kaum ein lebender Schriftsteller mit ihnen aufnehmen kann. Und je mehr wir lesen, desto mehr Autoren werden wir finden – ob nun lebendig oder tot –, die uns etwas zu sagen haben, und deshalb ist der Kanon kein Bollwerk, sondern eine durchlässige Membran.

Woher kommt dieses Mißtrauen den Toten gegenüber? Vielleicht ist es ein Echo der sechziger Jahre, als die Nervensäge Jerry Rubin die amerikanische Jugend aufrief, keinem über dreißig zu trauen. Wahrscheinlich aber zeigt sich darin wieder einmal nur die in den Vereinigten Staaten so verbreitete Geringschätzung des kulturellen Gedächtnisses. Ezra Pounds Mahnung »MACHT ES NEU« überschattet die gesamte amerikanische Kultur, einschließlich der Kanondebatten. Aber sie wird mißverstanden. Pound meinte damit keineswegs, daß die Gegenwart die Vergangenheit auslöschen soll. Der Satz faszinierte ihn, weil er glaubte, er habe an der Badewanne des Ch'ing-Kaisers gestanden, und weil er ihn als Befehl verstand, das Werk der Vergangenheit immer wieder neu belebt in die Gegenwart hineinzunehmen. Mit dem »Es« des Zitats ist die Tradition selbst gemeint:

Tching …
  … schrieb MACHT ES NEU
an seine Badewanne
 Tag für Tag macht es neu
dünnt das Dickicht aus,
schichtet die Scheite
laßt es weiter wachsen.

Tching …
  … wrote make it new
on his bathtub
 Day by day make it new
cut underbrush,
pile the logs
keep it growing.

Lesen ist *expansiv,* nicht exklusiv. Wenn karibische, afrikanische, arabische und indische Autoren heute mehr Beachtung finden, wenn Autoren wie Ben Okri aus Nigeria oder Peter Carey aus Sydney den Booker-Preis gewinnen, wenn Leser vorurteilslos an die Arbeiten von Frauen und Schwarzen herangehen können, ohne das Gefühl, sich auf Zehenspitzen an einen Sonderfall heranpirschen zu müssen, dann wächst und gedeiht unsere gemeinsame Kultur. Wir lernen, wie andere Arten kulturellen Bewußtseins das Sprechzentrum literarischer Formen besetzen können. Aber wie könnte dies ein Grund dafür sein, *Eugen Onegin* oder Popes *Epistle to Lord Burlington* nicht zu lesen?

IV

Das Gefühl für Qualität, Stil oder Maß ist nichts, was der Literatur von Faktoren wie Klasse, Rasse oder Geschlecht aufoktroyiert wird. Es ist von Gruppenstereotypen unabhängig. Jeder Autor, jede Autorin sieht sich im Geiste einem unsichtbaren Tribunal toter Schriftsteller gegenüber, deren Berufung ein imaginativer Akt ist und nicht irgendeinem zwanghaften Bedürfnis nach einer höheren Autorität entspringt. Dieses Tribunal sitzt über unser Werk zu Gericht. Intuitiv erhalten wir von ihm unsere Wertmaßstäbe. Gegen sein nicht vollstreckbares Urteil kann man keinen Einspruch erheben. Keiner unserer Tricks – nicht die Fetischisierung des Privaten, nicht die Versuche, das Ästhetische ins Politische zu verschieben, nicht unsere verbrauchten Avantgardismusfiktionen – kann es vertreiben. Nicht, wenn wir offen und ehrlich mit uns sind.

Gäbe es das Tribunal nicht, wäre jeder Rohentwurf ein endgültiges Manuskript. Mutter Kultur kann man nichts vormachen.

Die *Odyssee* kann für uns nicht genau dieselbe Bedeutung haben wie für einen alexandrinischen Leser aus dem ersten oder für einen französischen Leser aus dem siebzehnten Jahrhundert. Trotzdem hat sie noch immer *Bedeutung*, denn sie eröffnet dem aufnahmebereiten Leser Welten der Phantasie. So ist es nun einmal, auch wenn man noch so krampfhaft versucht, den Schülern nur noch das beizubringen, was »für ihre Erfahrungen relevant« ist, wie es so schön heißt. Lesen

ist Erfahrung. Wir alle haben von ihnen gehört, und manche von uns kennen sie auch persönlich, diese empörten Studenten und Lehrer, die wissen wollen, wieso sie sich mit Homer abgeben sollen, der schließlich nur ein toter weißer Mann ist und einer lebenden schwarzen Frau nichts zu sagen haben kann.
Wenn ich so etwas höre, muß ich an Derek Walcotts *Omeros* denken. Walcott, der Nobelpreisträger für Literatur 1992, ist schwarz und lebt abwechselnd in Harvard und auf der Karibikinsel Saint Lucia. *Omeros* ist ein ungewöhnliches Ereignis, ein reflexives und narratives Gedicht, reich an genauen Beobachtungen und Charakteren. In eine epische Form gegossen, setzt es sich über alle Konventionen des minimalistischen Schreibens hinweg. Es übernimmt die homerische Rahmenhandlung – die Reisen des Odysseus – und verschmilzt sie mit dem wichtigsten Ereignis der Geschichte der Schwarzen in der Neuen Welt, der Verschleppung von Sklaven über den Atlantik, welcher der Dichter letzten Endes seine Existenz verdankt. Und die Frage: Was für eine Bedeutung kann Homer für mich haben? wird gleich zu Anfang beantwortet, als der Erzähler mit einer jungen Griechin spricht, die genauso Heimweh nach ihren ägäischen Inseln hat wie er nach der Karibik. Bei ihr steht auf einem Regal eine Büste Homers.

»O-meros«, lachte sie. »So nennen wir ihn auf
Griechisch, …«

Ich spürte, wie der Schaumkopf uns beobachtete,
während ich einen Arm streichelte, so
marmorkalt wie er, dann die Schultern im Winterlicht
in dem Dachstudio. Ich sagte »Omeros«,

und *O* war die Anrufung der Schneckenmuschel,
mer war
sowohl Mutter als auch Meer in unserem Antillen-
patois,
os, ein grauer Knochen und die weiße Brandung,
wenn sie bricht

und ihren Silbenkragen an einer Spitzenküste aus-
breitet.
Omeros war das Rascheln trockener Blätter und das
Rauschen,
das aus dem Höhlenmund hallt, wenn die Flut
verebbt ist.

Der Name blieb in meinem Mund …

»O-meros«, she laughed. »That's what we call him
in Greek, …«

I felt the foam head watching as I stroked an arm, as
cold as its marble, then the shoulders in winter light
in the studio attic. I said, »Omeros«,

and O *was the conch-shell's invocation,* mer *was*
both mother and sea in our Antillean patois,
os, *a grey bone, and the white surf as it crashes*

and spreads its sibilant collar on a lace shore.
Omeros was the crunch of dry leaves, and the washes
that echoed from a cave-mouth when the tide has ebbed.

The name stayed in my mouth …

Und genauso sollten auch wir diesen und viele andere Namen im Mund behalten, und zwar ungeachtet unserer Hautfarbe oder unseres Herkunftslandes. Das wird auch durch noch so viel oberflächliches Gerede über tote weiße Männer kontra politisch akzeptable lebende AutorInnen nicht anders. Ich kann es nicht besser sagen als mit einem Zitat von Edward Saïd, dessen Bücher *Orientalismus* und *Culture and Imperialism* als Schlüsselwerke modernen transkulturellen Denkens bezeichnet werden müssen. »Die lautstarke Ablehnung und die groben Verallgemeinerungen«, schreibt Saïd,

> reduzieren die ursprünglich großen Reformansätze des Feminismus, der Minderheiten- oder Schwarzenstudien und des antiimperialistischen Widerstandes zur Karikatur. Dabei war es es doch nie der Sinn, die eine Art von Autoritäten und Dogmen durch eine andere zu ersetzen oder ein Zentrum durch ein anderes abzulösen. Es ging immer um Öffnung und um Mitwirkung bei den zentralen intellektuellen und kulturellen Anstrengungen, und es sollte auf das hingewiesen werden, was schon immer, wenn auch unsichtbar, existiert hatte, die Arbeiten von Frauen und Schwarzen zum Beispiel ... die bis dahin geleugnet oder abgewertet worden waren.[6]

Darum lehne ich als Schriftsteller nicht nur das poststrukturalistische Argument ab, alle Literatur sei beliebig, sondern ich wehre mich auch gegen die erneuten Versuche, Literatur nach ihrer Sozialverträglickeit zu bewerten. Denn damit betritt man ein seltsames, nostalgisches, marxistisches Wolkenkuckucksheim, in dem selbst noch die rückschrittlichsten Hirngespinste wie das von der Literatur als Instrument gesellschaftlicher Veränderung weiterhin fröhlich verbreitet werden. So war es auch möglich, daß Harriet Beecher Stowe in der neuen *Columbia History of the American Novel* ein höherer literarischer Rang zugeschrieben wurde als Melville, weil sie eine Frau war und »gesellschaftlich konstruktiv«, da *Onkel Toms Hütte* mit dazu beigetragen hat, die Amerikaner gegen die Sklaverei zu mobilisieren ... während der Kapitän der *Pequod* als Symbol für kapitalistisches, individualistisches Laisserfaire mit der falschen Einstellung zu Walen gilt.

Mit dem gleichen Argument kann man auch behaupten, ein Mann wie William Gropper, der vor sechzig Jahren für die *New Masses* bissige Karikaturen von fetten Kapitalisten mit Zylinderhüten gezeichnet hat, sei einem Künstler wie Edward Hopper überlegen, dem die Gemeinschaft herzlich gleichgültig war und der immer nur Figuren in verlassenen Räumen gemalt hat, und zwar so, daß man nie völlig sicher sein konnte, ob er die Entfremdung kritisieren oder die Vorzüge der Einsamkeit loben wollte.

Bei diesem rückständigen Ansatz, Schriftsteller danach zu beurteilen, in welchem Maße sie das soziale Bewußtsein erweitern, kommen Leute wie der snobistische Proust und der depressive Leopardi, Henry James, der verkappte Schwule, und Montaigne, der Sohn reicher Eltern, natürlich schlecht weg. Noch schlechter aber ergeht es den Studenten, die so den Eindruck gewinnen müssen, daß die angemessene Reaktion auf einen Text darin besteht, erst einmal eine grobe PC-Meßlatte anzulegen und dann mit moralisierenden Klischees darüber herzufallen. »Echt Wahnsinn, wie Professor Peach letzte Woche die hierarchischen Denkmuster bei Dante entlarvt hat, diese ganzen Kreise und so; das hättest du erleben sollen.«

Die Politik darf sich nicht überall einmischen. Vielmehr ist es eine Grundbedingung der Freiheit, daß man erkennt, welche Grenzen die Politik nicht überschreiten sollte, und die Literatur ist eines der Mittel, mit deren Hilfe die Jungen (und die Alten) dies herausfinden. Manche Kunstwerke machen unverhüllte politische Aussagen, viele enthalten sublime politische Botschaften. Aber es wäre mehr als naiv, anzunehmen, daß sich die Bedeutung der Kunst als solcher in derartigen Botschaften erschöpft oder daß diese letztlich ihren Wert bestimmen. Woher kommt also diese Mode, die Kunst mit politischen Maßstäben zu bewerten? Wahrscheinlich wird sie deshalb verbreitet, weil sie sich so leicht predigen läßt. Sie läßt die Illusion wiederaufleben, daß Kunstwerke mit gesellschaftlicher Relevanz beladen sind wie Lastwagen mit Kohlen. So kann man die unüberschaubare Welt der Literatur fein säuberlich in Böse und Gute aufteilen und den Studenten die Mühe ersparen, ihre eigene Imagination einzubringen und sich selbst ein ästhetisches Urteil zu bilden. So haben die Dozenten mit ihren tauben Ohren, ihrem Schubladenverstand und ihrer Stärkemehl-Prosa die Möglichkeit, auf toten Schriftstellern herumzuhacken, weil bei ihnen die modernen Strömungen der »Repressionsstudien« zu kurz kommen – und sie können sich selbst und auch ihren nicht weniger nostalgischen Kollegen vormachen, sie stünden auf den Barrikaden.

Doch als die iranischen Mullahs gegen den lebenden Schriftsteller Salman Rushdie wegen »Blasphemie« gegen den Islam die Fatwah aussprachen, als sie einen Preis auf seinen Kopf aussetzten, weil er Dinge geschrieben hatte, die ihnen nicht in den Kram paßten, kam es an den Universitäten kaum zu Protesten gegen diese Ungeheuerlichkeit. Aus zwei Gründen blieb es unter den amerikanischen Akademikern so erstaunlich ruhig. Erstens hatten sie Angst, ihre Lehranstalten könnten selbst zu Zielen islamischer Terroristen werden. Zweitens hielten es die politisch Korrekteren unter ihnen einfach für falsch, ein muslimisches Land zu kritisieren, ganz gleich wofür. Diese Leute wußten ganz genau, daß es zu Hause in Amerika sexistisch und unpassend gewesen wäre, ein junges weibliches Wesen als »Mädchen« statt als »Frau« zu bezeichnen. Aber wenn drüben in Teheran eine Clique rückschrittlicher, bigotter Theokraten den Tschador wieder einführen, Dieben die Hand abhacken, Verbrechern im Fernsehen die Augen ausstechen oder Romanautoren aus Gründen der Staatsräson ermorden wollte, war das mehr oder weniger okay. Was wir im Westen machen, ist Repression. Was die im Nahen Osten machen, ist »ihre Kultur«. Obwohl wir natürlich nicht alles gutheißen, was der iranische Pöbel – ich korrigiere –, was die iranischen Massen sagen oder tun, müssen wir trotzdem anerkennen, daß ihre Kultur nun einmal nicht die unsere ist und daß die literaturwissenschaftlichen Fakultäten unter den in den eurozentristischen Vereinigten Staaten gegebenen Bedingungen eines realen, anti-arabischen Rassismus durch einen Protest leicht in den Ruch geraten könnten, vor den Republikanern in die Knie gegangen zu sein, die schließlich schon seit langem die sicherlich oft bedauerlichen Exzesse des islamischen Fundamentalismus – die allerdings im Kontext einer globalen westlichen Aggression gegenüber den Völkern der Dritten Welt verstanden werden müssen – als Vorwand benutzen, um damit ihre eigenen Ziele … doch Sie verstehen schon, was ich meine.

V

Auf dem Gebiet der Geschichte hat die PC ihre größten Erfolge errungen.

Geschichte ist nicht statisch. Als Historiker müssen wir sie immer wieder neu interpretieren. So etwas wie ein letztes Wort gibt es nicht. Und wer wollte bestreiten, daß an unseren Geschichten von der europäischen Eroberung Nord- und Südamerikas, die doch unser Erbe sind, noch vieles zu revidieren wäre? Es ging um Macht und Herrschaft, um den unaufhaltsamen Vormarsch der Zivilisation gegen die Barbarei. Der Konquistador bringt Kreuz und Schwert, der rote Mann weicht vor Kavallerie und Eisenbahn zurück. *Manifest Destiny.* Der weiß-amerikanische Mythos des neunzehnten Jahrhunderts. Die Vorstellung, daß alle Historiker unkritisch an dieser Heldensage mitgestrickt haben, entspricht einfach nicht der Wahrheit. Um das zu erkennen, muß man nur Parkman oder Prescott lesen. Aber nachdem der Mythos aus der Geschichte tief in die Populärkultur eingedrungen war, ließ er sich überzeugend als Rechtfertigung für Plünderungen, Mord, die Versklavung ganzer Völker und die Zerstörung der Natur mißbrauchen.

Und als Reaktion darauf bastelt man sich heutzutage einen Alternativmythos zusammen. Der Europäer, ehemals Held der Eroberung Amerikas, wird zum Dämon, und die Opfer, die niemand wieder lebendig machen kann, werden heiliggesprochen. Auf beiden Seiten des Grabens, der Europäer und Ureinwohner trennt, stehen die Historiker mit Teerpinsel und Goldblatt bereit, und statt der bösen, alten Klischees haben wir einen kompletten Satz nicht weniger in die Irre führender neuer Vorurteile. Unsere Vorfahren machten aus Christoph Kolumbus einen Helden, ja fast einen Heiligen. Seine Denkmäler stehen in Barcelona, auf den Antillen (die er entdeckt hat, obwohl nicht ganz klar ist, auf welcher Insel er eigentlich genau gelandet ist), und in ganz Nordamerika, auf dem Festland also, das er nie gesehen hat. 1892 war er für Europäer und Nordamerikaner gleichermaßen die personifizierte *Manifest Destiny* in Strumpfhosen, umgeben von Ablagerungen frommer Folklore, wie zum Beispiel Washington Irvings Geschichte vom Ei des Kolumbus oder dem Märchen, daß Königin Isabella ihren Schmuck verpfänden mußte, um ihm seine Fahrten zu finanzieren, obwohl sie die Juwelen schon lange vorher für den Kauf von Kanonen verscherbelt hatte. Im Gegensatz dazu stilisiert ihn ein politisch korrektes Buch wie *Das verlorene Paradies* von Kirkpatrick Sale eher zu einer Art Hitler in der Karavelle hoch, raffgierig und von apokalyptischen Phantasien erfüllt, der wie ein Virus über die arglosen Menschen der Neuen Welt herfiel.

Dieses neue Klischee, das Wiederaufleben der Rousseauschen Vorstellung vom Edlen Wilden, bringt eine neue Doppelmoral ins Spiel. So werden aus den puertoricanischen Taino unschuldige Kreaturen, die in einer klassenlosen Naturgesellschaft lebten – so wie früher, als Kirkpatrick Sale und ich noch jung waren, die Hippies in Vermont –, obwohl sie sich in Wahrheit am liebsten von ihren Sklaven in Sänften durch die Gegend schleppen ließen. Wenn die Völker Amerikas von Patagonien bis hinauf zu den Großen Seen nicht von den Europäern unterworfen worden wären, würden sie dann nicht heute noch ein glückliches und zufriedenes Leben führen? Sind wir nicht viel schlechter als sie?

Ja, doch, bis zu einem gewissen Grad schon. Die Ankunft der Spanier hatte für die Völker Südamerikas und der Karibik genauso katastrophale Folgen wie das Vordringen der Anglos für die Ureinwohner Nordamerikas. Wenn man die Zahlen glaubt, die David Stannard in seinem kürzlich erschienenen Buch *American Holocaust: Columbus and the Conquest of the New World* angibt, wurden im Zuge der spanischen *conquista* in Peru und Chile bis zu 95 Prozent der Bevölkerung abgeschlachtet, möglicherweise bis zu zehn Millionen Menschen. Allein in den ersten beiden Jahrhunderten nach der Entdeckung durch die Europäer soll die Gesamtzahl der Opfer in der westlichen Hemisphäre einhundert Millionen betragen haben. Wenn diese Zahlen stimmen, handelt es sich um den schlimmsten Völkermord der Menschheitsgeschichte, der alle Greuel Hitlers weit übertrifft.

Können wir sagen, daß Kolumbus die Schuld daran trägt? Allgemein und sinnbildlich gesprochen, gewiß, hat er doch letzten Endes Europa nach Amerika geführt. Persönlich aber trifft ihn keine Schuld, weil er die Ausrottung durch das Schwert und durch Krankheiten schließlich nicht geplant hat. Zum Beispiel wußte er auch nicht besser Bescheid über die Epidemiologie der Schweinegrippe (die wahrscheinliche Ursache für den Untergang der Bevölkerung Hispaniolas, zehn Jahre, nachdem er dort an Land gegangen war) als die Arawaken. Trotz allem ist und bleibt er der bedeutendste Entdecker. Der einzige, der es geschichtlich mit ihm aufnehmen konnte, war Kapitän James Cook, ein ebenso tapferer, aber weitaus rationalerer und humanerer Mensch als er, der fast drei Jahrhunderte später den europäischen Horizont um den größten Teil des Pazifischen Ozeans und des Südpolarmeeres erweitert hat. Cook ist mein Held, Kolumbus ist der Ex-Held des weißen Amerika. Cook kommt uns vertrauter vor, weil er ein Engländer aus der Zeit der Aufklärung war und wir in gewisser Weise noch heute seine moralische Sprache sprechen. Kolumbus hingegen erscheint uns sehr fern, weil er einer eschatologischen Kultur entstammte, der Kultur Spaniens im fünfzehnten Jahrhundert, zu deren gottesfürchtigen Obsessionen wir keinen Zugang mehr haben. Zu Cooks Zeiten machte man bereits einen Unterschied zwischen Entdeckung und Eroberung, der auch in seinen eigenen Taten sichtbar wird. Zu Kolumbus' Zeiten gab es das nicht.

Was wäre geschehen, wenn die Völker westlich des Atlantiks nicht von eschatologischen Unmenschen niedergeworfen worden wären? Diese Spekulationen erübrigen sich im Grunde von selbst, da Amerika nun einmal von diesen unvollkommenen und brutalen Wesen überrannt wurde, die den hier bereits existierenden Kulturen ihre eigene Kultur aufzwangen, sei es nun die spanische, englische oder französische. Wenn Kolumbus den Seeweg in die Karibik nicht entdeckt hätte, hätte es ein paar Jahre später jemand anders getan – irgendein Spanier, Portugiese, Italiener oder Engländer –, die sozialen und ökologischen Folgen für Nord- und Südamerika wären mehr oder weniger die gleichen gewesen. Zu erwarten, daß die Maya oder andere moderne Indianer das Jahr 1992 festlich begehen, wäre zuviel verlangt. Wie ein australischer Ureinwohner 1988 anläßlich der australischen Zweihundertjahrfeiern bemerkte, könnte man genausogut die Juden bitten, Hitlers Geburtstag zu feiern, der sich im folgenden Jahr, 1989, zum hundertsten Mal jährte.

Allerdings ist es historisch auch bewiesen, daß die Völker Amerikas über Jahrhunderte, wenn nicht gar Jahrtausende ziemlich gut allein zurechtkamen, wenn es um Mord, Folter, Materialismus, Umweltzerstörung, Sklaverei und sexistische Vorherrschaft ging. Während wir uns heutzutage um das Schicksal jeder gefährdeten

Eulenart sorgen, hatten die ersten Menschen, die in prähistorischer Zeit nach Nordamerika einwanderten, anscheinend keinerlei Bedenken, die hier existierende Megafauna auszulöschen, was ihnen dann auch in relativ kurzer Zeit gelang. Die Kultur der Maya, die am höchsten entwickelte der präkolumbianischen Kulturen in Mittelamerika, erlebte ihre Blütezeit in den Jahren zwischen 250 und 900 n. Chr. Danach kam es zu der rätselhaften Entwicklung, die man den Untergang der Maya nennt. Das Reich zerfiel. Es wurde nicht von außen erobert. Neuere archäologische Funde und mit großem Zeitaufwand verbundene Entzifferungen von Hieroglyphen, vor allem an der Ausgrabungsstätte Dos Pilas in Guatemala, lassen allerdings darauf schließen, daß das Ende der klassischen Periode der Maya durch permanente Kriege zwischen lokalen Herrschern eingeleitet wurde, die um 700 begannen und denen bis zum zehnten Jahrhundert sowohl die ökonomischen als auch die ökologischen Grundlagen des Mayareiches zum Opfer gefallen waren. Die Maya haben ihren Untergang einem selbstverschuldeten ökologischen Kollaps zu verdanken, der durch ihre Begeisterung für aussichtlose Kriege ausgelöst wurde, denen wiederum eine ungeheuere Ideologiehörigkeit zugrunde lag – der Glaube an einen transzendenten Gott-König, der von seinen Steine schleppenden Untertanen als die Verkörperung des Universums angesehen wurde.

Das präkolumbianische Mittelamerika war nicht das Paradies, als das es die Kolumbusgegner gerne hinstellen. Man kann nicht die im achten Jahrhundert aus unbekannten Gründen verlassene Sonnenpyramide in Teotihuacán in der Nähe von Mexico City besteigen und auf die gewaltige, symmetrisch angelegte Straße der Toten hinunterblicken, ohne zu spüren, daß eine

Gesellschaft, die solche Bauwerke hervorgebracht hat, ein theokratischer Ameisenstaat gewesen sein muß, vor dessen Rigidität möglicherweise sogar einem Albert Speer schwindelig geworden wäre. Oder versuchen Sie doch einmal, beim Anblick der Gefiederten Schlange mit ihren Giftzähnen von der friedlich idyllischen Qualität des Lebens vor dem Auftauchen der Bleichgesichter zu schwärmen. Die aztekische Kultur war messianisch, aggressiv und imperialistisch, und sie war schon immer so gewesen, seit die Azteken, angeführt von einem charismatischen Befehlshaber, dessen Namen man mit Kolibri-zur-Linken übersetzen kann, aus dem Norden in die Gegend des heutigen Mexico City eingefallen waren, um die einheimische Bevölkerung abzuschlachten oder zu versklaven. Ich würde sagen, die Überlebenden konnten froh sein, daß es nicht auch noch einen Kolibri-zur-Rechten gab. Aber heutzutage gilt es als anachronistisch, die Zerstörung der aztekischen Gesellschaft durch die spanische *conquista* zu verurteilen oder zu rechtfertigen. Es war ein schlimmes Schicksal, im sechzehnten Jahrhundert von spanischen Regidores unterjocht zu werden. Aber es war auch kein Vergnügen, zu den Abertausenden zu gehören, denen in Tenochtitlán von Aztekenpriestern das Herz aus dem Leib gerissen wurde, auf daß die Sonne auch am nächsten Morgen wieder auf gehen möge. Die Spanier haben, bis auf wenige Codices, fast alle schriftlichen Aufzeichnungen über die aztekische Geschichte verbrannt. Aber genauso haben auch die Azteken im Zuge der Eroberung Mittelmexikos alle Zeugnisse früherer Kulturen vernichtet, um keine Geschichte vor ihrer eigenen mehr gelten zu lassen.

Wir alle kennen den Wunsch, die Menschheit in absolute Helden und absolute Schurken einzuteilen, aber damit zieht man die Geschichte nur auf ein Propagandaniveau herab. Man leugnet die Menschlichkeit der Toten, indem man ihnen ihre Sünden, Tugenden, Anstrengungen und Irrtümer abspricht. Es gehört zur Aufgabe des Historikers, die Geschichte in ihrer ganzen Komplexität zu erhalten und sie nicht mit anachronistischen Moralpredigten plattzubügeln. Man täte gut daran, sich an den Rat des brasilianischen Schriftstellers Jorge Amado anläßlich des fünfhundertsten Jahrestages der Entdeckung der Neuen Welt durch Kolumbus zu erinnern. Für die einen, so schrieb er, bedeutet es

> das Epos der Entdeckung, das Aufeinandertreffen zweier Welten, für die anderen zeigt es das ganze Grauen der *conquista* und des Völkermords ... Man muß Erscheinungsformen und Unterschiede feststellen und vergleichen, denn nur auf diese Weise, indem man versteht, was groß war und auf ewig ruhmreich sein wird, indem man enthüllt, was schrecklich war und uns ewig zur Schande gereichen wird, nur so, mit Reflexion und Verständnis, können wir gleichzeitig das Epos feiern und das Massaker verurteilen. Keines von beiden hebt das andere auf. Denn wir sind das Produkt der beiden – wir, die gemischten Völker Amerikas.[7]

Zwischen den Schnittstellen der Kulturen knistern die Überraschungen wie Lichtbögen. An diesen Schnittstellen entsteht heute Geschichte, sie werden die historischen Fundstätten der Zukunft sein. Man kann die Vergangenheit nicht im Namen positiver Diskriminierung neu erschaffen. Aber man kann ungeschriebene Erzählungen von Völkern und Gruppen entdecken, die verzerrt und vergessen worden sind, man kann sie zugänglich machen und durch ihre Einbeziehung die Geschichte neu beleben. Deshalb haben wir auch den frischen Wind, den die letzten fünfundzwanzig Jahre in die Geschichtsschreibung gebracht haben, der politischen Linken zu verdanken. Wenn man die Arbeiten des schwarzen karibischen Historikers C. L. R. James liest, erlebt man, wie ein Teil der Welt das traditionelle Schweigen bricht – das kein selbstgewähltes Schweigen, sondern ein durch frühere koloniale Schriftsteller erzwungenes Stummsein war. Auch meine schriftstellerische Entwicklung wurde vor zwanzig Jahren in nicht geringem Maße durch E.P. Thompsons Klassiker *Entstehung der englischen Arbeiterklasse* geprägt, der mir gezeigt hat, wie man Geschichte von unten aufbaut, indem man nämlich die von offizieller Seite mißachteten Lebenserfahrungen von Arbeitern, die in doktrinären Händen vielleicht zu bloßen klassenkämpferischen Verallgemeinerungen verkommen würden, zusammenträgt und mit Sinn erfüllt. Eine Liste all der Bücher, die von Thompsons Meisterwerk beeinflußt worden sind, wäre lang; ich selbst kann zum Beispiel mit Bestimmtheit sagen, daß ich mit *Australien*, in dem ich versucht habe, die verschüttete Geschichte der australischen Sträflinge freizulegen, seinem Vorbild nachgeeifert habe. Im Gegensatz dazu fand ich das abstrakte Theoretisieren über Gefängnisse und Macht, das während der achtziger Jahre an den amerikanischen Universitäten anhand von geradezu sakrosankten Texten wie Michel Foucaults *Überwachung und Strafe* betrieben wurde, unbrauchbar. In seinen Überlegungen zu Jeremy Benthams Theorie des panoptischen Systems oder des totalen Überwachungsgefängnisses macht Foucault genau das gleiche, was er im realen Leben dem Staat vorwirft; er ignoriert die Erfahrungen der Gefangenen und hält sich kaum mit Quellenstudien auf, um die autokratische, mechanische Selbstbezogenheit seiner eigenen theoretischen Konstrukte nicht zu beeinträchtigen. Foucaults amerikanische Bewunderer wollen einfach nicht sehen, wie autoritätsgläubig er im Grunde doch insgeheim war.

Die Geschichte muß sich in erster Linie mit den Realitäten des menschlichen Lebens in früheren Zeiten befassen, soweit sie durch die Filter der Vergangenheit hindurch sichtbar gemacht werden können. Man braucht kein Marxist zu sein, um zu erkennen, wie recht Eric Hobsbawm mit seiner Aussage hat, es sei die wichtigste Errungenschaft der radikalen Geschichtsschreibung, »einfachen Menschen, normalen Männern und Frauen zu einem Platz in der Geschichte verholfen zu haben«. Da diese Aufgabe in Amerika notwendigerweise auch die Erforschung der Geschichte der Schwarzen und anderer Minoritäten mit einschließt, kommt es zu einem Aufbrechen des selbstgefällig-nationalistischen Vergangenheitsbildes. Hervorzuheben wäre hier vor allem der verstorbene Herbert Gutman (1928–1985) mit seinem Buch *The Black Family in Slavery and Freedom 1750 – 1925*. Gutman gehörte zu der selten gewordenen Gattung von Historikern, die ihre Arbeiten einer breiteren Öffentlichkeit zugänglich machen und die komplexen Realitäten der »Kehrseite der Geschichte« so darstellen wollen, daß sie für den Nicht-Fachmann ebenso verständlich werden, wie es früher die »Geschichten Großer Männer« für die Eliten waren. Allerdings würde er mit seinem *American Social History Project* heutzutage bei den Historikern der Neuen Linken nicht ankommen – nicht »theoretisch« genug, zu »populistisch«. Man denke auch an Eugene Genoveses Arbeiten über die Sklaverei, an Eric Foners Schriften über die *Reconstruc-*

tion, die Neuordnung der politischen Verhältnisse in den amerikanischen Südstaaten nach dem Ende des Bürgerkrieges, an Leon Litwacks hervorragendes Werk über das Leben schwarzer Amerikaner nach der Sklavenbefreiung *Been in the Storm So Long* oder, in etwas neuerer Zeit, Nicholas Lemanns Buch über die große Wanderung der Schwarzen nach Norden, *The Promised Land*. Noch vor zwei Generationen hätten amerikanische Historiker die Wichtigkeit solcher Forschungen bestritten. Heute aber erscheinen sie uns als unverzichtbar. Denn, wie Litwack 1987 in seiner Rede vor der *Organization of American Historians* festgestellt hat: »Keine andere Berufsgruppe trägt mehr Verantwortung für die Fehlerziehung der amerikanischen Jugend, keine andere Gruppe hat über Generationen hinweg die Ansichten der Amerikaner in Rassenfragen tiefer geprägt als die Historiker.«

Auch die Besiedlungsgeschichte des amerikanischen Westens kann für uns nicht mehr die gleiche sein wie für unsere Großeltern. Deren Vorstellung von einem durch die Erfahrung der Grenze definierten Amerika war auf ein enorm einflußreiches Referat zurückzuführen, das Frederick Jackson Turner 1893 vor der *American Historical Association* gehalten hat und dessen Titel lautete: »*The Significance of the Frontier in American History*«. Turner argumentiert darin, daß »die Existenz dieses offenen, aber ständig weiter zurückweichenden Landes und das Vordringen der Siedler nach Westen die amerikanische Entwicklung ausmachen«. Damit befand er sich in direktem Gegensatz zu früheren (puritanisch angehauchten) Historikern, die so taten, als käme alles in Amerika – und vor allem auch die Werte und Maßstäbe, mit deren Hilfe wir die entscheidende Frage »Wessen Geschichte?« zu beantworten versuchen – aus Neuengland. Turners These, die im

Grunde nichts anderes als eine Rechtfertigung der *Manifest Destiny* darstellt, einer amerikanischen Version der englischen Kolonialgeschichte, bei der die Weißen in eine herrenlose »Wildnis« vordringen (*terra nullius* oder »Niemandsland«, wie die Entdecker der Pazifikregion im achtzehnten Jahrhundert sagten), wird allerdings seit mehr als zwei Jahrzehnten von modernen Historikern kritisiert, modifiziert und schlichtweg abgelehnt. Dies als simple Diskreditierung des heroischen Westens zu betrachten – als einen ödipalen Anschlag auf populäre Mythen durch Autoren, die dem Westen nichts abgewinnen können – wäre verfehlt. Das Ziel ist vielmehr ein zweifaches, nämlich zum einen, den realen, historischen Westen unter dem mythischen Westen zu entdecken, und zum anderen, die Geschichte des »mythischen Westens« als ein Konstrukt aus Metaphern und Klischees zu studieren – wie sind sie entstanden, wie haben sie überdauert, wie konnte es dazu kommen, daß sie die populäre Kultur beherrschen? Jeder Versuch, den historischen Realitäten des Westens auf den Grund zu gehen, muß, was unter Historikern heutzutage unumstritten ist, von einem multikulturalistischen Ansatz ausgehen, und das bedeutet vor allem, anzuerkennen, daß der Westen, in den die Weißen vordrangen, keine *terra nullius* war, sondern ein höchst explosiver Schauplatz, auf dem sich die unterschiedlichsten Kulturen, die der anglo-amerikanischen Eroberer und der bereits dort ansässigen Indianer und Spanier, kompliziert ineinander verkeilt hatten. Auch kann man die Dramatik und Komplexität des Westens nicht verstehen, wenn man nicht sieht, wie hartnäckig sich die Werte, Überzeugungen und kulturellen Formen der »Untergegangenen« bis heute erhalten haben, trotz aller Anstrengungen der siegreichen Anglos, sie zu unterdrücken und darüber hinaus sogar die Tatsache dieser Unterdrükkung zu leugnen, weil es so viel angenehmer war, sich einzureden, sie seien von selbst verschwunden. Der gleiche Prozeß ist auch in Australien abgelaufen, wo man sich im neunzehnten Jahrhundert ebenfalls vormachte, die Aborigines seien einfach untergegangen, was erstaunlich gut zu den beliebtesten literarischen Tropen des *fin de siècle* – Nebel, Geister und vieldeutige Unbestimmtheit – paßte.

Es ist wahr, daß die Aufarbeitung der Geschichte des Westens liebgewonnene Mythen in ein merkwürdiges Licht rücken kann. Um nur ein Beispiel zu nennen: Der Westen gilt archetypisch als der Ort, wo Vater Staat am meisten Mißtrauen entgegengebracht wird, als die Gegend, wo es der unabhängige Mensch aus eigener Kraft allein schafft. Trotzdem aber sind große Teile des Westens – Bundesstaaten wie Arizona zum Beispiel –, um wirtschaftlich überleben zu können, schon immer auf Gelder aus Washington angewiesen gewesen, und zwar nicht nur gelegentlich auf kleine Finanzspritzen, sondern permanent auf kräftige Transfusionen. Die Staaten des Südwestens hätten niemals so dicht besiedelt werden können, wenn der Staat nicht ungeheuere Summen für Trinkwasserversorgungsprojekte ausgegeben hätte. Sie sind weniger die John Waynes der amerikanischen Wirtschaft als vielmehr die Wohlfahrtsempfänger.

Was wir in der »neuen« Geschichte und in dem einstmals lautstarken, mittlerweile aber schwächer werdenden Widerstand dagegen sehen, ist ein Wiederaufflammen des gleichen Konfliktes um den Anteil, der den verschiedenen Rassen und Klassen an der Geschichte zukommt, der die amerikanischen Universitäten schon in den dreißiger und dann wieder in den fünfziger Jahren bewegt hat. In seiner brillanten Untersuchung *The Great Multicultural Debate* zeigt der Geschichtswissenschaftler Gary B. Nash auf, wie schwer jüdische Gelehrte nach dem Ersten Weltkrieg um einen Platz in der amerikanischen Historikergilde kämpfen mußten, eine Domäne, die als Erbhof der alteingesessenen WASPs verstanden wurde. Noch in den sechziger Jahren war der Widerstand gegen diese unerwünschte Störung so stark, daß sich Carl Bridenbaugh, Präsident der *American Historical Association,* zu der Klage bemüßigt fühlte, »da viele der jüngeren Mitglieder unserer Zunft ... Produkte der unteren Mittelschicht oder ausländischer Herkunft sind, versperren ihnen ihre Emotionen nicht selten den Blick auf historische Zusammenhänge«. Aber im Laufe der Zeit begriffen selbst Leute wie Bridenbaugh, daß Amerika die Folgen der Einwanderungen im neunzehnten Jahrhundert – mit bis zu fünfunddreißig Millionen Neuankömmlingen innerhalb von nur siebzig Jahren wahrscheinlich der größte Zustrom unterschiedlicher Volksgruppen, den in der Menschheitsgeschichte ein einzelner Staat jemals verkraften mußte – nur dann in ihrer ganzen Bedeutung erfassen konnte, wenn sich diese »Produkte ausländischer Herkunft«, der WASP-Code für Juden, Italiener und andere Nationalitäten, näher damit befaßten. Aufgrund des Drucks von Schulbehörden in Städten mit großen Bevölkerungsanteilen an Hispanics oder Schwarzen wurden in den sechziger Jahren die Schulbücher dahingehend revidiert, daß sie Amerika als multiethnische und multikulturelle Gesellschaft zeigten. Aber die monokulturalistische Geschichte ist zäh, und die Konservativen sind in sie vernarrt. Während der siebziger und achtziger Jahre zwangen die Fundamentalisten die staatlichen Schulbehörden nicht nur dazu, die sogenannte »Schöpfungswissenschaft« – ein Oxymoron der schönsten Sor-

te – in die Biologiebücher aufzunehmen, sondern sie sorgten darüber hinaus dafür, daß Klassenkonflikte aus den Geschichtstexten herausgehalten und Rassenkonflikte soweit wie möglich heruntergespielt wurden.
Wie Nash zeigt, vermissen die Menschen die übergreifenden Themen, die sicheren Kategorien, die großen Synthesen, die Geschichten Großer Männer. Diese Dinge verschwinden zuerst, wenn durch die genaue Untersuchung von Geschlechts-, Rassen- und Klassenunterschieden historischen Verallgemeinerungen der Boden entzogen wird. Die narrative Geschichte ist, ohne irgendwelchen Theoretikern, Zahlenfetischisten und Werbemenschen nahetreten zu wollen, alles andere als tot. Sie kann noch immer eine große Anhängerschaft aufbieten und wird vielleicht die einzige wirklich populäre Form der Geschichte bleiben. Aber die Erzählungen sind im Wandel begriffen, und selbst wenn wir es wollten, könnten wir uns nicht in eine Zeit zurückversetzen, in der diese Veränderungen noch nicht passiert waren. Ich erinnere mich, daß ich vor zwanzig Jahren gesehen habe, wie Kenneth Clark in *Civilization* die Renaissance erklärt hat. In der Nähe von Urbino stand er in seinem unverwüstlichen Tweedanzug vor einer Kulisse aus Weinbergen und hatte gerade Yeats' Zeilen über Guidobaldo di Montefeltro zitiert, der

   als er erschuf
Die hohe Schule der Höflichkeit
Auf Urbinos windigem Hügel,
Keine Läufer ausgeschickt hatte,
Um der Schäfer Willen zu erfahren.

when he made
That mirror-school of courtesies
Upon Urbino's windy hill,
Had sent no runners to and fro
That he might learn the shepherds' will.

So weit, so gut, sagte Clark, aber »Wie stand es um die Menschen auf den Feldern oder um die Schäfer, die, wie Mr. Yeats zu Recht annahm, von Guidobaldo in Fragen des Geschmacks und der guten Manieren nicht zu Rate gezogen wurden? Könnten sie nicht ihre eigene Kultur gehabt haben?« Der Gedanke blitzte kurz auf, und wir dachten schon, wir würden nun endlich, nach der vierten von dreizehn Stunden Programm, das Zugeständnis hören, daß die unteren Schichten mit ihrer Arbeit wenigstens ein kleines bißchen dazu beigetragen haben, den materiellen Wohlstand zu erschaffen, auf den sich der Hof von Urbino – und die ganze »Kultur« – gründete. Aber nein, ihre Leistung sollte sich gefälligst darauf beschränken, ein anderes Kunstwerk erschaffen zu haben, nämlich die toskanische Landschaft, deren Funktion es war, Betrachtern wie Clark und uns »den Eindruck einer zeitlosen Ordnung« zu vermitteln. Man kann wohl mit ziemlicher Sicherheit voraussagen, daß im Fernsehen in absehbarer Zukunft niemand mehr die Beziehung zwischen Arbeit und Kultur in dieser Weise erörtern wird; kein großer Verlust, wie mir scheint.
Ganz allgemein gesprochen, könnte man sagen, daß die Entwicklung, die mit der Neuschreibung der Geschichte einherging, auch eine Entsprechung an den amerikanischen literaturwissenschaftlichen Fakultäten fand. Dort reagierte die alte Garde übriggebliebener »Humanisten« auf das Aufkommen des »New Criticism« ebenfalls mit einigem Entsetzen – ob nicht

diese genauen und kaltherzigen Textinterpretationen die erhabene Aura der Werke von Shelley, Dryden und Shakespeare zerstören würden? Dann wurde die neue Garde zur alten Garde und beklagte mit dem Auftreten des französischen Poststrukturalismus die massive »Politisierung« der Literaturwissenschaft. Und trotzdem wurden die Extreme noch jedesmal von der Mitte absorbiert.

Genauso sieht es auch mit der Geschichtswissenschaft aus. Früher fühlten sich die Historiker durch das Konzept einer »Geschichte von unten« angegriffen, ja, persönlich beleidigt. Eines der interessantesten und lebendigsten Bücher, das mir in letzter Zeit in die Finger kam, ist *Journal de ma vie*, im achtzehnten Jahrhundert von einem Glaser names Jacques-Louis Ménétra verfaßt. Es hatte zweihundert Jahre in Manuskriptform vergessen herumgelegen, bis es 1986 veröffentlicht wurde. Obwohl ich alles andere als ein Experte für die Pariser Sozialgeschichte des achtzehnten Jahrhunderts bin, hatte ich während der Lektüre das Gefühl, als führe ich mit einem Glasbodenboot über ein Riff und sähe unbekannte Formen mit stereoskopischer Schärfe. Ménétras ausufernde, derbe, ungeheuer entlarvende Schilderung seines Lebens als »Mann aus dem Volke« ist ein proletarisches Gegenstück zu Rousseaus *Confessions*, und sie ist außerdem voll von wichtigtuerischen Phantasien und Hirngespinsten, aber, wie Robert Darnton in seiner Einführung bemerkt, auch dies »gibt uns die Möglichkeit zu erkennen, wie die Träume des achtzehnten Jahrhunderts beschaffen waren«. Vor fünfzig Jahren hätte sich kaum ein studierter Historiker lange damit aufgehalten, weil der Autor keine wichtige Persönlichkeit war und an keinen bedeutenden Ereignissen mitwirkt hat. Ich kann mich deutlich erinnern, im Archiv der Mitchell Library in Sydney einen ähnlichen Text entdeckt zu haben, das ungelesene, nicht transkribierte Journal eines Sträflings namens Laurence Frayne, das sich als einzigartiges Fenster zu den Realitäten des Strafvollzugs auf Norfolk Island entpuppte, geschrieben von einem, der sie selbst am eigenen Leib erfahren hatte. Auf den Umschlag, in dem es steckte, hatte irgendwann einmal ein Archivar mit Bleistift geschrieben: »Sträflingstagebuch – nicht von Interesse«. Die Reaktion auf das Aufkommen von Frauen-, Schwarzen-, Schwulen- und anderen Minderheitenstudien sowie ihr Eindringen in die bis dahin festgefahrenen Kategorien der amerikanischen Geschichtswissenschaften war jedesmal die gleiche. Zuerst leugnete man, daß diese Gruppen eine eigene Geschichte überhaupt brauchten, danach wurden reihenweise gewagte Arbeiten veröffentlicht, die bewiesen, daß sie tatsächlich eine brauchten, und zuletzt wurden diese Sondergeschichten so lange absorbiert, bis sie irgendwann im Mainstream-Curriculum aufgegangen waren. Diese Entwicklung wurde auf ganzer Strecke von verschiedenen Schwarzsehern begleitet, die davor warnten, es mit diesem Trend zu übertreiben.

Ebenso ist es auch im Geschichtsunterricht an den Schulen zu großen Veränderungen gekommen. Kein seriöser Pädagoge würde bezweifeln, daß diese Umwälzungen nötig waren und es noch sind, und man ist heute noch entsetzt, wenn man liest, was den Schülern früher als Geschichte vorgesetzt wurde. Hier eine Passage aus einem Schulbuch für die fünfte Klasse, in der es um die Sklaverei geht:

> Hinter dem großen Haus stehen die kleinen Hütten. In den Hütten leben die Familien der Negersklaven ... Die kleinen schwarzen Jungen und Mäd-

chen freuen sich, wenn die weißen Kinder zum Spielen zu ihnen kommen ... Irgendwann fanden viele Leute, daß es falsch sei, Sklaven zu besitzen. Manche Leute, die Sklaven besaßen, ärgerten sich darüber. Sie sagten, den schwarzen Menschen gehe es in Amerika viel besser als in Afrika, wo sie doch nur primitive Wilde geblieben wären. Vielleicht hatten sie recht damit. Die meisten Sklaven schienen jedenfalls glücklich und zufrieden zu sein.

Diese widerwärtige Idylle entstammt einem Schulbuch mit dem Titel *My Country*, das vom Staat Kalifornien herausgegeben wurde und während der fünfziger Jahre an kalifornischen Schulen in Gebrauch war. Es ist undenkbar, daß ein solcher Unfug heutzutage in einem amerikanischen Schulbuch stehen könnte. In den letzten zehn Jahren sind ungeheuere Fortschritte gemacht worden, was die Art und Weise der Behandlung von Minderheiten, seien es nun Asiaten, Ureinwohner, Schwarze oder Hispanics, in den Schulbüchern angeht.
Aber manchen Extremisten, die die Ansicht vertreten, daß zum Beispiel nur Schwarze die Geschichte der Sklaverei schreiben können und nur amerikanische Ureinwohner die Geschichte des präeuropäischen Amerika, reichen diese hart erkämpften Erfolge noch lange nicht. Sie wollen keinen informierten Multikulturalismus, sondern einen aberwitzig polemischen Scheuklappen-Separatismus. Dieser Separatismus ist das, was die Konservativen angreifen, wenn sie »Multikulturalismus« sagen. Diese separatistische Geschichte – die, wie es der New York State Board of Regents so keusch ausdrückt, auf »nicht-kanonischem Wissen und nicht-kanonischen Techniken« sowie auf »nichtdominanten Wissensquellen« aufbaut, womit im Grun-

de nichts anderes als Legenden, Hörensagen und Phantastereien gemeint sind – soll, wenn es nach dem Willen ihrer Befürworter geht, nicht nur an den Universitäten unterrichtet werden, wo man wenigstens noch effektiv darüber diskutieren kann, sondern auch in die Lehrpläne der weiterführenden Schulen aufgenommen werden, wo eine solche Debatte nicht möglich ist.

Dies ist das Ziel jenes bizarren Schriftstücks mit dem Namen *Portland African-American Baseline Essays*, das zwar nie als Buch erschienen ist, aber in fotokopierter Form die Lehrpläne von Schulen im ganzen Land verändert.[8] Diese von einer Gruppe mittelmäßiger schwarzer Wissenschaftler und akademischer Möchtegerns verfaßten Essays zur Geschichte, Gesellschaftskunde, Mathematik, Linguistik, Kunst und Naturwissenschaft sollen eine Charta der afrozentristischen Geschichte für junge, schwarze Amerikaner sein. In der Mainstream-Presse haben sie kaum Beachtung gefunden. Aber bei Bürokraten wie Thomas Sobal, dem *Education Commissioner* im Staate New York, sind sie sehr beliebt – bei Menschen also, die Angst haben, schwarze Wähler gegen sich aufzubringen, oder die sich gegen Pseudowissenschaftler vom Schlage eines Leonard Jeffries nicht wehren können. Die Implikationen der Essays für das amerikanische Bildungssystem sind vielfältig und überwiegend schlecht. Deshalb müssen wir wissen, was sie aussagen.

VI

Der afrozentristische Ansatz läßt sich relativ leicht zusammenfassen. Er besagt, daß die Geschichte der kulturellen Beziehungen zwischen Afrika und Europa

Blösinn ist – eine Krücke für die Fiktion weißer, europäischer Überlegenheit. Paläohistoriker sind sich im allgemeinen darin einig, daß das intelligente menschliche Leben seinen Ursprung im afrikanischen Rift Valley hat. Dem Afrozentristen geht das nicht weit genug; für ihn ist der Afrikaner unser aller *kultureller* Vater. Die europäische Kultur stammt aus Ägypten, und Ägypten gehört zu Afrika, mit dem Herzen des Kontinents verbunden durch die Lebensader Nil. Die ägyptische Zivilisation beginnt südlich der Sahara, in Äthiopien und im Sudan.

Und deshalb, so argumentierte der Gründervater der afrozentristischen Geschichte, der verstorbene senegalesische Schriftsteller Cheikh Anta Diop, ist alles, was ägyptisch ist, afrikanisch, Teil der verlorengegangenen schwarzen Errungenschaften. Imhotep, der geniale Baumeister, der im dritten Jahrtausend vor Christus die Pyramide als Monumentalform erfand, war schwarz, genau wie zwanzig Dynastien später Euklid und Kleopatra in Alexandria.[9] Die Schwarzen in Ägypten haben die Hieroglyphenschrift erfunden, die monumentalen Steinskulpturen, den Säulentempel und den Kult um den pharaonischen Sonnenkönig. Der Afrozentrist versteht dies nicht als kulturelle Metapher für eine ethnisch gemischte Gesellschaft, mit der er auf das breite Hautfarbenspektrum aufmerksam machen will, das es, wie wir heute wissen, im alten Ägypten natürlich gegeben hat. Er meint damit, daß die Ägypter schwarz waren, mit dunkler Haut, langen Gliedmaßen und krausen Haaren, eine Behauptung, die sich auf eine einzige, mehrdeutige Aussage des griechischen Geschichtsschreibers Herodot stützt, der im fünften Jahrhundert vor Christus eine Reise nach Ägypten gemacht hat, und auf viel mehr nicht. Folglich ist natürlich die Angewohnheit europäischer und amerikanischer Historiker, die alten Ägypter als nicht-schwarz zu behandeln, eine rassistische Intrige, um die Errungenschaften Schwarzafrikas zu vertuschen.

Nun ist es, wie Martin Bernal in seinem umstrittenen Buch *Schwarze Athene* ausführlich dokumentiert, eine Tatsache, daß sowohl populäre als auch wissenschaftliche Schriftsteller im neunzehnten und zwanzigsten Jahrhundert versucht haben, die Ägypter als »weißer« hinzustellen, als sie tatsächlich gewesen sein können. James Breasted, der Nestor der Archäologie an der University of Chicago, hat zum Beispiel in den dreißiger Jahren verbreitet, die Ägypter seien »dunkelhäutige Angehörige der großen weißen Rasse«, und Hollywood war genau der gleichen Meinung. Kleopatra war vielleicht nicht so schwarz wie Bessie Smith, wie es die Afrozentristen behaupten, aber wie die derzeitige Mrs. Larry Fortensky hat sie bestimmt auch nicht ausgesehen.

Es ist ebenso wahr, daß die Gelehrten des neunzehnten und des frühen zwanzigsten Jahrhunderts unrecht hatten, als sie versuchten, Ägypten losgelöst von Afrika zu betrachten, und daß diese Versuche durch Bigotterie motiviert waren. Geographisch gesehen, gehört Ägypten nun einmal zu Afrika, und es gibt heutzutage kaum noch einen Historiker, der, um die weiße Haut zu retten, die Hypothese vertreten würde, eine außerhalb Afrikas ansässige, »dynastische Rasse« wäre an den Nil gezogen, um das pharaonische Ägypten zu erbauen. Wie Basil Davidson ausgeführt hat, wurde der ägyptische Rassen-Mix bestimmt durch Einwanderer aus dem Nahen Osten angereichert, aber

> daraus den Schluß ziehen zu wollen, daß die Bewohner des alten Ägypten, nur weil sie keine »Neger« waren, auch keine Afrikaner waren, ist genau-

> so sinnlos, wie wenn man das gleiche von Berbern und Äthiopiern behaupten wollte, bei denen bis jetzt noch niemand den Versuch gemacht hat, sie von der Liste der afrikanischen Völker zu streichen. Mit den alten rassischen Kategorien »weiß« und »schwarz« kommt man in diesem und wahrscheinlich auch in jedem anderen Zusammenhang nicht weiter ... Ganz gleich, wie ihre Pigmentierung oder ihr physisches Äußeres beschaffen war, die Ägypter der Pharaonenzeit können bedenkenlos in die afrikanische Geschichte eingeordnet werden.[10]

Den Streit über die ethnische Zugehörigkeit der Ägypter – als ob es am Nil vier Jahrtausende lang nur eine einzige ethnische Konstante gegeben hätte – kann man sich sparen, da kein alter Ägypter dem Wort »Afrika« die gleiche ethnische, politische oder geographische Bedeutung zugemessen hätte, die wir ihm heute geben. Die ägyptische Gesellschaft scheint jedenfalls mindestens genausoviel aus Mesopotamien und von asiatischen Völkern östlich des Nils übernommen zu haben wie von den afrikanischen Völkern westlich und südlich davon. Die Frage, ob die alten Ägypter schwarz waren, ist sowohl für die ägyptische als auch für die afrikanische Geschichte ohne Belang – sie spielt nur eine Rolle für amerikanische Afrozentristen.

In der ägyptischen Kunst gibt es Figuren von Schwarzen, die aber für gewöhnlich als Menschen aus dem Süden identifiziert werden. Für alle anderen hatten die Ägypter – deren Wandmalereien eine Fülle von Informationen über die verschiedenen Farben der altägyptischen Gesellschaft liefern – rotbraune, weiße und ockergelbe Farbtöne reserviert; sich selbst sahen sie nicht als Schwarze, und sie haben sich auch nicht mit negroiden Zügen dargestellt. Wahrscheinlich hätten sie mit den modernen amerikanischen Ethno-Kategorien überhaupt nichts anfangen können. Sie hatten einen theokratischen Staat, aber seine ethnische Zusammensetzung ähnelte eher dem einer Benetton-Reklame.

Und was Herodots Ansichten über die schwarze Hautfarbe der Ägypter angeht, so darf man sie nicht ganz ernst nehmen. In Herodots Werk wimmelt es nur so von Merkwürdigkeiten und Fabeln hinsichtlich nationaler Merkmale, an denen leider nichts stimmt. Zum Beispiel erklärt er im dritten Buch seiner *Historien*, daß die Ägypter dickere Schädel haben als die Perser, und behauptet, dies anhand von Skeletten beweisen zu können, die er auf einem Schlachtfeld gefunden habe, auf dem ein persisches Heer ein ägyptisches geschlagen hatte: Die Schädel der Perser »sind so dünn, daß die leiseste Berührung mit einem Kieselstein sie durchbohrt, aber die der Ägypter ... sind so hart, daß es kaum möglich ist, sie zu zerbrechen«. Dies, so erklärte er, liege daran, daß die Perser Scheitelkäppchen trugen, während sich die Ägypter schon als Kinder die Köpfe rasierten, »so daß der Schädelknochen durch die Sonne gehärtet wird – dies ist auch der Grund dafür, warum sie kaum Glatzen bekommen und warum Kahlköpfigkeit bei den Ägyptern seltener auftritt als anderswo«.

Aber für die Afrozentristen ist Schwarz-Ägypten keine historische Vermutung, sondern ein Kredo, der Schlüssel zu einer Heilslehre. Cheikh Diop war der Ansicht, daß

> der Blick auf das alte Ägypten der beste Weg ist, uns unsere kulturelle Zukunft vorzustellen und zu erschaffen ... Ägypten ist die ferne Mutter der westli-

chen Kulturen und Gesellschaften, [und] die meisten Ideen, die wir fremdländisch nennen, sind oft nichts anderes als vermischte ... Abbilder der Schöpfungen unserer afrikanischen Vorfahren, wie zum Beispiel der Judaismus, das Christentum, der Islam, die Dialektik ... die Arithmetik, die Geometrie, das Ingenieurswesen, die Astronomie, der Roman, die Lyrik, das Drama, die Architektur und die Geisteswissenschaften.[11]

Es wird nicht ganz klar, was Diop genau damit meint, wenn er die Ansicht vertritt, das alte Ägypten solle das Modell für das Afrika der Zukunft abgeben. Schließlich war es ein Sklavenhalterstaat, der von absolutistischen Pharaonen und ihren Priestern regiert wurde. Seine Bemerkung über afro-ägyptische »Dialektik« ist mir schleierhaft. Liefen die ideologischen Vorfahren von Hegel und Marx etwa zwischen den Kolonnaden von Theben herum? Prangerten sie wütend den Papyrus-Kanon an? Beklagten sie den Mangel an schwulen und weiblichen Sphinxbildhauern? Leider schweigen sich die Hieroglyphen über diesen Punkt aus.
Diop wollte uns glauben machen, daß man nichts Neues nach Afrika importieren kann, daß Afrika nichts fremd ist, weil alles längst schon dagewesen ist. Auch wenn sich noch so viele schwarze Amerikaner für seine Ideen begeistern können, war Diop im Grunde ein Spinner. Seine naive Diffusionstheorie, nach der Ideen und kulturelle Formen von einem bestimmten Punkt A ausgehen und dann auf andere Kulturen ausstrahlen, nach der alle Fäden zu einem einzigen Ursprung zurücklaufen, zu einer einzigen Mitte oder einem einzigen Marionettenspieler, findet heutzutage bei Historikern kaum noch Anklang, weil sie die Tatsache ignoriert, daß sich ähnliche Ideen und Formen

spontan in sehr unterschiedlichen Gesellschaften entwickeln. Wie John Baines, Professor für Ägyptologie in Oxford, in seiner Kritik der Bücher von Diop und Bernal in der *New York Times* schrieb: »Nicht jeder, der die Verdienste der Diffusionstheorie bezweifelt, ist ein Eurozentrist. Vielmehr war der Diffusionismus selbst das Produkt einer rassistischen und kolonialistischen Ära und stand im Dienst einer Dominanzideologie … Um dem falschen Eindruck entgegenzuwirken, die Afrikaner seien nicht autonom und schöpferisch gewesen, implizieren [die Autoren], daß keine Kultur außer der afrikanischen autonom und schöpferisch gewesen sein kann.«

Aber Diops Tendenz ist klar. Afrika kann sich nach Herzenslust bei der euro-amerikanischen Kultur und Technologie bedienen, ohne seine afrikanische Wesensart aufs Spiel zu setzen, weil es nichts gibt, was es nicht früher schon in Afrika gegeben hätte. Es ist dasselbe, als würde man sein gestohlenes Hab und Gut wieder zurückholen. Man könnte dies die Cargo-Kult-Theorie der Geschichte nennen, verwandt mit dem Mythos vom Goldenen Zeitalter, als alle Dinge im Überfluß vorhanden waren. Die Cargo-Kult-Religion hat sehr viel mit neuguineischem Nationalismus zu tun. Ihre Anhänger behaupten, daß früher alle »Kargos« der Welt (d. h. sämtliche materiellen Güter) den Neuguineern gehörten. Dann kam der Sündenfall, die weißen Kolonisatoren erschienen und nahmen sie ihnen weg. Aber bald wird ein Erlöser auf den Plan treten und den Neuguineern als den rechtmäßigen Besitzern die Kargos wieder zurückgeben, angefangen bei Dosenfisch bis hin zu Außenbordmotoren von Yamaha. Dadurch werden die Leiden durch den Kolonialismus ausgeglichen. Christen haben einen ähnlichen Mythos – den vom Paradies vor dem Sündenfall und dem kommenden Millenium. Manche Mythen haben einen gesellschaftlichen Zweck. Sie trösten die Verfolgten und an den Rand Gedrängten – frühe Christen, kolonialisierte Neuguineer, Schwarze in Amerika und Afrika, die wissen, daß ihre Vergangenheit in den Geschichtsbüchern keinen Platz hat.

Und so war es ja auch tatsächlich. In diesem Punkt haben die Afrozentristen recht, obwohl dieses Thema natürlich längst auch von allen seriösen Forschern, die sich mit schwarzer Geschichte befassen, behandelt worden ist. Die Beschäftigung der traditionellen Historiker des neunzehnten und frühen zwanzigsten Jahrhunderts mit afrikanischen Kulturen war durch einen abstoßenden Rassismus gekennzeichnet. Zum größten Teil wollten sie nicht wahrhaben, daß die afrikanischen Gesellschaften eine Geschichte hatten, die es wert war, erzählt oder auch nur entdeckt zu werden. Dafür könnte man unendlich viele Zitate beibringen, aber eines soll für alle stehen – Arnold Toynbee in *A Study of History*: »Wenn wir die Menschheit nach der Hautfarbe klassifizieren, ist die einzige der Primärrassen ... die nie einen kreativen Beitrag zu einer unserer einundzwanzig Zivilisationen geleistet hat, die schwarze Rasse.«

Kein Schwarzer – und auch kein moderner Historiker, ganz gleich welcher Hautfarbe – könnte solche Pauschalverurteilungen ohne Ungläubigkeit und Empörung lesen. Doch es stellt sich die Frage: Wie läßt sich dieses schiefe Bild wieder geraderücken? Nur durch mehr Wissen. Toynbee hat den oben zitierten Satz vor mehr als fünfzig Jahren geschrieben, doch in den letzten Jahren hat die Geschichtswissenschaft in der Afrikanistik und Afro-Amerikanistik immense Fortschritte gemacht. Aber die längst fällige Intensivierung der Forschung und der Black-Studies-Boom an den

amerikanischen Universitäten scheinen dazu verdammt, von Bewegungen wie dem Afrozentrismus diskreditiert zu werden. Genau wie sich in den Randgebieten der meso-amerikanischen Archäologie immer irgendwelche Verrückten tummeln, die etwas über Fliegende Untertassen daherplappern.
Die zweite Behauptung des Afrozentrismus ist also, daß die europäische Kultur ihre gesamte Existenz Afrika verdankt. Afrika hat Europa friedlich und freundlich kolonisiert, indem es ihm Wissen vermittelte.
Ausschlaggebend dafür war der Einfluß Ägyptens auf Griechenland, aber im Laufe dieses Prozesses gingen die Pioniertaten Afrikas verloren oder wurden kaschiert. Wenn man sich durch die afrozentristische Literatur kämpft, betritt man eine Welt der Behauptungen über technologische Innovationen, die so absurd sind, daß sie die Grenzen der Satire sprengen – man vergleiche die angeblich bahnbrechenden Erfolge in den Naturwissenschaften, derer sich russische Forscher zu Zeiten Stalins rühmten. Die Ägypter alias Afrikaner erfanden die Batterie, indem sie Zitteraale im Nil beobachteten. Der afrozentristische »Wissenschaftler« Ivan van Sertima behauptet, daß die schwarzen Ägypter gegen Ende des ersten Jahrtausends vor Christus in Segelflugzeugen durch die Gegend schwebten; diese Neuigkeit stützt sich nicht etwa auf den Fund eines Flugzeugs in einer ägyptischen Grabkammer, sondern auf eine Holzskulptur des Gottes Horus, eines Falken, die ein durchreisender englischer Geschäftsmann vor ein paar Jahrzehnten mit einem Modellflugzeug verwechselt hat. Sertima lehrt außerdem, daß die Tansanier vor fünfzehnhundert Jahren mit Hilfe der Halbleitertechnologie Stahl schmelzen konnten. Wie der afrozentristische Historiker John Henrik Clarke glaubt auch er, daß Südameri-

ka durch afrikanische Expeditionen besiedelt wurde; Berichte darüber seien, wie könnte es auch anders sein, verlorengegangen. Der Beweis dafür sind die dicken Lippen der Olmekenskulpturen. Die Afrozentristen sind außerdem der Meinung, das Gesicht der Großen Sphinx von Gizeh sei das eines Schwarzen gewesen. Napoleons Soldaten hätten nur deshalb den Befehl bekommen, es mit Kanonen zu zerschießen, um eben diese Tatsache zu vertuschen. Dafür gibt es keinerlei Beweise, aber natürlich auch keine Gegenbeweise – doch das haben nun einmal alle Dinge, die nie passiert sind, gemeinsam. Dieser Unsinn ist es, den die Mitglieder des New York State Board of Regents meinen, wenn sie von »nicht-dominanten Wissensquellen« sprechen.

Warum schlucken die Amerikaner eigentlich so leichtgläubig alles, was ihnen Leute mit einem akademischen Grad erzählen? John Henrik Clarke hat einen Doktortitel und wird von vielen Schwarzen, um es mit Henry Louis Gates jrs. Worten zu sagen, als »der große Paterfamilias der afrozentristischen Bewegung« angesehen. Außerdem hat er einen antisemitischen Tick und neigt dazu, das, was er die »jüdische Bildungsmafia« nennt, anzuprangern. Er hat die Einleitung zu einem rassistischen, pseudowissenschaftlichen Machwerk mit dem Titel *The Iceman Inheritance: Prehistoric Sources of Western Man's Racism, Sexism and Aggression* verfaßt, dessen Autor, Michael Bradley, behauptet, die Juden seien die übelsten Menschen auf der Welt, weil sie einst die »›reinsten‹ und ältesten Neandertal-Kaukasiden« gewesen wären. Es ist kaum zu fassen, daß die amerikanischen Juden, die während der sechziger Jahre im Kampf um die Bürgerrechte der Afro-Amerikaner in vorderster Front standen, nun Zielscheiben antisemitischer Attacken einer neuen Generation von

Schwarzen sein sollen, die sich von Lehrern wie Leonard Jeffries haben weismachen lassen, bei solchen Haßtexten wie der unverwüstlichen zaristischen Fälschung *Protokolle der Weisen von Zion* handle es sich um historisch gesicherte Dokumente. Infolge des Aufschwungs der afrozentristischen Pseudowissenschaft sind die Schwarzen heute jedoch die einzigen Amerikaner, unter denen der Antisemitismus, der anderswo langsam abebbt, tatsächlich noch zunimmt.[12]

Diese neuen rassistischen Ergüsse werden mit Argumenten wie diesem garniert: Nur der, der die Macht hat, könne auch Rassist sein, und schwarzer Rassismus sei daher gar kein Rassismus. Und als Krönung ködert man die jungen Schwarzen noch mit einer betrügerischen *Back-to-Africa*-Nostalgie. Alle amerikanischen Einwanderergruppen beziehen ihre kulturelle Identität und ein gewisses Maß an spiritueller Kraft aus dem Wissen um ihre ursprünglichen Wurzeln – ob nun Sizilien oder die Ionischen Inseln, Irland, Kuba oder Afrika. In ihrer Sehnsucht nach dem Schoß der alten Heimat verklären sie ihr Herkunftsland und pressen es in ein Klischee. Dies ist, wie jeder Außenstehende bestätigen kann, der einmal an einem der berühmt-berüchtigten Irentreffen in Boston teilgenommen hat, ein machtvoller Stammesinstinkt. Aber man sollte erkennen, daß dieses »Afrika«, die imaginierte Einheit, von der die Afrozentristen so gerne sprechen, zum Großteil auch bloß ein solches Konstrukt ist – ein verlorenes, mütterliches Paradies.

Die amerikanischen Schwarzen gehören nicht weniger als die Weißen der amerikanischen Kultur an, die sie geprägt hat, zu der sie ungeheure Beiträge geleistet haben und in die ihre eigenen Vorstellungen und Handlungen so unauflöslich verwoben sind. Das einzige, was sie mit afrikanischen Schwarzen verbindet, sind

ihre Gene und im Falle der Länder, die früher britische Kolonien waren, die englische Sprache. Sich einzubilden, daß die kulturellen Erfahrungen eines amerikanischen Schwarzen denen eines Staatsangehörigen Simbabwes, Ugandas oder Südafrikas ähneln, einmal abgesehen davon, daß beide den korrodierenden und erniedrigenden Einflüssen des weißen Rassismus ausgesetzt sind, ist reines Wunschdenken.
In der Vergangenheit hat es, genau genommen, so etwas wie eine panafrikanische Kultur nie gegeben. Es gab viele Stämme, viele Sprachen, viele Kulturen, viele gegensätzliche Religionen und Kulte, viele Könige und natürlich viele Kriege. Die Schrecken des postkolonialen Afrika sind zum größten Teil darauf zurückzuführen, daß die neuen schwarzen Herrscher moderne Unterdrückungsmechanismen auf alte Feindschaften aufpfropfen konnten. Da die Grenzen der afrikanischen Nationalstaaten nur selten mit Stammesgrenzen übereinstimmen, kommt es innerhalb eines Staates immer wieder zu Stammesfehden. Schon vor fünfzehn Jahren zeichnete sich unübersehbar ab, daß nach der Unabhängigkeit als erstes die positiveren Hinterlassenschaften des britischen Kolonialismus, wie unabhängige Gerichte und ein relativ unbestechliches Staatsbeamtentum, abgeschafft wurden und daß die ehemaligen Kolonien zu nationalistischen Miltärdiktaturen verkamen. Wer möchte nach Idi Amin und seinen Nachfolgern ernsthaft behaupten, daß es den Ugandern wirtschaftlich oder rechtlich gesehen zu Beginn des Jahrhunderts unter Lord Lugard schlechter gegangen wäre als heute? Zaire, früher Belgisch-Kongo, ist ein bankrottes Dystopia, dessen Tyrann, Präsident Mobutu, ungefähr sechs Milliarden Dollar in der Schweiz liegen hat – die Staatsschuld seines Landes. Seit Jahrhunderten verhungern Menschen in

Äthiopien, aber erst nachdem der Diktator Mengistu die Macht übernommen hatte, wurde der Massenmord durch Hunger Mittel zum politischen Zweck. Sicher haben die französischen Kolonialsatrapen in Guinea ein übles Regiment geführt, aber es war kaum schlimmer als die Korruptheit und Grausamkeit eines Seiko Toure, des schwarzen Caligula, der nach dem Abzug der Franzosen an die Macht kam und das Land von Mitte der sechziger bis Anfang der siebziger Jahre regiert hat. Überdies ließe sich sogar behaupten, daß es gerade mit den afrikanischen Staaten, die keine bedeutende koloniale Vorgeschichte haben – Liberia, das im neunzehnten Jahrhundert von zurückgekehrten amerikanischen Sklaven gegründet wurde –, den schlechtesten Verlauf genommen hat. Die Vorstellung, daß, in einem anderen als nur vagen, metaphorischen Sinn, auf die Afro-Amerikaner in einem nicht näher bezeichneten »Afrika« ein Platz wartet, ist bloße Kulturdemagogie. Weder die Schwarzen noch die Weißen können »wieder nach Hause gehen«, höchstens als Touristen; ihre gemeinsame Heimat mit all ihren Idealen, Möglichkeiten, Konflikten und Übeln ist Amerika. Sie haben keine andere.

VII

Nirgendwo treten die Schwachpunkte und das propagandistische Wesen des Afrozentrismus deutlicher zutage als in seiner Einstellung zur Geschichte der Sklaverei.

Die Sklaverei ist eine der ältesten und häßlichsten Erfindungen der Menschheit. Amerika hat noch heute unter ihren Spätfolgen zu leiden, was sich bei seinen schwarzen Bürgern in Form von sozialer Benachteiligung und bei seinen weißen Bürgern als Rassismus zeigt. In der Vergangenheit sind in der amerikanischen Geschichtswissenschaft alle erdenklichen Versuche unternommen worden, diesen Sündenfall der amerikanischen Republik zu rationalisieren und zu rechtfertigen. Wie unter anderem Arthur Schlesinger jr. zeigt, ist die amerikanische Geschichte jahrelang ausschließlich von Weißen für Weiße betrieben worden, die sich die Bilderwelt des afro-amerikanischen Lebens einverleibten und als verzerrte Klischees wieder von sich gaben, beruhigend für das weiße Gewissen, erniedrigend für das schwarze Selbstbewußtsein. Bis in die sechziger Jahre hinein konnte man sich bei keiner von Weißen geschriebenen, ausführlichen Darstellung der amerikanischen Geschichte darauf verlassen, daß sie ein faires und informatives Bild von der Sklaverei und deren Folgen in ihrer Bedeutung für die schwarzen Amerikaner lieferte – gleiches gilt in bezug auf die Eroberung des Westens in ihrer Konsequenz für die Indianer. Moderne Historiker, ob schwarz oder weiß, haben sich angestrengt, dieses schiefe Bild geradezurücken. Aber es gibt kein Übel, das so groß wäre, als daß man es nicht noch überzeichnen könnte, und genau diesem Ziel haben sich seit kurzem die Afrozentristen verschrieben, die sich so etwas wie eine therapeutische Geschichte zusammenbasteln wollen, um den Europäern die alleinige Schuld an der Erfindung und Ausübung der Sklaverei geben zu können. Dies ist zwar zutiefst unhistorisch, aber mit Hilfe des neuen Curriculums setzt es sich allmählich im Bewußtsein der Öffentlichkeit fest.

Im Verlauf der Menschheitsgeschichte hat es drei größere Sklavenaufstände gegeben. Der erste im Jahre 73 vor Christus richtete sich, angeführt von dem thrakischen Gladiator Spartakus, gegen die Römer. Zum dritten Aufstand kam es in den neunziger Jahren des achtzehnten Jahrhunderts, als der große schwarze Revolutionär Toussaint L'Ouverture und seine Sklavenarmee den Franzosen die Herrschaft über Santo Domingo entrissen, nur um 1802 von Napoleon geschlagen zu werden. Aber die zweite Rebellion trug sich, zeitlich gesehen, zwischen den beiden zuerst genannten zu, nämlich in der Mitte des neunten Jahrhunderts nach Christus, und sie ist weniger gut dokumentiert als die beiden anderen. Wir wissen, daß die Aufständischen schwarz waren, daß die muslimischen Kalifen der irakischen Abbasidendynastie sie zu Tausenden aus Ostafrika verschleppt und zur Arbeit in den Salzmarschen des Tigrisdeltas gezwungen hatten. Diese Rebellen setzten sich fast zehn Jahre lang gegen die Araber zur Wehr. Wie Jahrhunderte später die geflüchteten Marons in Brasilien, verschanzten sie sich in befestigten Lagern. Sie schienen unbesiegbar zu sein und wurden auch tatsächlich erst 883 von den Muslimen niedergeworfen. Man nannte sie Zanji, und ihnen verdankt die Insel Sansibar in Ostafrika ihren Namen – die, und das ist kein Zufall, einmal der arabische Hauptumschlagplatz für Sklaven werden und es bis in das letzte Viertel des neunzehnten Jahrhunderts hinein auch bleiben sollte.

Der Aufstand der Zanji vor elfhundert Jahren sollte uns daran erinnern, wie verlogen die heutzutage modisch gewordenen Versuche sind, uns davon zu überzeugen, daß die Versklavung der afrikanischen Schwarzen eine Erfindung der europäischen Weißen war. Es ist wahr, daß die Sklaverei ein fundamentaler Bestandteil der antiken Welt war. Das perikleische Athen war genauso ein Sklavenhalterstaat wie das augusteische Rom. Die meisten ihrer Sklaven waren weiße Slawen, und »Im Altertum hatte Leibeigenschaft nichts mit

Gesichtszügen oder Hautfarbe zu tun«.[13] Das Wort »Sklave« bezeichnete einen Menschen slawischer Abstammung. Bis zum dreizehnten Jahrhundert wurde es auch auf andere weiße Völker übertragen, die von zentralasiatischen Heeren unterworfen worden waren: Russen, Georgier, Kirkessen, Albanier, Armenier, die von Venedig bis Sizilien und Barcelona genau wie auch in der gesamten moslemischen Welt eifrige Abnehmer fanden.

Aber der *afrikanische* Sklavenhandel, der Handel mit schwarzen Sklaven, war eine moslemische Erfindung, von arabischen Händlern und ihren willigen schwarzafrikanischen Helfershelfern mit erbarmungsloser Brutalität durchgesetzt, und zwar schon Jahrhunderte, bevor der weiße Mann den afrikanischen Kontinent betrat, und noch lange, nachdem die Sklaverei in Nordamerika endgültig abgeschafft worden war, mit gleicher Härte weiter betrieben.

Historisch gesehen, nahm dieser Handel zwischen dem Mittelmeerraum und Schwarzafrika genau in der Zivilisation seinen Anfang, die uns die Afrozentristen so gern als schwarz verkaufen wollen – im alten Ägypten. Schon lange vorher hatte es die Sklaverei in Afrika gegeben, aber im ersten Jahrtausend vor Christus konnte sich der Pharao Ramses II. rühmen, mehr als 100 000 Sklaven für den Tempelbau aufgebracht zu haben, und es ist in der Tat unvorstellbar, daß die Monumentalkultur Ägyptens ohne eine Sklavenwirtschaft überhaupt hätte errichtet werden können. Während der folgenden zweitausend Jahre sollte die gesamte Wirtschaft des Subsahararaumes auf den Fang, die Arbeitskraft und den Verkauf von Sklaven ausgerichtet sein. Skulpturen mittelalterlichen Lebens zeigen gefesselte und geknebelte Sklaven, die geopfert werden sollen, und die ersten portugiesischen Afrikafahrer stießen um 1480 auf einen blühenden Sklavenhandel zwischen dem Kongo und Benin. Im dreizehnten und vierzehnten Jahrhundert gab es im Malireich große Sklavenplantagen. Jede Mißhandlung und jede Grausamkeit, die den Sklaven vor dem Sezessionskrieg in den amerikanischen Südstaaten zugefügt wurden, einschließlich der Aufzucht von Kindern zu Verkaufszwecken, wurde auch von den schwarzen Herrschern jener Orte wie Timbuktu und Songhai praktiziert, die uns die Afrozentristen heute als keimfreie Beispiele für Hochkulturen hinstellen wollen.

Dies ist natürlich ein Problem für die Afrozentristen, vor allem im Kontext der *Black-Muslim*-Ideen, für die viele von ihnen eintreten. In den Schriften des Propheten steht nichts, was die Sklaverei verbietet, und deshalb wurde sie auch zu einem so stark von Arabern dominierten Wirtschaftszweig. Man braucht eine große Lüge, um diese unangenehme Wahrheit zu neutralisieren. Der große Renner unter amerikanischen Schwarzen ist zur Zeit folglich eine offizielle Publikation der Gruppe, die sich *Nation of Islam* nennt (und deren Vorsitzender der erzbigotte Louis Farrakhan ist), mit dem Titel *The Secret Relationship Between Blacks and Jews*, eine pseudohistorische Sammlung von Texten, die angeblich enthüllen, welche »beherrschende« Rolle die Juden bei der Durchführung »der Sklaverei und des schwarzen Holocaust« gespielt haben. Die darin aufgeführten Behauptungen – zum Beispiel die Fiktion, daß jüdische Kaufleute den Sklavenhandel nach Amerika und in die Karibik »häufig dominierten« – sind mittlerweile durch den Historiker Harold Brackman Punkt für Punkt gründlich widerlegt worden. Brackman bedient sich dabei oft derselben Quellen, die in Farrakhans Version der Geschichte falsch gebraucht und falsch zitiert werden. Doch seine Ge-

gendarstellung hatte nicht die gleiche Wirkung auf die schwarze Gemeinde wie *The Secret Relationship*, da es in der Natur paranoider Texte liegt, ihre Leser gegen Angriffe von außen zu immunisieren, so daß jede Reaktion darauf nur als weiterer Beweis für eine riesige, weltweite Verschwörung gewertet wird.[14]

In den *Baseline Essays* und anderswo wird rundweg abgestritten, daß es in Ägypten überhaupt Sklaven gab, was für Moses sicher neu gewesen wäre. Dafür wird um so mehr gemunkelt, daß die afrikanische Sklaverei, die es wohl, nun ja, in irgendeiner Form tatsächlich gegeben hat, soviel menschenfreundlicher war als ihr amerikanisches Gegenstück. Aber daraus lassen sich noch lange keine Verallgemeinerungen ableiten. Manchmal wurden die afrikanischen Sklaven der Afrikaner in der Tat fast wie Familien- oder Stammesmitglieder behandelt, wenn auch mit sehr eingeschränkten Rechten, aber manchmal standen sie im Rang noch unter dem Vieh, sie wurden geschlagen, vergewaltigt und man ließ sie hungern – auch dies ein archetypisches Muster, das die weißen Sklavenhalter der alten Südstaaten später nachahmen sollten. Wie Roland Oliver, der brillante Afrikanist und Gesamtherausgeber der achtbändigen *Cambridge History of Africa* bewiesen hat: Alles, was wir über den sich ausbreitenden Sklavenhandel zwischem dem sechzehnten und neunzehnten Jahrhundert wissen, läuft darauf hinaus, daß es ihn ohne die bereitwillige Kooperation von afrikanischen Stammesstaaten nicht hätte geben können, daß er auf dem Nachschub an Gefangenen aufgebaut war, die in erbarmungslosen Kriegen untereinander gemacht wurden.[15]

Das Bild, das von pop-historischen Fiktionen wie *Roots* verbreitet wird – weiße Sklavenhändler, die mit Entermessern und Musketen bewaffnet in das geordnete

Leben friedlicher afrikanischer Dörfer eindringen –, hat mit der historischen Wahrheit nicht viel zu tun. Der Markt bestand schon seit Jahrhunderten, und der Nachschub wurde von Afrikanern sichergestellt.
Dieser Handel kam auch mit der Abschaffung der Sklaverei nicht zum Erliegen.
1865, in dem Jahr, in dem der amerikanische Bürgerkrieg mit der Kapitulation der Südstaaten endete, war Livingstone in Sansibar. Seinen Schätzungen zufolge wurden in diesem Jahr zwischen 80 000 und 100 000 afrikanische Sklaven von arabischen und afrikanischen Sklavenhändlern in Ketten aus dem Landesinneren an die Küste verschleppt, auf Daus geladen und nach Persien und in die arabischen Golfstaaten verschifft.
Anders als Engländer und Amerikaner sahen im neunzehnten Jahrhundert weder die arabischen noch die afrikanischen Könige auch nur den geringsten humanitären Grund, gegen die Sklaverei einzuschreiten. Sklavenmärkte, die die arabischen Emirate belieferten, gab es in Dschibuti noch in den fünfziger Jahren des zwanzigsten Jahrhunderts, und seit 1960 gedeiht der Sklavenhandel in Mauretanien und im Sudan. Noch heute wird von Leibeigenschaft in Nordnigeria, Ruanda und Niger berichtet. Jean-Bedel Bokassa, Kaiser der Zentralafrikanischen Republik, den ein auf Diamanten versessener Giscard d'Estaing 1977 bei seiner Krönung ostentativ als schwarzen Bruder umarmte, hielt sich Hunderte von Sklaven und veranstaltete gelegentlich zum eigenen Vergnügen ein kleines Massaker unter ihnen. Wenn, wie H. Rap Brown einmal bemerkte, die Gewalt so amerikanisch ist wie »apple pie«, dann scheint die Sklaverei so afrikanisch zu sein wie die Yamswurzel.
Und trotzdem geistert die Idee einer Universalschuld

Europas und Amerikas immer wieder durch die Diskussionen über die Sklaverei. Einige afrikanische und sogar ein paar schwarze amerikanische Meinungsführer, darunter auch – was einigermaßen überrascht – der Reverend Jesse Jackson, haben tatsächlich vorgeschlagen, daß Amerika und die entwickelten Industrienationen Europas, die vom Sklavenhandel profitierten, den afrikanischen Staaten nun als offizielle Entschädigung so etwas wie Blutgeld zahlen sollten, um den gesellschaftlichen und wirtschaftlichen Schaden, der dem afrikanischen Kontinent in der Vergangenheit durch den Sklavenhandel entstanden ist, wiedergutzumachen und ihnen so zu helfen, ihre Wirtschaft aufzubauen. Das moderne Afrika, so argumentieren sie, hat darauf genausoviel Anspruch wie Israel auf die immensen Unterstützungszahlungen durch Amerika und andere Staaten, die es als Sühne für die Massenvernichtung der europäischen Juden durch Hilter erhält. Merkwürdigerweise schlägt aber keiner von ihnen vor, daß die arabischen Emirate oder der Irak ebenfalls ihr Scherflein zu der Entschädigung beitragen sollen, obwohl ihr Anteil von Rechts wegen eigentlich sehr groß ausfallen müßte, größer als der Europas oder sogar Amerikas. Leicht aufzubringen wäre er durch die sprudelnden Ölquellen ohnehin. Wenn Washington für die Sünden von Simon Legree Bargeld lockermachen soll, wäre es nur fair, wenn Bagdad die der abassidischen Kalifen sühnen würde. Afrika, der Islam und Europa waren am Handel mit schwarzen Sklaven gleichermaßen beteiligt, sie haben ihn durchgeführt und vom Leid der Menschen profitiert. Aber zu guter Letzt hat sich nur Europa (Nordamerika in diesem Fall eingeschlossen) als fähig erwiesen, seine Abschaffung in die Wege zu leiten. Nur durch die ungeheure moralische und intellektuelle

Kraft der Aufklärung, mit der gegen die verabscheuungswürdige, durch die Sklaverei repräsentierte Unterdrückung gekämpft wurde, gelang es – nicht überall gleich und nur mit großen Anstrengungen verbunden –, dem Sklavenhandel ein Ende zu machen. Daß sich heutzutage sogenannte Historiker finden, die bereit sind, diese Tatsache zu vertuschen, erscheint mir bemerkenswert. Aber schließlich hat man in diesen Breiten weder mit Ockhams »Rasiermesser«-Prinzip noch mit der Idee, daß die Beweislast bei dem liegt, der eine Behauptung aufstellt, jemals viel ausrichten können.

Denn hier stoßen wir plötzlich auf die PC-Grundhaltung in bezug auf Unterdrückungsstudien. Alles, was ein weißer, europäischer, männlicher Historiker oder Zeuge zu sagen hat, muß angezweifelt werden, den Äußerungen einer benachteiligten Person oder Gruppe dagegen ist unverzüglich Glauben zu schenken, selbst wenn es sich um bloße Behauptungen handelt. Natürlich müssen die Opfer gehört werden, wenn man ein neues Licht auf die Geschichte werfen will. Aber ihre Aussagen müssen genau der gleichen kritischen Prüfung unterzogen werden wie die aller anderen auch, oder die Diskussion kommt zum Erliegen, und die Wahrheit leidet darunter. Die PC-Befürworter helfen sich über diese Hürde hinweg, indem sie behaupten, jede Aussage über die Geschichte sei ein Ausdruck von Macht. Die Geschichte werde nur von den Siegern geschrieben, die Wahrheit sei politisch und niemand könne sie kennen, außer dem Opfer, das sie am eigenen Leib gespürt habe.

Es ist diese Sophisterei, die es den Verfassern der *Portland African-American Baseline Essays* ermöglicht, nicht nur ihre Fiktionen über die ägyptische Wissenschaft in den Lehrplänen unterzubringen, sondern darüber hinaus auch noch die Wissenschaft als solche der Lächerlichkeit preiszugeben, indem sie sie mit Zauberei gleichsetzen. So lernen wir, daß alle Schwarz-Ägypter, wenn sie denn nicht gerade in Segelflugzeugen unterwegs waren, anhand von »astrophysikalischen Abhandlungen« die Zukunft vorhersagen konnten. Sie sahen Dinge, die nicht zu sehen oder noch gar nicht geschehen waren. Die Pyramiden haben sie sich mittels Telekinese hingestellt – man braucht sich nur stark genug zu konzentrieren, und schon kann man einen hundert Tonnen schweren Kalksteinblock durch die Luft schweben lassen. Wenigstens kommt man bei dieser Shirley-MacLaine-Archäologie um das unschöne Problem der ägyptischen Sklavenarbeit herum, denn wir wollen ja nun wirklich nicht zugeben müssen, daß sich diese schwarzen Ägypter selbst Sklaven hielten. Der Essay, dem wir all dieses Wissen und noch viel mehr entnehmen können, wurde von Hunter Havelin Adams III. verfaßt, der sich selbst als »wissenschaftlicher Forscher in den Argonne National Laboratories, Chicago« bezeichnet. Dies hört sich zwar ziemlich imposant an, aber leider ist Mr. Adams, Auskünften aus Argonne zufolge, ein Labortechniker, dessen Aufgabe darin besteht, Luftproben zu nehmen, wofür keine Qualifikationen, die über ein High-School-Diplom hinausgehen, benötigt werden. Noch eine therapeutische Übung, diesmal in Biographie.

VIII

Der Begriff »Selbstwertgefühl« ist zu einer der hinderlichsten Parolen im Bildungswesen verkommen. Warum brauchen schwarze Kinder eine afrozentristische

Erziehung? Weil sie, wie die Befürworter sagen, daraus ein Selbstwertgefühl entwickeln. Sie leben in einer Welt, in der die durch Medien und Institutionen vermittelten Bilder und Werte vorwiegend von Weißen gemacht werden. Es ist weiße Tradition, die Schwarzen zu verunglimpfen. Deshalb brauchen die Schwarzen Identifikationsfiguren, die ihnen sagen, daß sie anders und wichtig sind. Wollen Sie, daß Ihre Kinder sich mögen? Dann verändern Sie den Lehrplan. Füttern Sie sie mit dem rassistischen Geschwafel, daß Intelligenz durch den Melaningehalt der Haut bestimmt ist und daß die Afrikaner Sonnenmenschen sind, frei, offen und kooperativ, während die Europäer Eismenschen sind, die sich bleich in ihren Höhlen herumdrücken.

Das Selbstwertgerede wird in Ansichten verpackt, die, wenn sie von Weißen kämen, sofort die Rassismus-Alarmglocken zum Schrillen bringen würden. Schwarze Kinder, so liest man in den *Portland Baseline Essays*, werden durch ihr genetisches Erbe dazu gezwungen »Informationen anders zu verarbeiten« als weiße Kinder – eine Behauptung, die weiße Herrenmenschen ihrerseits schon in der Zeit vor dem amerikanischen Bürgerkrieg aufgestellt haben. Tatsache ist doch, um mit Albert Shanker, dem Vorsitzenden der *American Federation of Teachers*, zu sprechen, daß »arme Minderheitenkinder, die in ihren Leistungen immer noch weit hinter denen von weißen Kindern aus der Mittelschicht zurückbleiben, die beste Ausbildung verdient haben, die wir ihnen geben können. Und die bekommen sie nicht, wenn wir Geschichte durch Mythen und Naturwissenschaft durch Zauberei ersetzen.«

Aus diesem Allerlei wollen die Afrozentristen eine separate Geschichte entwickeln und sie Kindern aufzwingen, die noch zu jung sind, um sich dagegen wehren zu können. Es ist sogar die Rede davon, die Lehrpläne von Dreijährigen im Sinne der *Portland Baseline Essays* zu ändern. Man kann unschwer erkennen, warum die Forderungen nach einer rein therapeutischen Geschichte heutzutage immer lauter werden. Sie sind symbolisch. Sie sind Teil einer verzweifelten, frustrierten und wütenden Reaktion auf zwölf Jahre Regierung von rechts, auf die stur antireformerische Politik Reagans und Bushs, auf die Assimilation von Rassismus und Populismus durch die Republikaner. 1989 lebten ungefähr 44 Prozent aller schwarzen Kinder unterhalb der Armutsgrenze, während von der Mitte der sechziger Jahre aufgekommenen Hoffnung auf Gleichberechtigung und bessere Bildungschancen für die verarmten Afro-Amerikaner so gut wie nichts mehr übrig war.

Dadurch werden aber die Forderungen nach einer afrozentristischen Pseudogeschichte allenfalls verständlich. Sie läßt sich dadurch weder rechtfertigen, noch wird sie glaubwürdiger. Jeder Nationalismus verlangt nach Mythen, auf die er sich stützen kann, und je neuer der Nationalismus und je neuer seine Mythen, desto direkter der Bezug zur Vergangenheit.

Dies ist auch der Grund dafür, daß es irischen Kulturnationalisten – Yeats und seinen Freunden in den neunziger Jahren des neunzehnten Jahrhunderts – gelang, für Irland eine mythische Vergangenheit zu erfinden, eine keltische Morgendämmerung voll von Helden und verlorenen Königen wie Cú Chulainn und Brian Boru. Das ist der Grund, warum der karierte Schottenstoff, der im alten Schottland unbekannt war, zwischen dem Ende des achtzehnten und dem Beginn des neunzehnten Jahrhunderts von Texilfabrikanten erfunden wurde. Darum haben im neunzehnten Jahrhundert die Katalanen, die sehr unter der Unterdrückung ihrer Sprache durch Madrid und unter dem Verlust ihrer politischen Autonomie nach der Eroberung Barcelonas durch die Bourbonen 1714 litten, ein ganzes System der kulturellen Erneuerung erschaffen, das auf einer höchst selektiven und mythologisierten Version ihrer eigenen mittelalterlichen Vergangenheit mit ihren verlorengegangenen Institutionen beruhte. Im Europa des neunzehnten Jahrhunderts war die Erfindung von Traditionen, wie Eric Hobsbawm und andere detailliert nachgewiesen haben,[16] ein Zweig der Kulturindustrie.

Dasselbe gilt auch für das zwanzigste Jahrhundert. Und wenn man fragt, was das Ziel dieser Versuche war, Geschichte und Mythologie miteinander zu verweben, ist die Antwort in jedem Fall die gleiche. Selbstwertgefühl. Die Deutschen litten nach dem Versailler Vertrag unter mangelndem Selbstwertgefühl. Die Italiener hatten in den zwanziger Jahren nur ein geringes Selbstwertgefühl und waren es verständlicherweise leid, als eine Nation von Leierkastenmännern und Eisverkäufern gesehen zu werden. Das irische Selbstwertgefühl war nach sieben Jahrhunderten englischer Kolonialherrschaft durch religiöse Vorurteile und die rechtliche Ausgrenzung der Katholiken stark angegriffen. Aber nur, weil man den Wunsch hat, sein Selbstwertgefühl zu stärken, heißt das noch lange nicht, daß jede Lüge, jede Übertreibung oder jedes therapeutische Frisieren von Beweisen gerechtfertigt wäre. Denn der Separatismus, der so entsteht, verwandelt das, was eine auf beiden Seiten großzügig gehandhabte, tolerante Anerkennung kultureller Unterschiede und eines wahren Multikulturalismus sein sollte, in ein schädliches, bloß noch symbolisches Programm. Der Separatismus ist das Gegenteil von Vielfalt, und er kann zu unheiligen Allianzen führen. Vor fast dreißig Jahren haben Malcolm X' *Black Muslims* und George Lincoln Rockwells *American Nazi Party* zusammen eine Kundgebung im Madison Square Garden veranstaltet, um auf dramatische Weise ihr gemeinsames Ziel in Szene zu setzen, die Vereinigten Staaten in nach Rassen segregierte Zonen aufzuteilen, eine für die Schwarzen, eine für die Weißen.

Die Vorstellung, die europäische Kultur sei als solche repressiv, ist eine Fehleinschätzung, an die sich nur noch Fanatiker und Ignoranten klammern können. Die moralische und intellektuelle Überzeugung, mit der Toussaint L'Ouverture sich der haitianischen Sklaven angenommen und sie in die Freiheit geführt hat, war auf seine Lektüre Rousseaus und Mirabeaus zurückzuführen. Wenn sich im England der zwanziger Jahre des neunzehnten Jahrhunderts Tausende nicht wahlberechtigter, besitzloser Arbeiter landauf, landab in Lesezirkeln trafen, um über republikanische Ideen zu diskutieren und Shakespeares *Julius Caesar* zu interpretieren, dann war das ein Versuch, sich zusammenzuschließen, indem man die Inhalte einer dominanten Kultur von ihren Hütern, die damit nichts anzufangen wußten, zurückgewann. Während der letzten zweihundert Jahre haben die Opfer von Unterdrückung in der Literatur und im Gedankengut Europas immer eine erneuernde, stärkende Vision finden können. Es ist nichts anderes als schäbige Überheblichkeit, zu behaupten, dies hätte für die heutige Zeit keine Geltung mehr und dieses gewaltige, komplizierte, vielzellige Gebilde, dieser Bienenstock, den die Reduktionisten mit einem »Monolithen« verwechseln, hätte für die Bedürfnisse der Armen, die Hoffnungen der Entrechteten und die Forderungen all derer, die nach kultureller Selbstdefinition suchen, keine Lösungsvorschläge mehr anzubieten.

Die liberal-demokratische Idee, wie sie in Amerika verstanden wird, kann nur aus ihrer ursprünglichen Quelle gespeist werden, nämlich aus der europäischen Tradition, und deshalb ist es so wichtig, daß die jungen Leute zunächst einmal darüber etwas erfahren, bevor sie sich, wie intensiv auch immer, mit der alten Dogonkultur oder den politischen Institutionen der Irokesen beschäftigen. Immer hübsch der Reihe nach. Der kulturelle Separatismus ist in dieser Republik wohl eher eine Modeerscheinung als ein ernstgemeinter Vorschlag, und er wird sich wahrscheinlich auch nicht halten können. Aber wenn er sich doch durchsetzen sollte, käme das einer Bildungskatastrophe für diejenigen gleich, denen er doch angeblich helfen soll, für die Schwarzen und die Armen. Das Resultat wäre keine »sozialpolitische Aufwertung«, sondern Kastration. Selbstwertgefühl bekommt man, wenn man seine Sache gut macht, wenn man eine Wahrheit von einer Lüge unterscheiden kann, und wenn man entdeckt, was uns voneinander trennt und was uns miteinander verbindet. Die Posen der politisch Korrekten und ihre schuldbewußte Toleranz gegenüber Scharlatanen wie Leonard Jeffries und Reverend Al Sharpton sind in solchen Angelegenheiten auch kein besserer Wegweiser als die Ansichten von Simon Legree.

Teil III

Moral an sich: Die Kunst als Therapie

I

Im Bereich der bildenden Kunst begann der amerikanische »Kulturkampf« offiziell am achtzehnten Mai 1989 im Sitzungssaal des US-Senats in Washington, als der republikanische Senator Alfonse D'Amato (New York) eine Photographie zerriß und die Fetzen auf den Boden warf. Das Bild hatte ihm Reverend Donald Wildmon zugeschickt, ein religiöser Aktivist, dessen *pressure group*, die *American Family Association*, es sich zur Aufgabe gemacht hat, gegen die Ausbreitung von Pornographie, Zuchtlosigkeit und gottloser Gesinnung in Amerika anzugehen. Wildmons Spezialität ist es, in den Medien und in der Kunst offene wie verdeckte Manifestationen des Ungeistes aufzuspüren und dann durch Protestschreiben die betreffenden Sponsor-Unternehmen unter Druck zu setzen. In der Vergangenheit war er unter anderem gegen David Wolpers Fernsehfilm *Die Dornenvögel* nach der erfolgreichen Priesterschnulze von Colleen McCullough, gegen Martin Scorseses Film *Die letzte Versuchung Christi* und die Musikvideos von Madonna zu Feld gezogen. Den CBS trieb er so in die Enge, daß der Sender aus einem Ralph-Bakshi-Zeichentrickfilm eine 3,5-Sekunden-Sequenz herausschnitt, in der Mighty Mouse an einer Blume schnüffelt: Was der abgefeimte kleine Nager sich da in Wirklichkeit reinzog, so Wildmon, war Kokain.[1]

Bei dem zerrissenen Bild handelte es sich um die Reproduktion einer Photographie des Künstlers Andres Serrano. Sie zeigte ein Kruzifix – eins von diesen billigen Plastikdingern, wie man sie allerorts in Devotionalienhandlungen und Wallfahrts-Souvenir-Shops kaufen kann –, das in einer bernsteinfarbenen, bläschendurchzogenen Flüssigkeit schwamm. Der Titel des Kunstwerks, *Piss Christ*, ließ keinen Zweifel über die Natur der Flüssigkeit zu. Sie stammte von dem Künstler selbst. *Piss Christ* war in jeder Hinsicht ein Original.

Hätte Serrano seine große, technisch perfekte Photographie anders genannt – *La Catedral Ahogada* zum Beispiel oder, nüchterner, *Immersionsstudie (I)* –, wäre niemand auf die Idee gekommen, daß das gelbe Zeug Pisse war. Aber Serrano wollte mit provokativer Schärfe zweierlei auf den Punkt bringen: die Degradierung der in Massenproduktion hergestellten religiösen Symbole zum Kitsch (von der jeder halbwegs sensible Christ in Amerika ein Lied singen kann) und seinen Groll gegen die restriktive Moral seiner eigenen spanisch-katholischen Wurzeln. Serrano ist ein zutiefst konfliktbeladener vom Glauben abgefallener Katholik, und sein Werk trägt dem Rechnung, insbesondere Arbeiten wie *Piss Christ*. Kein Kunstwerk existiert außerhalb der Geschichte, und Serranos Photographie steht sogar in einer ziemlich alten Tradition innerhalb der Moderne – der der surrealistischen antiklerikalen Blasphemie. *Piss Christ* hat eine ganze Reihe entfernter Vorläufer, darunter Max Ernsts berühmt-berüchtigtes Bild der Jungfrau Maria, die dem kleinen Jesus den Hintern versohlt, und jenes verschwommene Photo aus den zwanziger Jahren, der Ahnherr des modernen »Happenings«, auf dem ein surrealistischer Dichter in einer Pariser Straße einen Priester beschimpft.

Nicht alle Arbeiten Serranos beziehen ihre Wirkung aus der Blasphemie. Aber *Piss Christ* tat es, daran war nicht zu rütteln.
Im nachhinein läßt sich natürlich immer leicht historisieren und relativieren. Das Plastikkruzifix, so könnte man beispielsweise einwenden, ist nicht wirklich Christus, sondern nur eine *Darstellung* Christi – aber solche Spitzfindigkeiten à la Magritte, *ceci n'est pas un Dieu*, verfangen nicht. Das Bild ist zu stark.
Man kann auch darauf hinweisen, daß Kruzifixe kommerziell zu allen möglichen perversen Zwecken hergestellt werden, ohne daß ein Hahn danach kräht. So bekam ich im selben Monat, in dem die Politiker Serrano in die Mangel nahmen, den Katalog eines auf Jagd- und Fischereimesser spezialisierten Versandhauses zugeschickt, in dem eine kleine Waffe angepriesen wurde, deren raffinierte Konzeption, sieht man einmal von der handwerklichen Qualität ab, den Borgias Ehre gemacht hätte: ein in einem Kruzifix verborgenes Stilett, made in Taiwan, zum Sonderpreis von 15,99 Dollar. Auch nicht so ganz ohne eine gewisse blasphemische Note, möchte man meinen. Und letzte Ostern gab es im Drugstore gleich bei mir um die Ecke, im Osten von Long Island, Schokoladenkruzifixe mit einer unförmigen, nur für Eingeweihte erkennbaren Jesusfigur zu kaufen: »Nehmet hin und esset, das ist mein Leib.« Wie die einen Amerikaner ein Bildnis ihres Erlösers aufessen und in Exkremente verwandeln konnten, ohne sich etwas dabei zu denken, während anderen Amerikanern bei der Vorstellung, ein Bildnis dieses selben Heilands zu nehmen und in Urin zu tauchen, die Haare zu Berge standen, schien ein Rätsel, an dem sich selbst ein moderner Tocqueville die Zähne ausgebissen hätte. Nicht im amerikanischen »Herzland« freilich, wo die Religions-

industrie über jegliche Kritik oder Selbstzweifel erhaben ist.
Aber weder das Stilett-Kruzifix noch der Schoko-Jesus waren mit einer Prämie belohnt worden, die von der Regierung der Vereinigten Staaten stammte, und der Urheber von *Piss Christ* schon. Kurz vor Donald Wildmons Beschwerdebrief an Senator D'Amato hatte Serrano vom South Eastern Center for Contemporary Art (SECCA) in Winston-Salem einen mit 15 000 Dollar dotierten Preis erhalten. Das SECCA hatte das Geld für diesen Preis – bevor seine Jury ihn Serrano zusprach – von der National Endowment for the Arts (NEA) bekommen. Es waren keinerlei Bedingungen daran geknüpft gewesen, und niemand in der NEA hatte etwas mit der Entscheidung der Jury für Serrano zu tun. Dennoch war Serrano auf indirektem Wege in den Besitz von Regierungsgeldern gelangt, was Wildmon in einem Rundbrief nicht nur als Beweis dafür wertete, daß »die Voreingenommenheit und Feindseligkeit gegen Christen, die im Fernsehen und im Kino seit zehn oder mehr Jahren so massiv zum Ausdruck kommt, nun auch auf die Kunstmuseen übergegriffen hat«, sondern auch als Vorboten eines Zeitalters »handgreiflicher Christenverfolgung« – wenn schon nicht durch die Löwen im Kolosseum, wie im alten Rom, dann doch wenigstens durch Haie in riesigen Becken voller Urin, denen die armen Verfolgten im Aqua-Park zum Fraß vorgeworfen würden. Das war das Stichwort für Senator D'Amatos öffentliche Attacke gegen die NEA. »Es ist eine Ungeheuerlichkeit, mit den Steuergeldern unseres Volkes darf dieser Mist nicht gefördert werden, wir dürfen solchem Zeug nicht auch noch zu Ansehen verhelfen.« Worauf er einen von gut zwei Dutzend (hauptsächlich konservativer republikanischer) Senatoren unterzeichneten Brief zu Protokoll

gab, in dem feierlich erklärt wurde, das Werk sei »schockierend und widerwärtig und keiner wie auch immer gearteten Anerkennung würdig. Millionen von Steuerzahlern sind zu Recht empört ... Die gängigen Auswahlverfahren, mittels derer entschieden wird, welche Kunstwerke und Künstler es wert sind, durch den Steuerzahler unterstützt zu werden, bedürfen ganz offensichtlich einer Korrektur ... Diese Angelegenheit berührt in keiner Weise die Freiheit der Kunst.«
Was sie natürlich sehr wohl tat, und den schlagenden Beweis dafür lieferte der Skandal, der wenig später um das Werk des Photographen Robert Mapplethorpe aufflammte.

Die Bedeutung der Mapplethorpe-Affäre liegt für mich in dem demonstrativen Zusammenprall gegensätzlicher amerikanischer Wertvorstellungen – in sonst nichts. Trotz der Begeisterung seiner Anhänger habe ich ihn nie als einen hochrangigen Photographen empfinden können. Ich besuchte sein Atelier in New York zum erstenmal 1970. Damals bestand sein Werk größtenteils aus fetischistischen, aber banalen Collagen – abphotographiertes Männerfleisch mit Accessoires wie einem Suspensorium aus Leopardenfell oder einem Stück Mull mit einem Eiterfleck darauf. »Das«, sagte ich mir, als ich vierzig Minuten später die Treppe hinunterstieg, »ist ein Talent, von dem wir nicht viel hören werden.« Hätte mir damals jemand prophezeit, daß Robert Mapplethorpe in zwanzig Jahren so berühmt sein würde wie Jackson Pollock und daß seine Werke einen Skandal provozieren würden, der die gesamte Beziehung zwischen den amerikanischen Museen und der amerikanischen Regierung aus dem Gleichgewicht zu bringen drohte, hätte ich mir nur an die Stirn getippt. Soviel zum Weitblick des Kritikers.

Im Lauf der folgenden Jahre sah ich einiges von seinen Arbeiten, wenn auch wenig von ihm selbst: die plumpen, brutalen S & M-Bilder des X-Portfolio, die eleganten, überarrangierten Photos von Lisa Lyons, die eiskalten Männerakte in Anlehnung an Horst und Baron von Gloeden, die Edward-Weston-Blumen. Es war das Werk eines Mannes, der sich auskannte in der Geschichte der Photographie, der die Kamera zum Zitieren benutzte. Wie Mike Weaver, Herausgeber der *Oxford History of Photography*, mir sehr viel später vor Augen führte, ist »seine größte Leistung ... die Gruppe von formalistisch anmutenden, ja sogar geometrischen Akten im Geiste einer Fin-de-siècle-Vorliebe für das Rituell-Magische, wie sie auch schon bei einem anderen großen homosexuellen Photographen, Fred Holland Day, zum Ausdruck kommt. [Seine] aus menschlichen Leibern gebildeten Fünfecke erklären sich aus seiner pseudo-satanischen Bindung an das umgekehrte Pentagramm von Eliphas Lévi, dem Meister Aleister Crowleys ... Er war nie postmodern, er war auch nie modern, er war im Grunde immer nur reaktionär. Daher natürlich auch seine Beliebtheit. Wie bereits Simeon Solomon und Beardsley vor ihm war Mapplethorpe ein Symbolist mit dem Stil eines Manieristen.«

Besonders ein Bild aus dem X-Portfolio bestätigt diese Charakterisierung – Mapplethorpes Selbstporträt als Satan höchstpersönlich, als Schwanz eine in den After gerammte Lederpeitsche mit auf dem Boden schleifender Schnur.

Im X-Portfolio holte die pornographische Gewalttätigkeit der Bildinhalte den manieristischen Schick seiner Photographien in die Unmittelbarkeit zurück. Aber Schick ist in meinen Augen noch kein Wert an sich; ich konnte nicht allzuviel anfangen mit der unterkühlten Zitatkultur, die in der New Yorker Kunstwelt das Zepter führte, und meine Vorstellung von sexueller Erfüllung deckte sich nicht so ganz mit der Mapplethorpes. Auf seine Bitte an mich, die Einleitung für den Katalog zu seiner Ausstellung zu schreiben – der Ausstellung, mit der der ganze Ärger seinen Anfang nahm –, mußte ich ihm deshalb zur Antwort geben, da das X-Portfolio offensichtlich einen Schlüssel zu seinem Werk und (wie ich damals glaubte) seine originellste Leistung darstelle, und da mich die darin enthaltenen Bilder sexueller Erniedrigung und Folterung (Faustficken, Fesselspiele und ein Mann, der einem anderen Natursektliebhaber in den Mund pinkelt) zu sehr abstießen, um mit der rechten Begeisterung darüber zu schreiben, solle er sich besser jemand anderen dafür suchen. Was ihm nicht schwerfiel.

Inzwischen wissen wohl die meisten zumindest in groben Zügen, was mit Mapplethorpes Retrospektive 1988–90, *The Perfect Moment*, passierte. In Pennsylvania und in Boston ging sie ohne den geringsten Zwischenfall über die Bühne; im Whitney Museum in New York entfachte sie Begeisterungsstürme, die den größten Triumphen seines Mentors Andy Warhol Konkurrenz machten. Als sie jedoch in der Corcoran Gallery in Washington eröffnet werden sollte, geriet sie unter schweren Beschuß von konservativer Seite, mit der Begründung, daß die Ausstellung zum Teil durch einen Zuschuß von der National Endowment for the Arts finanziert worden sei und daß die Regierung kein Recht habe, Steuergelder für die Subventionierung von Werken zu verwenden, die das moralische Zartgefühl der amerikanischen Öffentlichkeit derart verletzten.

In Wirklichkeit hatte die Corcoran Gallery keine NEA-Gelder für die Robert-Mapplethorpe-Ausstellung erhalten, auch wenn sie in der Vergangenheit für andere Projekte Zuschüsse bekommen hatte. Die NEA-Subvention für Mapplethorpe war an das Institute of Contemporary Art an der University of Pennsylvania gegangen, das die Retrospektive organisiert hatte. Die fragliche Summe betrug 30 000 Dollar, was für die amerikanische Bevölkerung pro Kopf ungefähr ein Sechzigstel von einem Prozent eines Kupferpennys bedeutete – aber öffentliche Gelder, wie Hilton Kramer und Konsorten mit nicht erlahmendem Eifer hervorhoben, waren es eben doch. Vor ihrem Eintreffen in Washington hatte die Ausstellung keinerlei Anstoß erregt, geschweige denn für »öffentliche Empörungsstürme« gesorgt. Dennoch sah Senator Jesse Helms, dieser Volkstribun von Gottes Gnaden, in Mapplethorpe eine wunderbare Gelegenheit, die auf Zucht und Ordnung bedachten rechten Gemüter in Wallung zu bringen, und als er sich zornbebend vor der Corcoran Gallery aufbaute, kuschte das Museum und sagte die Retrospektive ab. Helms und andere konservative Geister, darunter die Senatoren D'Amato und Orrin Hatch, versuchten daraufhin, im Senat eine Verfassungsänderung durchzudrücken, die die NEA in Zukunft daran hindern sollte, solch gesellschaftsfeindliches Zeug zu subventionieren. Der Helmssche Verfassungszusatz untersagt der NEA die Vergabe von Regierungsgeldern für die »Förderung, Verbreitung oder Herstellung« von, im genauen Wortlaut:

> (1) Werken obszönen oder unanständigen Inhalts, inklusive – aber nicht beschränkt auf – Darstellungen von Sadomasochismus, Homoerotik, Kindesmißbrauch sowie von Personen, die in sexuellen Handlungen begriffen sind; oder

(2) Werken, die die Kultgegenstände oder den Glauben von Anhängern einer bestimmten Religion oder Nicht-Religion verunglimpfen; oder

(3) Werken, die als Verunglimpfung, Herabsetzung oder Diskriminierung einer Person oder Personengruppe oder gesellschaftlichen Gruppierung aufgrund von Hautfarbe, Glauben, Geschlecht, körperlicher Verfassung, Alter oder nationaler Herkunft verstanden werden könnte.

Das Verblüffende an dem Helmsschen Verfassungszusatz war, daß man ihn, wäre sein Urheber nicht für seine rechtsextremen Ansichten berühmt gewesen, vor allem in den letzten beiden Punkten ohne weiteres für eine eben erst von den nominell linken PC-Agitatoren vorgelegte Campus-Verordnung hätte halten können. Was genau Helms mit »einer bestimmten Religion oder Nicht-Religion« meinte, weiß nur er allein. Aber Absatz (3) ließ keinen Zweifel daran, daß er gegen Rassismus, Sexismus, Alter-ismus, Aussehenismus und die ganzen anderen Verstöße gegen die Sozialetikette war, deren Verfolgung durch die PC-Gilde den Neo-Konservativen schon soviel Anlaß zur Heiterkeit gegeben hatte. So kommen Extreme zusammen.
Der Helmssche Verfassungszusatz zeichnete sich aber noch durch eine weitere Besonderheit aus: Er war so weit gefaßt, daß er buchstäblich bedeutungslos wurde. Er hätte, wie ich in der darauffolgenden Woche in *Time* schrieb, eine wahnwitzige Parodie der Kulturdemokratie zur Folge gehabt, in der sich jeder Bürger und jede Bürgerin zu seinem beziehungsweise ihrem eigenen Cato Censorius hätte aufschwingen können. Es brauchte sich nur jemand durch ein Kunstwerk in

irgendeiner Weise »gekränkt« zu fühlen, und schon wäre der Stein des Anstoßes seine Subventionen losgewesen oder (so er in einem Museum unter der Schirmherrschaft der NEA ausgestellt gewesen wäre) aus dem Blick der Öffentlichkeit verbannt worden. Die Verfassungsänderung, hieß das, hätte unsere Kultur der Wehleidigkeit zum Gesetz erhoben. Sie hätte die NEA zur Marionette eines jeden Spinners, Monomanen oder religiösen Fanatikers in ganz Amerika gemacht. Ein Zuschuß für eine Ausstellung von, sagen wir, gotischen Elfenbeinschnitzereien hätte mit der Begründung gestrichen werden können, daß das Material den Juden zu nahe trete (mittelalterliche Kunst ist gern antisemitisch), den Moslems (man denke nur an all die Szenen, in denen die falschen Propheten zusammen mit Mohammed in der Hölle braten) oder, wenn wir schon einmal dabei sind, auch den Atheisten, die es sich ja schließlich nicht gefallen lassen müssen, daß Regierungsgelder dazu verwendet werden, religiöse Propaganda in die Museen einzuschleusen, und sei es in Form von alten Elfenbeinschnitzereien. Eine militante Feministin hätte sich beschweren können, daß die Darstellung eines patriarchalischen Gottes aus dem dreizehnten Jahrhundert oder einer unterwürfigen oder verführerischen und dadurch implizit sexistischen Eva mit ihrer »Religion oder Nicht-Religion« nicht vereinbar sei. Im Schutze des Helmsschen Verfassungszusatzes hätte ein Feueranbeter sogar erklären können, die Anwesenheit von Feuerlöschern im Museum beleidige *seinen* Gott.

Helms und seine Gesinnungsgenossen verwahrten sich aufs heftigste gegen die Unterstellung, der Verfassungszusatz habe in irgendeiner Form mit Zensur zu tun. Wie kamen diese Liberalen nur auf eine solche Idee? Zensur, das war doch die Unterdrückung von

Kunstwerken (oder »sogenannten ›Kunstwerken‹«, um in der korrekten Terminologie zu bleiben), die die Leute in ihrer Freizeit mit ihrem eigenen Geld herstellten. Staatsgelder für die »Propagierung« von Obszönität zu verweigern, war nicht Zensur. Dekadente wie Mapplethorpe und Gotteslästerer wie Serrano durften mit ihrer Zeit und ihrem Geld machen, was sie wollten, bitte sehr. Aber wehe, sie kamen angeschlichen und streckten ihre gierigen Klauen nach diesem einen Sechstausendstel-Penny aus den Steuergeldern des aufrechten Durchschnittsamerikaners aus. (Die Tatsache, daß weder Serrano noch Mapplethorpe irgendwelche NEA-Zuwendungen beantragt oder auch nur direkt empfangen hatten, ging dabei in der Regel in Rhetorik unter. Nicht eine einzige Photographie von Mapplethorpe und Serrano war mit Unterstützung der NEA entstanden; aber dank der erfolgreichen Propaganda der religiösen und politischen Rechten sind Millionen von Amerikanern nach wie vor der Überzeugung, die NEA habe den beiden die Dollarscheine bündelweise in die Brusttasche gestopft, auf daß sie hingehen und ihre schwärzesten Untaten vollbringen konnten.)

Trotzdem hätte man schon außerordentlich naiv sein müssen, um sich einzubilden, daß es bei der Kontroverse letzten Endes nicht doch um Zensur ging. Die Bemühungen, »anstößiger« Kunst den Subventionshahn zuzudrehen, hatten ihre Wurzeln in einem allgemeinen Bestreben der Rechten, *jegliche* »anstößige« Kunst zu unterdrücken, ob sie nun subventioniert war oder nicht. Die scharfsichtigste Analyse dieses Problems wurde ein paar Monate später von einem Jesuiten vorgelegt, Reverend Timothy Healy, dem Präsidenten der New York Public Library. »Es geht um Zensur in diesem Streit«, erklärte Pater Healy im November

1989 vor einem Unterausschuß des Repräsentantenhauses zum Thema nachschulisches Bildungswesen,[2]

> und jeder Versuch, etwas anderes zu behaupten, führt nur in die Irre. In Anbetracht des Prestiges der amerikanischen Regierung, der Ehre, die ein Stipendium von einer der Nationalstiftungen in jedem Fall bedeutet, und der künstlerischen Integrität und Unparteilichkeit der für diese Stiftungen tätigen Auswahlgremien stellt eine aufoktroyierte Disqualifizierung bestimmter Inhalte schlicht und einfach eine apriorische Einschränkung dar. Der Behauptung, es stehe dem Künstler schließlich frei, ohne staatliche Zuschüsse zu schreiben, zu malen oder zu komponieren, was sein Herz begehrt, müssen wir mit aller Entschiedenheit entgegenhalten, daß die Verweigerung dieser Zuschüsse aufgrund inhaltlicher Aspekte im Werk eines Künstlers eine eindeutige, schwere Form von Zensur bedeutet. Das Gegenargument ist nichts weiter als eine Finte, die die Realitäten des Kunstmarkts und die Rechte des Künstlers selbst außer acht läßt …
> Was sich in dem Streit ganz deutlich abzeichnet, ist eine Verwechslung von Gesetz und Moral … Sind Gesetz und Moral erst einmal in einen Topf geworfen, dann ist der Weg zu Äußerungen wie »alles, was gut ist, sollte auch gesetzlich verordnet werden« nicht weit. Diese Prämisse an sich ist bedenklich genug – wo sich allerdings der Bereich des Gesetzes mit dem der Moral vermengt, ist sie tödlich … Das Gesetz kann Mißstände tolerieren, die das Moralbewußtsein verurteilt … Ein Gesetz ist dann gut, wenn man ihm gehorcht, wenn es vollstreckbar ist, und wenn es mit soviel Umsicht abgefaßt ist, daß sich seine möglichen nachteiligen Auswirkungen

auf ein Minimum reduzieren. Wenn es diese Anforderungen nicht erfüllt, dann ist es ein schlechtes Gesetz, ganz gleich, welche Logik oder welche moralische Intensität dahinter stehen.

Obwohl keines der im Senat vorgebrachten Argumente an die Klarheit und Differenziertheit dieser jesuitischen Ausführungen heranreichte, wurde der Helmssche Verfassungszusatz mit 73 zu 24 Stimmen abgelehnt. Der Senat kam zu dem Schluß, daß man die Definition von Pornographie besser den Gerichten überlassen sollte.
Also vor Gericht damit. Die Mapplethorpe-Ausstellung zog weiter nach Cincinnati, wo die Konservativen beschlossen, die Sache zum Präzendenzfall zu machen, und den Leiter des Contemporary Arts Center wegen Erregung öffentlichen Ärgernisses verklagten.
In der Kunstwelt brach ein großes Wehklagen an bei der Aussicht, das Urteil über das X-Portfolio einer Horde von, nun ja, Bauerntrampeln aus dem Mittelwesten überlassen zu müssen. Aber wieder einmal trug eine Art angeborenen amerikanischen Realitätssinns, in Cincinnati vielleicht verbreiteter als in Soho, den Sieg davon. Der Direktor wurde freigesprochen, hauptsächlich deshalb, weil die Anklage Mühe hatte, glaubhafte Expertenaussagen zuungunsten des Werks beizubringen, und der Mapplethorpe-Zirkus rollte weiter; der tote Photograph war mittlerweile zum Kultur-Helden oder Kultur-Dämon avanciert, je nachdem – aber ob Held, ob Dämon, sein Name war von Maine bis Albuquerque in aller Munde, und Senator Helms durfte sich rühmen, mit seiner Kampagne die Preise für die Bilder aus dem X-Portfolio von etwa 10 000 Dollar auf rund 100 000 Dollar hochgetrieben zu haben.

Aber das Mapplethorpe-Debakel hatte zwei weitreichende kulturelle Konsequenzen. Zum einen sorgte es für eine nachhaltige Verunsicherung in den Beziehungen zwischen amerikanischen Museen und ihren Sponsoren. Unter Kuratoren und Museumsdirektoren machte sich eine Atmosphäre des Zweifels, der Selbstzensur und der ziellosen Überängstlichkeit breit, wenn es darum ging, Projekte zu finanzieren und den politischen Forderungen der *pressure groups* zu begegnen. Und zum anderen markierte es das Ende des amerikanischen Ästhetizismus und offenbarte den Bankrott der Kultur der Therapeutik, die im Diskurs amerikanischer Kulturmacher über das Verhältnis von Kunst und Publikum so lange den Ton angegeben hatte. Um auf diesen zweiten Punkt näher eingehen zu können, will ich Mapplethorpe und unserem ganzen Fin de siècle eine Weile den Rücken kehren und den Bogen zurückschlagen zu einer sehr viel früheren Zeit. Dafür muß jedoch zunächst einmal der erste Punkt ausführlicher untersucht werden, und zwar im Kontext der angespannten – und für die Hochkultur zunehmend giftigen – politischen Atmosphäre, die der Beziehung zwischen der Regierung und den Künsten im Amerika unserer Tage ihren Stempel aufgedrückt hat.

II

Spätestens Ende 1991 stand fest, daß die amerikanischen Konservativen – je nach IQ und kulturellem Hintergrund – ihre Aufgabe darin sahen, die National Endowment for the Arts entweder gleich ganz aufzulösen oder ihre Segnungen nur noch »mainstream«-Ereignissen angedeihen zu lassen. Letzteres schien in Anbetracht politischer Realitäten wahrscheinlicher:

Zu viele reiche Republikaner (und natürlich auch Demokraten) sonnen sich in ihren Heimatstädten im Glanz kultureller guter Taten – wie etwa Spenden für das örtliche Museum oder Symphonieorchester –, als daß sie die NEA so einfach eingehen lassen würden. Dennoch war es symptomatisch für die gegenwärtige kulturpolitische Panikmache, daß Patrick Buchanan, in seinen Ansichten zur Kultur weniger neokonservativ als neolithisch, George Bush dazu bringen konnte, den Leiter der NEA, John Frohnmayer, zu entlassen, um so die Holzköpfe und Schwulenhasser rechts der Grand Old Party zu beschwichtigen. Die Angriffe der religiösen Rechten an dieser Front werden kaum nachlassen, nun da George Bush durch Bill Clinton ersetzt worden ist. Im Gegenteil, nachdem Clinton bei den Halleluja-Billies als dämonischer Liberaler verschrien ist und der religiöse Konservatismus seine Vormachtstellung in Washington weitgehend eingebüßt hat, steht viel eher zu erwarten, daß sich die Forderung nach kultureller Zensur noch verstärken wird. Kein anderer Hebel läßt sich ähnlich leicht betätigen, und die Rechte hat sich zu lange mit ihrem ganzen Gewicht darauf gestützt, um nun plötzlich loszulassen. Angriffe auf die NEA sind mittlerweile gar nicht mehr wegzudenken aus der politischen Landschaft, ebensowenig wie die Angriffe auf das Public Broadcasting System. Beide sind fester Bestandteil eines eskalierenden Hickhacks über kulturelle Belange, und beide bleiben es.

Was nämlich in den achtziger Jahren immer mehr zum politischen Reizthema wurde, war die »ideologische Herrschaft« über die amerikanische Breitenkultur – und mit ihr unausweichlich die Programminhalte des öffentlich-rechtlichen Fernsehens. Bei dem derzeitigen Klima allgemeiner Intoleranz konnte man kaum erwarten, daß sich die Rechte – insbesondere die religiöse Rechte und die Politiker, die ihr entweder selbst angehören oder ihren Einfluß fürchten – eine solche Gelegenheit durch die Lappen gehen lassen würde. Keine andere unserer Kulturinstitutionen hätte es empfindlicher treffen können als das Fernsehen, ohnehin eines der Lieblingsziele republikanischer Offensiven. Die gesetzlich garantierte Unabhängigkeit des Public Broadcasting System, vor allem in bezug auf gesellschaftliche Themen (Nachrichten und politische Kommentare), war den Konservativen von jeher ein Dorn im Auge. Das PBS wird zu vierzig Prozent von der Regierung finanziert, in Form von durch den Kongreß bewilligten jährlichen »Zuwendungen«, und die Versuche, ihm die Subventionen zu entziehen beziehungsweise es nach Möglichkeit ganz abzuschaffen, gehören seit zwanzig Jahren zur politischen Tagesordnung.

Präsident Richard Nixon schäumte vor Wut, als 1971 zwei »Liberale«, Sander Vanocur und Robert MacNeil, mit der Moderation eines PBS-Programms in Washington betraut wurden; er wies seine Mitarbeiter an, »unverzüglich sämtliche Gelder für Fernsehen und Hörfunk zu streichen«.[3] Als sich das nicht so ohne weiteres bewerkstelligen ließ, beschloß Nixons Stab – mit den Worten eines internen Memorandums –, das beste Mittel, »die linken Kommentatoren, die über uns herziehen, aus den Fernsehstudios zu kriegen, und zwar lieber heute als morgen«, sei die Besetzung des Aufsichtsrats der Kontrollinstanz, der Corporation for Public Broadcasting (CPB), mit »acht Loyalisten, die die Kontrolle an sich bringen und die Leute, die gegenwärtig für die Zuwendungen zuständig sind, an die Luft setzen«.

1972 war das Werk vollbracht, und sowohl die Wißbegierde des Senders als auch seine thematische Bandbreite fielen rapide ab. Der neue Aufsichtsrat beschloß mehrheitlich, die Zuschüsse für alle Nachrichtensendungen und politischen Kommentare des PBS zu stoppen. Nach Watergate, während Gerald Fords kurzer Präsidentschaft, ließ der Druck von konservativer Seite ein wenig nach, und unter Carter entspannte sich die Situation weiter. Aber Reagan führte die Daumenschrauben wieder ein. Was die Unterdrückung des PBS betraf, so deckte sich seine Ideologie sehr genau mit Margaret Thatchers Einstellung zur BBC. Für ihn war das öffentlich-rechtliche Fernsehen nichts anderes als eine quertreiberische liberalistische Zelle, bemannt mit chronischen Unruhestiftern und deren Mitläufern – ein schmutziger, rosa-grauer Fleck am strahlenden Morgenhimmel des neuen Amerika, ein Klotz am Bein der Regierung. Warum sollte der Inhalt von Fernsehsendungen nicht zur Gänze vom Markt bestimmt werden? Bei einem Präsidenten, der jahrelang als Bettelmusikant für General Electric auf dem Bildschirm zu sehen gewesen war, stießen Plädoyers für die Unabdingbarkeit »provokativer« Sendungen naturgemäß auf taube Ohren. Sowohl 1981 als auch 1982 versuchte Reagan im Kongreß die Streichung sämtlicher staatlicher Zuwendungen für das PBS durchzusetzen – vergeblich. Wie schon Nixon vor ihm zog er die Konsequenzen, besetzte den Aufsichtsrat der CPB mit Konservativen wie Richard Brookhiser vom *National Review* und ernannte Sonia Landau, die in der Wahl von 1984 ein Komitee namens »Frauen für Reagan/Bush« geleitet hatte, zur neuen Aufsichtsratsvorsitzenden. Das Ergebnis war, zweifellos ganz im Sinne des Erfinders, eine neue Eiszeit für das politische Fernsehen und eine Abhängigkeit des PBS von Sponsoren aus der Wirtschaft, wie sie vorher nicht bestanden hatte. Die Unternehmen weigerten sich in der Regel,

Sendungen zum Tagesgeschehen zu finanzieren; sie bevorzugten altbewährte Publikumslieblinge wie *Stars in der Manege* oder auch jenes unerschöpfliche Genre des Naturfilms, die bei Skeptikern vom Fach als »Wanzengevögel zu Mozartklängen« bekannte elektronische Wandbespannung für Ökos. In die ließ sich beim besten Willen nicht viel an liberaler »Tendenz« einschmuggeln, stellte doch die Natur, von einem konservativen Standpunkt aus betrachtet, ein Musterbeispiel für Konkurrenzdenken dar.

Der Feldzug der Konservativen gegen das PBS ist einigermaßen in die Jahre gekommen, aber Margaret Thatchers Anschläge auf die finanzielle und ideologische Unabhängigkeit der BBC, das Dogma der freien Marktwirtschaft und die Machenschaften der religiösen Rechten haben ihm in letzter Zeit doch eine Menge zusätzlichen Auftrieb gegeben. Politische und moralische Reformer, von Reverend Donald Wildmon bis zu *Commentary*-Autor David Horowitz, fordern im Chor die Auflösung des PBS, dieses Haufens von linksliberalen, anti-israelitischen Apparatschiks mit nichts als Umstürzlertum im Kopf. Man fragt sich, wie viele PBS-Sendungen solche Leute tatsächlich gesehen haben; die Abhängigkeit von Firmensponsoren hat das PBS so apolitisch gemacht, so betont moderat, daß dieses Schreckbild einer Bruthöhle staatlich subventionierter Linker ein einziger Witz ist, vor allem wenn man die Programminhalte des PBS mit denen von BBC 2 oder des australischen, spanischen oder französischen Staatsfernsehens vergleicht.

Die konservative Heritage Foundation in Washington beschäftigt einen Ganztags-»Meldegänger« mit Namen Laurence Jarvik, dessen einzige Aufgabe darin besteht, die Behauptung, daß das öffentlich-rechtliche Fernsehen sich überlebt habe, ideologisch zu untermauern. Laut Heritage gibt es nicht eine lohnende Sendung mit Schwerpunkt Kultur oder Politik, die nicht durch amerikanische Unternehmen, ein ausgeweitetes Kabelsystem oder vielleicht auch ein Verfahren im Stile des englischen Channel 4 finanziert werden könnte, ohne daß die Staatskasse auch nur mit einem einzigen Cent belastet würde.

Wer so etwas glaubt, träumt entweder, oder er hat keine Ahnung von den Realitäten des Firmengeschmacks beim argwöhnischen Beschnuppern von Finanzierungsgesuchen für Programme, oder aber er spielt nicht mit offenen Karten. Bei der Heritage Foundation scheint es sich um eine Mischung aus den beiden letzteren Punkten zu handeln.

Es wäre durchaus möglich, das PBS von seinem beschwerlichen Dasein als Prügelknabe der Politiker zu erlösen, indem man es nämlich nicht mit den jährlichen Zuwendungen des Kongresses finanziert, sondern durch eine bescheidene Lizenzgebühr von allen Eigentümern von Fernsehapparaten – wie etwa in Großbritannien. Eine andere, »radikalere« Möglichkeit wäre die von John Wicklein 1986 im *Columbia Journalism Review* vorgeschlagene Besteuerung der Einnahmen kommerzieller Fernsehsender – die den Äther unentgeltlich benutzen. Eine zweiprozentige Steuer, so Wicklein, würde 400 Millionen Dollar pro Jahr einbringen, eine Summe, die »direkte Zuwendungen überflüssig machen, den Bedarf an Geldern aus der Wirtschaft beträchtlich reduzieren und die finanzielle Voraussetzung für ein erstklassiges bundesweites Fernsehen schaffen würde.« Ein ganz ähnlicher Versuch ist in England gemacht worden und hat sich als überwältigender Erfolg in puncto Kreativität erwiesen – Channel 4, eine der Lieblingszielscheiben für die Angriffe der englischen Rechten. Channel 4 wurde

von Laurence Jarvik von der Heritage Foundation als ein »von Werbeeinnahmen abhängiger kommerzieller Privatsender« beschrieben, ist jedoch in Wirklichkeit nichts dergleichen. Er finanziert sich nicht über die Werbung, sondern vielmehr aus Abgaben von kommerziellen Produzenten der Privatsender.
Aber der Niagara wird vermutlich eher aufwärts fließen, als daß in Amerika derartige Finanzierungssysteme für ein nicht-kommerzielles Fernsehen eine Chance erhielten, und zwar aus zwei Gründen. Erstens, weil sich die Amerikaner, immerhin eines der niedrigst besteuerten Völker der Erde, bisher noch immer der Wahrheit verschlossen haben, daß die Besteuerung die Mutter der Zivilisation ist. Und zweitens, weil die Politiker das gegenwärtige Zuwendungssystem beibehalten *wollen* – schließlich ermöglicht es ihnen die Kontrolle über die Programminhalte. Ganz genauso, wie die Ultra-Rechten Ende der achtziger Jahre die bildenden Künste unter ihre moralische Kontrolle bringen wollten.

III

Senator Helms und seine Freunde von der fundamentalistischen religiösen Rechten hatten Mapplethorpe – ebenso wie Andres Serrano und viele andere – aus zwei Gründen verfolgt. Der erste war rein opportunistisch: das Bedürfnis, sich als die Verteidiger des *American way of life* zu profilieren, nun da ihr ursprünglicher Kreuzzug gegen die Rote Gefahr durch das Ende des Kalten Krieges und den allgemeinen Zusammenbruch des Kommunismus nichtig geworden war. Nachdem die Barbaren draußen vor den Toren sich in Luft aufgelöst hatten, mußte eben der warme Bruder diesseits des

Gartenzauns herhalten. Aber der zweite Grund war ihre Überzeugung, daß die Kunst moralisch und erbaulich zu sein hat – ein Tonikum, ein bißchen wie Religion. Irgendwo tief in ihrem Inneren scheinen die Amerikaner zu glauben, daß die Kunst ihre Daseinsberechtigung hauptsächlich aus ihrer therapeutischen Wirkung bezieht. Das ist das Fundament, auf dem sich die amerikanischen Museen seit ihrer Entstehung im neunzehnten Jahrhundert der Öffentlichkeit präsentieren – Erziehung, moralischer Nutzen, geistige Erbauung, nicht nur einfach Genuß oder kulturgeschichtliche Dokumentation. Die Wurzeln dieser Auffassung sind eng verflochten mit Amerikas kulturellem Selbstverständnis, wie es sich zwischen 1830 und dem Sezessionskrieg herausgebildet hat. Aber gleichzeitig reichen sie in einen noch älteren Boden hinunter, den des Puritanismus. Um die Vorgänge der späten achtziger Jahre zu begreifen, müssen wir zu den ersten Anfängen des protestantischen Amerika zurückgehen, und zwar ernsthaft, nicht in leichtfertiger Überheblichkeit über jene seltsamen puritanischen Käuze.

Die Frauen und Männer im Neu-England des siebzehnten Jahrhunderts hatten nicht viel übrig für die bildende Kunst. Malerei und Bildhauerei waren Fallstricke für den Geist, die man besser den Katholiken überließ. Der Hauptquell ästhetischer Befriedigung war das Wort, der *logos.*

In den Predigten dieser Zeit klingen schon die Leitideen eines späteren Amerika an: das Verständnis der Natur als Zeichen für Gottes Gegenwart in der Welt sowie die Sonderstellung der *amerikanischen* Natur als Verkörperung dieses Zeichens und als Metapher der guten Gesellschaft, neu, aber von ewiger Dauer, gefährdet, aber fruchtbar. Als kleine Kostprobe hier

Samuel Sewall (1652–1730) in einer Predigt über die göttliche Verheißung in Massachusetts im Jahre 1697:

> Solange Plum Island getreulich an seinem Platze ausharrt und sich nicht beugt unter den herrischen Worten und harten Schlägen des stolzen und ungebärdigen Ozeans; solange noch Lachse und Störe in den Fluten des Merrimack schwimmen ... solange sich noch Vieh von dem Gras auf den Wiesen nährt, die sich demütig am Fuß des Turkey Hill breiten; solange noch die unschuldigen Wildtauben in unserer Stadt einen Eichbaum finden, um sich alsda niederzulassen und Speis und Trank zu finden oder sich gar flugs ein Nest zu bauen ... *solange die Natur nicht alt und hinfällig wird,* sondern auch fürderhin den Mais in Reihen heranbildet, Paar um Paar: – solange werden hier Christen geboren werden, und einmal zusammengeführt, werden sie von dort entrückt werden und als Heilige eingehen in das Reich des Lichts.

Worte wie die Sewalls stoßen bei uns auch heute noch auf großen Widerhall. Die Vorstellung von der Natur als Erlöserin, wie sie die amerikanische Malerei des neunzehnten Jahrhunderts prägte und in unserer Zeit einen Höhepunkt in der Ökologiebewegung finden sollte, hatte in Amerika vom ersten Tag an ihren Platz. Eine Kunst, die der spirituellen Tröstermacht der Natur oder auch ihrer moralischen Autorität Konkurrenz hätte machen können, gab es in Amerika um diese Zeit noch nicht. Die Amerikaner vor 1820 atmeten fast alle eine sehr dünne ästhetische Luft. Sie kamen kaum mit guter Malerei und Architektur in Berührung, von großer Kunst ganz zu schweigen. Wer heute in amerikanischen Museen die historischen Räume besichtigt und die erlesenen Möbel dort bewundert, vergißt gern, daß das allgemeine ästhetische Niveau der jungen Republik eher dem der Familie Feuerstein entsprach. Die meisten Amerikaner bekamen in ihrem Leben keine einzige denkwürdige Skulptur zu Gesicht, kaum eine große Kirche – und ganz gewiß keine, die es an Kühnheit und handwerklicher Kunst mit den europäischen aufnehmen konnte –, kein Kolosseum oder Pantheon, und zum damaligen Zeitpunkt auch noch keine Museen. Und alles war neu. Die Denkmäler des amerikanischen Klassizismus, Jeffersons State Capitol in Virginia etwa, waren Inseln in einem Meer von sehr viel bescheideneren Gebäuden. Der Durchschnittsamerikaner wohnte nicht in einer stattlichen Villa mit Fundament, Veranda und vielleicht sogar dem einen oder anderen Ziergiebel, und erst recht nicht in dauerhaften Bauwerken aus Stein oder Ziegel, sondern in hölzernen Behelfshäusern, den Vorfahren des modernen Trailers – nur daß sie sehr viel schlechter gebaut waren.

Schönheit fand sich in Amerika sehr viel eher in der Natur als in der Kultur. So konnte der intelligente Amerikaner bei einem Europabesuch erleben, daß sich sein Geschmack durch ein einziges antikes Monument schlagartig verwandelte wie durch pfingstliche Feuerzungen – Jefferson beispielsweise erging es so beim Anblick des Maison Carrée in Nîmes, jenes römischen Tempels, der zum Eckstein seines Architekturverständnisses wurde. Eine Stunde vor der Venus di Medici in Florenz oder dem Apollo Belvedere im Vatikan konnte alle bisherige ästhetische Erfahrung ungültig machen, wenn man das naive Kind der neuen Republik war. Die eigene Unerfahrenheit verlieh dem englischen oder kontinentaleuropäischen Kunstwerk eine alles in den Schatten stellende Autorität.

Heutzutage, im Zeitalter des Massentourismus und der Massenreproduktion, die den Schock schon im voraus abfangen, ist eine solche Überwältigung kaum mehr vorstellbar. Aber ein Amerikaner, der in Europa eintraf, war durch nichts (außer vielleicht durch den einen oder anderen unscharfen Kunstdruck) auf die Herrlichkeiten vorbereitet, die hier seiner harrten. Italien oder Frankreich erschienen dem kulturell ausgehungerten Yankee wie der Himmel, ein Ort, zu dem man nur durch einen schmerzhaften Initiationsritus Zutritt erlangte, durch die kathartische Reise über den Atlantik. Vier Wochen Seekrankheit, und dann ... Chartres. »Selbst in unseren kühnsten Träumen«, schrieb ein New Yorker 1845, »machen wir uns keinen Begriff von der neuen Dimension des Wahrnehmens, die sich uns beim Anblick eines Meisterwerks auftut. Es ist, als hätten wir uns zeit unseres Lebens in einer Welt bewegt, in der unsere Augen zwar offen waren, aber nur ins Leere blickten, und fänden uns nun plötzlich in eine andere Welt entrückt, in der Anmut und Schönheit sie empfangen.«

IV

Zu dieser Bewußtseinslage kam noch ein weiterer, ganz wichtiger Faktor hinzu: eine in den spärlichen Reihen der amerikanischen Kunstliebhaber allgemein verbreitete Bewunderung für John Ruskin, dessen Werk hier um 1845 allmählich bekannt wurde. Ruskin reiste nie nach Amerika, aber sein Einfluß auf das amerikanische Kunstverständnis war enorm; seine volltönende, geschmeidige, unwiderstehliche Prosa schlug gewissermaßen eine Brücke zwischen dem von den Puritanern ererbten reichen Fundus an religiöser Rhetorik und den Ansichten über die bildenden Künste und ihre Rolle in einer Demokratie, wie sie die Amerikaner in der Mitte des letzten Jahrhunderts entwickelten. Um den puritanischen Widerstand gegen Prunk und eine sinnenbetonte Gestaltung visueller Wahrnehmung zu brechen, galt es die moralisierende Kraft der Kunst zu betonen, ja, maßlos zu übertreiben. Man kleidete seine Reflexionen über ein gesteigertes Erleben in ein theologisches Gewand: Erleuchtung, Bekehrung, Verinnerlichung, Einswerdung.[4]

Was um so naheliegender schien, als viele der Autoren selbst Geistliche waren. Auf ihren bescheidenen Europareisen erlebten sie die dortige Kunst als einen überwältigenden Beweis dafür, daß Gott den Menschen nach seinem Bilde geschaffen hatte, daß die Seele unsterblich war und vor allem, daß die von Menschenhand geschaffene Schönheit Teil von Gottes allumfassendem Plan zur moralischen Unterweisung war. Als Henry Ward Beecher, damals Amerikas Prediger Nummer eins, die Kulturdenkmäler Frankreichs besichtigte, sprach er von »augenblicklicher Bekehrung«, nicht einfach von Kunstgenuß oder von Erbauung. Natürlich mußte man Unterschiede machen. Brueghel und Teniers mit ihren Bauern, die sich den Bauch vollschlugen und dann alles wieder auskotzten, schätzte man nicht so sehr. Auch die fleischigen Madonnen von Tizian betrachtete man mit einem leichten Unbehagen – zu sehr Modell, zu wenig Jungfrau. Die wahrhaft erhebenden Maler waren Fra Angelico, der selige Mönch von Florenz, und natürlich Raffael. Das Bedürfnis, bleibende Werte mit nach Hause zu nehmen, gültige Marksteine der Erinnerung, brachte freilich auch seine Enttäuschungen für den amerikanischen Besucher mit sich, manchmal jedenfalls. Beechers Schwester Harriet Beecher Stowe, die Autorin von

Onkel Toms Hütte, eilte, wie sie selbst erzählte, »buchstäblich im Laufschritt« in den Louvre, um Bilder zu finden, »die von mir, von meinem ganzen Wesen Besitz ergreifen würden. Aber ich suchte vergeblich. Die meisten Männer dort hatten trockenen Auges und kalten Herzens gemalt, ohne einen Gedanken an Heldentum, Glauben, Liebe oder Unsterblichkeit.« Die wahre Kunst, fuhr sie fort, traf ohne Umschweife oder Erklärungen mitten ins Herz; man mußte nicht erst mühsam Geschmack daran gewinnen; man verstand sie, ohne ihre Sprache erlernen zu müssen.

Die Vorstellung, daß es in der Macht der bildenden Künste stehe, Einfluß auf die moralische Dimension des Lebens zu nehmen, erreichte ihren Höhepunkt in der Zeit zwischen Monroes und Lincolns Tod. In voller Blüte erlebt man sie in den wöchentlichen Leitartikeln des *Crayon*, New Yorks wichtigster Kunstzeitschrift in den fünfziger Jahren des letzten Jahrhunderts. *The Crayon* verstand sich als die Stimme des amerikanischen Künstlerstandes und hatte in dieser Eigenschaft eine sehr dezidierte Meinung zu Charakter und Lebensweise des Künstlers. Wie der Herausgeber es 1855 unverblümt formulierte: »Die Freude am Schönen ist von der moralischen Vortrefflichkeit des Individuums abhängig und steht in direktem Verhältnis zu ihr. Wir sind der Überzeugung, daß der Kunst eine erhebende Kraft innewohnt, daß sie *aus sich selbst heraus* teilhat am Geiste der Moral.« Die erste Form, die das Kulturheldentum des amerikanischen Künstlers annahm, war demnach die des Predigers. Er hob die Kunst über ein bloßes Handwerk hinaus, indem er sie zum Sprachrohr der Moral machte. Gott war der größte aller Künstler; die Maler kopierten Sein Werk, das »Buch der Natur«. Sie stillten das Brausen des Meeres und schieden das Licht von der Finsternis – insbesondere,

wenn sie Bostoner Luministen waren. Sie stellten ein Gegengewicht zum amerikanischen Materialismus dar.
Wozu, fragte *The Crayon*, war die Kunst da in diesem, wie er es ausdrückte, »rohen, linkischen, schmutzigen Zeitalter«, den damaligen fünfziger Jahren? Nun, um den Künstler als einen »Reformator« herauszustellen, »einen Philanthropen voller Hoffnung, Ehrfurcht und Liebe«. Und wenn er ausrutschte, dann tat er einen tiefen Fall, wie Luzifer. »Soll der Kunst die Verehrung der Menschheit zuteil werden«, warnte ein anderer Leitartikel, »so ist besondere Vorsorge zu treffen, daß sie nicht ... in unreinen und unziemlichen Gefäßen dargeboten werde. Wir beurteilen die Religion nach der Persönlichkeit ihrer Priester, und wir täten gut daran, auch die Kunst nach der Persönlichkeit derer zu beurteilen, die sie vertreten und verkörpern.« Man glaubt geradezu den Geist des verstorbenen Robert Mapplethorpe zu hören, wie er mit seinen Lederschwingen raschelt vor Heiterkeit.
Dem Gros der Renaissance-Künstler, von ihren Mäzenen ganz zu schweigen, wäre dieser hehre Grundsatz mit ziemlicher Sicherheit neu gewesen. Niemand würde je bezweifeln wollen, daß Sigismondo da Malatesta, der Herrscher von Rimini, einen ausgezeichneten Geschmack hatte. Er beauftragte den kundigsten Architekten des Quattrocento, Leon Battista Alberti, mit dem Bau eines Gedächtnistempels für seine Frau, den er sodann von dem Bildhauer Agostino di Duccio verzieren und von Piero della Francesca ausmalen ließ. Und doch war Sigismondo ein Mann von derart kaltblütigem und räuberischem Naturell, daß man ihn zu seinen Lebzeiten Il Lupo, den Wolf, nannte, und nach seinem Tod war er so verschrien, daß die katholische Kirche ihn (eine Zeitlang zumindest) als einzigen

Menschen neben Judas Ischariot offiziell in der Hölle schmoren ließ – eine Auszeichnung, die er sich dadurch verdient hatte, daß er einen päpstlichen Gesandten, den fünfzehnjährigen Bischof von Fano, mit dessen eigenem Rochett fesselte und ihn vor seinen applaudierenden Soldaten auf dem Marktplatz von Rimini mißbrauchte.

Nicht gerade das Benehmen, das Amerika von den Treuhändern seiner wichtigsten kulturellen Einrichtungen erwartet. Die Idee einer moralischen Veredelung des Menschen durch den Kontakt mit Kunstwerken, das wissen wir im Grunde doch alle, ist nichts als ein frommes Trugbild. Manche Kunstsammler sind hochherzig, menschenfreundlich und gebildet, andere sind hochstaplerische Langweiler, die Parmigianino für eine Käsesorte halten, bis die Jungs bei Christie's sie eines Besseren belehren. Die amerikanischen Museen haben einige der besten und selbstlosesten Männer des Landes als Förderer gehabt, man denke nur an Duncan Phillips oder Paul Mellon, und einige der übelsten, wie Armand Hammer selig. Es lassen sich keine verallgemeinernden Aussagen über die moralische Wirkung der Kunst machen, ganz einfach deshalb, weil sie offenbar keine hat. Wenn es sich anders verhielte, müßten alle, die ständig mit Kunst zu tun haben, sämtliche Kuratoren und Kritiker inbegriffen, Heilige sein, und das sind wir nicht.

V

Unter dem Einfluß der Romantik wandelte sich das Kunstverständnis ein wenig; an die Stelle der religiösen Erwartungshaltung trat allmählich eine Vorliebe für das romantische Konzept des Erhabenen, das zwar ebenfalls den Charakter moralischer Unterweisung hatte, aber auf eine unbestimmtere, weltlichere Art. Die Hudson-River-Maler schufen ihre Visionen von der amerikanischen Natur als Gottes Fingerabdruck; Frederick Church und Albert Bierstadt malten gewaltige Landschaften, die den Amerikanern alle Merkmale romantischer Kunst vor Augen führten – ihren Gigantismus, ihr Virtuosentum, die Hingabe an das Wundersame und Grandiose. Nur eines fehlte: ihre angstvolle Spannung. Die amerikanische Wildnis, so wie sie auf diesen Bildern zu sehen ist, ruft im Betrachter kein Gefühl der Verunsicherung hervor. Sie ist Eden, ihr Gott ein amerikanischer Gott und ihr Evangelium die puritanische Vorsehung. Ihre Welt hat wenig gemein mit der Turners oder Géricaults mit ihren dunklen Andeutungen von Unheil und Tod. Sie betritt auch nicht den Erfahrungsraum, den Teile der amerikanischen *Literatur* für sich erobert hatten – Melvilles Beschwörung der Katastrophe, Poes krankhafte Gefangenheit in sich selbst. Sie ist gottesfürchtig, offen für jedermann und unendlich erhebend.

Kein Wunder, daß sie bei dem immer größer werdenden kunstinteressierten amerikanischen Publikum in den siebziger und achtziger Jahren des neunzehnten Jahrhunderts so beliebt war. Denn dieses Publikum erhoffte sich von der Kunst eine Gegenwelt zur düsteren Wirklichkeit. Es hatte weder für die romantische Seelenpein noch für den Realismus viel übrig. Was an der amerikanischen Malerei dieser Zeit auffällt, ist eine seltsame Leerstelle, wie der Sherlock-Holmessche Hund, der in der Nacht nicht gebellt hat: die Weigerung nämlich, sich explizit mit dem überwältigenden gesellschaftlichen Trauma des Bürgerkriegs auseinanderzusetzen. Die bildenden Künste – mit Ausnahme der Illustration – klammern den Krieg fast völlig aus.

Das Mitleid, das Grauen des Brudermordes, das Bewußtsein menschlichen Verschleißes, das die Literatur der Zeit, Walt Whitmans Werk etwa, erfüllt und noch dreißig Jahre später Stephen Cranes Roman *Das rote Siegel* seinen Stempel aufdrückt, ist visuell nur in gestellten Schlachtenphotos wie denen von Mathew Brady festgehalten – nie in der Malerei. Eine merkwürdige Bilanz, besonders, wenn man wie ich der Meinung ist, daß die besten Leistungen der amerikanischen Malerei des vorigen Jahrhunderts weniger der romantisch-nationalistischen Kunst von Bierstadt und Church zuzuschreiben sind als der Tradition viriler, empirischer Beobachtung, die ihren Anfang in Audubon hat und sich fortsetzt in Eakins und Homer.
In den achtziger Jahren dann übernahm die Kunst eine noch profanere Funktion; aus der Kunst als pseudo religiöser Erbauung wurde die Kunst als Therapie, im persönlichen ebenso wie im gesellschaftlichen Bereich. Das wirkte sich besonders auf jenes so einmalige kulturelle Phänomen, das amerikanische Museum, aus. Denn Amerika, ein reiches Land, das immer noch reicher wurde, wollte nun seine eigenen Museen. Aber sie sollten anders sein als die europäischen. So sollten sie zum Beispiel keine Lagerhäuser für koloniales Plündergut sein, wie das Britische Museum oder der Louvre. (Zwar haben die hiesigen Museen die Indianer und die Zivilisationen südlich des Rio Grande gehörig zur Ader gelassen, aber das heißt bei uns Anthropologie, nicht Plünderung.) Sie sollten nicht vom Staat verwaltet und auch nur in ganz geringem Maße vom Staat finanziert werden. Denn staatliche Finanzierung bedeutet in einer Demokratie zwangsläufig Besteuerung, und da einer der amerikanischen Gründungsmythen eine Rebellion gegen die Steuer war – der Teesturm von Boston –, hat das Konzept der

Kulturförderung durch Steuergelder hier nie viel Anklang gefunden. Andere Länder haben sich unter großem Stöhnen und Wehklagen zu der Einsicht durchgerungen, daß es ohne Steuern keine Zivilisation geben kann. Nicht so Amerika, wo das Jahresbudget der National Endowment for the Arts immer noch bloße zehn Prozent der 1,6 Milliarden Dollar beträgt, die die französische Regierung für die Förderung kultureller Projekte im Finanzjahr 1991 bereitgestellt hat. Sogar die amerikanischen Militärkapellen bekommen mehr.

Nein, Amerikas Museen sollten aus dem freiwilligen Entschluß der Reichen entstehen, innerhalb der Gesellschaft schöngeistige Nischen zu schaffen und so ihren kulturellen Reichtum mit einer Öffentlichkeit zu teilen, die ihn nicht besitzen konnte. Denn wie der Historiker Jackson Lears in *No Place of Grace*, seiner herausragenden Studie über die amerikanische Kultur im späten neunzehnten Jahrhundert, hervorhebt, handelten die Raubritter (und -ritterfräulein), die mit der unwiderstehlichen Sogwirkung ihres Kapitals den Kunstbeständen des alten Europa so eifrig zu Leibe rückten, keineswegs nur aus Habgier. Investition spielte in ihren Überlegungen kaum eine Rolle – wir sprechen von 1880, nicht von 1980. Ein paar von ihnen, namentlich Charles Freer und Isabella Stewart Gardner, waren durch und durch neurasthenische Geschöpfe, die sich von der Kunst Heilung ihrer Leiden versprachen und auch die weniger Betuchten an diesen Segnungen teilhaben lassen wollten. Das öffentliche Museum würde einen besänftigenden Einfluß auf die arbeitende Bevölkerung haben. Die große Kunst der Vergangenheit würde den Groll der Unterprivilegierten beschwichtigen. William James, der 1903 der Öffnung von Isabella Stewart Gardners Privatmuseum im Bostoner Fenway Court für die Allgemeinheit beiwohnte, brachte die Sache auf den Punkt, indem er die Örtlichkeit mit einer Klinik verglich. In einem solchen Haus, schrieb er, konnten alle mühseligen und beladenen Amerikaner ihre Sorgen vergessen und wieder wie die Kinder werden, großäugig und staunend.

Die Vorstellung, daß öffentlich zugängliche Kunst dem Sozialneid entgegenwirken könnte, spielte bei der Einrichtung der amerikanischen Museen eine tragende Rolle. In Europa dachte man: Jetzt haben wir nun mal diese ganzen Gemälde und Zeichnungen und Skulpturen, da könnten wir doch eigentlich gleich etwas damit anfangen; stecken wir sie in ein Museum. In Amerika dachte man: Wir haben nichts; unser Land ist ein Land ohne kulturelle Vergangenheit – schaffen wir also gezielt Kunstwerke an und machen sie zu einem Teil unseres demokratischen Gesellschaftsplans. Dann kultivieren wir uns selbst und andere gleich mit. Nicht, daß das europäische Museum der Erziehung der Öffentlichkeit gleichgültig gegenübergestanden hätte, aber dem amerikanischen Museum war sie doch von Anfang an ein ungleich bewußteres Anliegen.

Die Suche nach dem Meisterwerk diente als Vehikel für die soziale Versöhnung. Kein anderes Land war von ähnlich scharfen kulturellen Gegensätzen geprägt: auf der einen Seite der amerikanische Kapitalismus in seinem ungezügelten, rücksichtslosen prometheischen Vorwärtsdrängen, immer hart an der Grenze zum Klassenkampf, auf der anderen Seite die idealisierte Vergangenheit – nicht die eigene, sondern eine stellvertretende, die nun plötzlich in Reichweite gerückt war: das Mittelalter und die Renaissance, wie sie Bernard Berenson und Joseph Duveen den Reichen von Boston, Chicago und New York verkauften. Beide Seiten waren untrennbar miteinander verbunden, denn die eine bot Zuflucht vor den Ängsten der anderen. Nun da die Kassen klingelten, wandten die Amerikaner sich der Muttergottes zu, und wie Dorothy Parker im Gästebuch von San Simeon dichtete, nachdem sie eine Della Robbia über der Tür zu Marion Davies' Schlafzimmer bemerkt hatte:

Ich sah's ganz genau: Unsere liebe Frau
Stand in eine Nische gestellt,
Und zwar über der Ture der leibeignen Hure
Des miesesten Arschlochs der Welt.

Upon my honor, I saw a Madonna
Standing in a niche
Above the door of the private whore
Of the world's worst son of a bitch.

Amerikas Suche nach spirituellen Offenbarungen in der Kunst beschränkte sich freilich nicht auf die europäische Renaissance. Sie reichte bis nach Japan und China; daher der machtvolle Einfluß der sogenannten Bostoner Bonzen, allen voran William Bigelow und Ernest Fenollosa, deren privatem Erleuchtungsstreben in Japan die Stadt Boston ihre konkurrenzlose Sammlung japanischer Kunstschätze des ausgehenden neunzehnten Jahrhunderts verdankt – einer Zeit, da die Japaner selbst ihre Kunst unter dem Druck der einsetzenden Verwestlichung immer mehr abzustoßen begannen.

Und diese Unterstreichung des therapeutischen Aspektes verstärkte sich noch einmal ganz erheblich in den zwanziger Jahren, in der Zeit zwischen der Armory Show und der endgültigen Institutionalisierung der

Moderne als der »offiziellen« Kultur Amerikas. Wenn das kultivierte Amerika die Moderne zunächst ablehnte, dann unter anderem deshalb, weil es sie in ihrer betonten Zerrissenheit, ihren augenfälligen Verstößen gegen die malerischen Normen nicht spirituell genug fand. War sie in der Lage, dem altüberlieferten Versprechen der Kunst gerecht zu werden, würde sie Wege eröffnen, die aus der rauhen Wirklichkeit der *industriellen* Moderne hinausführten in eine höhere Welt? Konnten die alten Meister und die Modernen nebeneinander bestehen?

Die Antwort der Museen, vom Gründungsmoment des Museum of Modern Art an, lautete ja. Das amerikanische Museum mußte seinen pragmatischen Ansatz mit der Grundforderung der modernistischen Avantgarde in Einklang bringen, dem Postulat nämlich, daß die Kunst fortschreitet, indem sie ihren eigenen Diskurs mit wohlbemessenen kleinen Dosen des Unannehmbaren spritzt und so der Kultur neue Dimensionen eröffnet. Das Ergebnis war ein meisterlicher Kompromiß, den sich Europa nie hätte träumen lassen. Amerika erfand den therapeutischen Avantgardismus und baute Museen in seinem Namen. Diese Tempel ruhten auf zwei Säulen. Die eine war der Ästhetizismus, die Idee des l'art pour l'art, die verfügte, daß alle Kunstwerke in erster Linie nach ihren formalen Eigenschaften zu beurteilen waren; auf diese Weise entgingen sie der puritanischen Zensur. Die zweite war das vertraute Argument des erzieherischen Effekts: Obwohl der Ästhetizismus sie zu Recht aus der Sphäre moralischer Urteilssprechung herausnahm, so waren Kunstwerke doch in sich selbst moralisch, da sie, ob man das nun gleich merkte oder nicht, den Weg zu höheren Wahrheiten wiesen und dadurch einen guten Einfluß auf die Menschheit ausübten. Man mochte sich von ihnen zunächst ein wenig brüskiert fühlen, aber dann würde man sich an sie gewöhnen, und der kulturelle Fortschritt würde seinen Lauf nehmen. Womit wir wieder bei Robert Mapplethorpe und seinem X-Portfolio angelangt wären.

VI

Denn der eigentliche Wahnwitz der Argumente, die die Kunstkritiker zur Verteidigung dieser Szenen sexueller Peinigung vorbrachten, lag in der Tatsache, daß sie sich entweder auf einen Ästhetizismus beriefen, der so solipsistisch war, daß er schon ans Absurde grenzte, oder aber einen weithergeholten und unverifizierbaren therapeutischen Nutzen geltend machten. Die erstere Taktik setzt eine Bereitschaft zur Trennung von Form und Inhalt voraus, die schlichtweg nicht mehr feierlich ist. Eine alte, inzwischen verstorbene Bekannte von mir erzählte gern von einer Führung durch die Londoner National Gallery, die Roger Fry, der englische formalistische Kritiker, übernommen hatte. Fry blieb vor einem Triptychon von Orcagna stehen, auf dem ein zürnender Gottvater dargestellt ist, schrecklich anzusehen in seinem Grimm, wie er, blitzenden Auges und wallenden Bartes, unversöhnlich auf seinen geopferten Sohn zeigt. »Und nun«, sagte er, »müssen wir unsere Aufmerksamkeit der dominierenden Farbfläche in der Bildmitte zuwenden.« Heute, siebzig Jahre später, erleben wir Kritiker wie Janet Kardon, die im Mapplethorpe-Katalog und später in ihrer Zeugenaussage in dem Prozeß in Cincinnati an zwei Photos – auf dem einen eine in das Rektum des Partners geschobene Männerfaust, auf dem anderen ein in einen Penis gebohrter Finger – einzig die »Zentralität des Unterarms« beachtenswert findet und sich in holden Tönen darüber ausläßt, wie diese Zentralität doch der gesamten Komposition »Halt verleiht«, wie »die Szenen aus dem wirklichen Leben herauskristallisiert erscheinen« und ihre formale Anordnung »die grob-sinnlichen Elemente läutert, ja sogar aufhebt«. So etwas ist meiner Meinung nach genau die Art von ausgelaugtem, im wahrsten Sinne des Wortes de-moralisiertem Ästhetizismus, die keinen Unterschied zwischen einer Hitlerschen Massenkundgebung und einer Busby-Berkeley-Show sehen würde, da ja schließlich beide Beispiele für Art-Deco-Choreographie sind. Aber mindestens ebenso befremdlich ist die diametral entgegengesetzte Sichtweise, wie sie etwa von Ingrid Sischy und Kay Larson vertreten wird – daß nämlich Mapplethorpes sexuell extremere Bilder in gewissem Sinne didaktisch sind: Ihrer Natur nach dionysisch, wirken sie doch als ein moralisches Schaustück; sie ziehen die Schleier der Prüderie und der Ignoranz beiseite und fördern so die Rechte der Homosexuellen, indem sie uns mit Grenzbereichen menschlicher Sexualität konfrontieren, jenseits derer nur noch der Tod möglich ist. Dies, so Larson, stellt »die letzte Grenze der Selbstbefreiung dar, die ultimative Freiheit«. Der Junge mit den in den Schraubstock eingespannten Genitalien als »in«-Version des Edwardianischen Bergsteigers, der in einer Felswand im Himalaya baumelt: unter ihm die Leere, um ihn das Seil und vor ihm das Gipfelerlebnis? Ich finde das, gelinde gesagt, bedenklich. Würden in einem Museum Bilder ausgestellt, auf denen Masochist*innen* solche Dinge über sich ergehen lassen, gäbe es in der Kunstwelt einen Sturm der Empörung: Sexismus, Entwürdigung, Ausbeutung, alles, was das Herz begehrt. Nun ja, was dem einen recht ist, ist dem anderen billig. Und so oder so macht die Mapple-

thorpe-Affäre, wie Rochelle Gurstein in einem hervorragenden Artikel in *Tikkun* aufzeigte,[5] deutlich, »in welchem Maße kulturelle Meinungsmacher, genau wie so viele Politologen, sich in ihrer Urteilsfähigkeit durch einen Diskurs einschränken lassen, der die Frage nach dem, was öffentlich ausgestellt werden sollte, ausschließlich unter dem Aspekt der Rechte des einzelnen betrachtet – in diesem Falle dem Recht auf freien künstlerischen Ausdruck –, und nicht auch mit Blick auf das Interesse der Öffentlichkeit am inneren und äußeren Zustand unserer modernen Welt«. Natürlich sollte das X-Portfolio ausgestellt werden dürfen, solange der Zutritt Erwachsenen vorbehalten bleibt, schon allein deshalb, weil es im Sinne der Verfassung ist. Aber wir machen uns etwas vor, wenn wir das First Amendment für den einzig wichtigen Gesichtspunkt in dieser Debatte halten oder dem naiven Glauben anhängen, daß alle Tabus bei der Darstellung von Sexualität dazu da sind, verletzt zu werden, und daß ihre Verletzung etwas mit der Rolle der Kunst heute, im Jahre 1992, zu tun hat. In den Augen vieler Mapplethorpe-Anhänger spielt schon, wer solche Themen überhaupt anspricht, der zensursüchtigen Rechten in die Hände – auch das ein Zeichen dafür, wie sehr der Streit um ihn die Gemüter erhitzt hat.
Ich habe die Aufregung um ein einzelnes Werk eines leicht überschätzten amerikanischen Photographen deshalb so ausführlich behandelt, weil sie mit dem Problem Politik in der Kunst und mit der Haltung der amerikanischen Museen zu diesem Thema in direktem Zusammenhang steht. Für meine Begriffe gibt es nicht einen einzigen Grund, warum ein Museum, ganz gleich welches, Werken mit expliziter politischer Zielsetzung Vorrang geben sollte vor Werken ohne Tendenz – wobei die politische Kunst unserer Tage ohne-

hin nur noch ein trauriger Abgesang auf die Vision ist, daß Malerei und Bildhauerei die Gesellschaft verändern.

Von den ersten Anfängen der Avantgarde an ist diese Hoffnung durch die Realität Lügen gestraft worden. Kein Kunstwerk des zwanzigsten Jahrhunderts hat auch nur annähernd einen solchen Einfluß ausgeübt wie seinerzeit *Onkel Toms Hütte* auf die Einstellung der Amerikaner zur Sklaverei oder *Archipel Gulag* auf die Illusionen über die wahre Natur des Kommunismus. Das berühmteste, meistreproduzierte politische Gemälde unseres Jahrhunderts, Picassos überall bekanntes Werk *Guernica*, hat Francos Regime um kein Jota verändert oder das Leben des Diktators auch nur um einen Tag verkürzt. Die politische Meinung wird nun einmal nur durch Ereignisse verändert, durch Diskussionen, Pressephotos und das Fernsehen.

Die Ausstellungskataloge der neunziger Jahre, so der Komment, haben sich mit »engagierten« Künstlern zu befassen, die »Themen ansprechen« – Rassismus, Sexismus, AIDS und so weiter. Aber künstlerische Qualität ist keine natürliche Folge von Geschlecht, Ideologie, sexuellen Neigungen, Hautfarbe oder körperlicher Verfassung, und ein Thema anzusprechen ist nicht dasselbe wie ein Publikum anzusprechen. Der HIV-Virus hört nicht zu. Joe Normalverbraucher führt sich nicht die tugendhaften feministischen John-Heartfield-Imitate im Whitney Museum zu Gemüte – er hat an der Wand neben seiner Bandsäge ein Playmate-Bild kleben, und kein noch so großes Aufgebot an Barbara Krugers wird ihn oder sonst irgendwen dazu bringen, hinfort nicht mehr zu sündigen. Die politische Kunst des postmodernen Amerika ist eine einzige lange Predigt vor einer bereits bekehrten Gemeinde. Ihre Hauptstrategie, so Adam Gopnik im *New*

Yorker in einer Besprechung der Carnegie International in Pittsburgh, besteht darin, eine unangreifbare, wenn auch nicht mehr ganz taufrische Idee herzunehmen – »Rassismus ist unrecht« oder »Auf New Yorks Straßen sollte es nicht so von Bettlern und Geistesgestörten wimmeln« – und sie so codiert zu verpacken, daß der Betrachter nach glücklich vollbrachter Rückübersetzung das Gefühl haben kann, in den »Diskurs« der Kunstwelt integriert zu sein.[6] Aber die Tatsache, daß ein Kunstwerk AIDS oder Bigotterie zum Thema hat, stellt es ästhetisch nicht automatisch über ein Werk, das von Meerjungfrauen und Palmen handelt. Darüber hinaus ist die neue »engagierte« Kunst zu einem Großteil auch noch so schlecht gemacht, daß einzig und allein der Kontext – ihr Platz im Museum – auf das Vorhandensein irgendeiner ästhetischen Absicht schließen läßt. Sicher, mit solcher Beckmesserei braucht man vielen gar nicht erst zu kommen: Schon allein das Ansinnen, daß ein Kunstwerk gut gemacht sein sollte, ist für sie ein Symptom für elitäres Denken. Bestimmt fänden sich Kritiker, die die Meinung vertreten, ein schlecht gemachtes Kunstwerk sei nur eine Metapher für den erbärmlichen Zustand der restlichen Güterherstellung, nun da das handwerkliche Berufsethos weitgehend der Vergangenheit angehört, so daß im Museum zur Schau gestellte künstlerische Unfähigkeit schon wieder eine eigene kritische Funktion erlange. Aber das mußte einem erst mal gesagt werden, wenn man das Zeug sah, das bei der letzten Biennale im Whitney geboten war: eine ausufernde, öde Dokumentation von Group Material zum Beispiel, die aussah wie die Pinnwand in einem Grundschulklassenzimmer, sich aber *Aids Timeline* nannte, oder eine Arbeit von Jessica Diamond, bestehend aus einem mit einem Kreuz durchgestrichenen Gleichheitszeichen, unter dem in schwacher Krakelschrift »Völlig ungleich« stand. Wer sich einbildet, dieses traurige Diagramm würde irgend etwas zu einem erweiterten Verständnis von Recht und Unrecht in der amerikanischen Gesellschaft beitragen, nur deshalb, weil es an einer Museumswand anderen Bildern den Platz wegnimmt, der träumt.

Europa hat in den letzten Jahren ein paar Künstler von wirklichem Format hervorgebracht, deren Werk man als politisch bezeichnen könnte – zum Beispiel Anselm Kiefer oder Christian Boltanski. Die Markenzeichen der amerikanischen Opfer-Kunst dagegen sind und bleiben Selbstdarstellung und Unzulänglichkeit. Die Auftritte von Karen Finley und Holly Hughes sind Extrembeispiele für den Trugschluß einer als Politik mißverstandenen Kunst – den Glauben, daß bloße Expressivität genug ist; daß man zum Künstler wird, indem man der Welt seine zuckenden Eingeweide hinstreckt, und wehe, die Welt bricht nicht in Entzückensschreie aus. Euch passen meine Eingeweide nicht? Wohl dicke mit Jesse Helms, was?

Eine derartige Anspruchshaltung kann nur kindisch genannt werden. Ich habe Forderungen, ich habe Bedürfnisse. Warum habt ihr sie nicht erfüllt? Das »ihr« läßt keinerlei Differenzierung zu, und die Selbstgerechtigkeit des »ich« trägt stark narkotische Züge. Man wäre ja schon dankbar für den Ansatz eines Gespürs für jene Nuance, die das Kunstwerk vom Slogan unterscheidet – von jeher die Mindestvoraussetzung für gute politische Kunst, allen voran die Satire, von den Zeiten Gillrays, Goyas und Géricaults bis hin zu Picasso, John Heartfield und Diego Rivera. Aber heute liegt die Betonung ausschließlich auf dem Persönlichen, auf »Expressivität«. Satire ist suspekt, da möglicherweise elitär. Künstlerische Disziplin, die sich durch das Streben nach Struktur, durch Klarheit, Komplexität, Nuancenreichtum und Phantasie zu erkennen gibt, wird deshalb immer rarer; an ihre Stelle treten Forderungen nach einer Befreiung von derartigen Auflagen. Ich bin ein Opfer, wie könnt ihr es wagen, mich euren ästhetischen Normen zu unterwerfen? Seht ihr nicht, daß ihr mich so schwer verletzt habt, daß ich nur meine Wunden zu zeigen brauche und es Kunst nennen muß?

1991 erschien in *Art in America* ein unvergleichliches Interview mit der Performance-Künstlerin Karen Finley, in dem die Ex-Katholikin erklärte, der Grad ihrer Unterdrückung als Frau lasse sich daran ablesen, daß sie nie, unter gar keinen Umständen, Papst werden könnte. Und sie meinte es ernst.

Bündiger und eindringlicher ließe sich die Ichbezogenheit des Künstlers-als-Opfer nicht zusammenfassen. Ich war selbst einmal Katholik, und der Gedanke an diese Ungerechtigkeit brachte durchaus eine Saite in mir zum Klingen. Aber als ich mir die Sache ein bißchen durch den Kopf gehen ließ, wurde mir klar, daß es in der Tat einen Grund gibt, warum Karen Finley nicht Papst werden darf. Der Papst ist nur zu bestimmten Zeiten unfehlbar, wenn er nämlich *ex cathedra* in Glaubens- und Moralangelegenheiten das Wort ergreift. Die radikale Performance-Künstlerin in ihrem vollen Status als Opfer dagegen ist zu jeder Zeit unfehlbar. Und dieser Bürde wäre keine Institution gewachsen, nicht einmal eine so alte und mit allen Wassern gewaschene wie die katholische Kirche. Mehr noch als die Vorstellung, den Stuhl Petri mit einer schokoladenbeschmierten Irin besetzt zu sehen, die pausenlos über die Unterdrückung der Frau jammert, wäre das der Grund, warum ich gegen sie stimmen würde, wenn ich je Mitglied des Kardinalskollegiums würde, was übrigens auch eher unwahrscheinlich ist.

Der Druck der Aktivisten setzt die Museen unter Zugzwang, wie es ja auch in seiner Absicht liegt, und er wird von den Verantwortlichen sehr schnell internalisiert. Zwei verschiedene Kunstauffassungen prallen hier aufeinander, und das Resultat ist eine doppelte Zensierungswut.

Auf drastische Weise wurde das im April 1991 in Washington deutlich. Im National Museum of American Art lief eine Ausstellung mit dem Titel *The West as America*, eine gigantische Bilderanthologie, die als Gegenentwurf zu der Veni-vidi-vici-Version der weißen Besiedlung Amerikas im neunzehnten Jahrhundert gedacht war.[7] Im Mittelpunkt stand das Konzept der puritanischen Vorsehung, so wie es sich im Werk der damaligen Maler und Bildhauer niederschlug. Die Ausstellung begann mit Historiengemälden von den Pilgervätern und endete mit Photos von kalifornischen Mammutbäumen, durch deren Stämme Straßen geschnitten waren. Die Werke, das ließ sich ziemlich leicht erkennen, waren nach ihrem Dokumentationswert ausgewählt, als Spiegel von Ideen, Meinungen und Ereignissen, nicht nach ihrem immanenten ästhetischen Wert. Dagegen ist nichts einzuwenden, solange man sich offen dazu bekennt, und das taten die Kuratoren. Minderwertige, ästhetisch bedeutungslose oder sogar abstoßende Werke sagen oft eine Menge über gesellschaftliche Wertmaßstäbe aus. Und »Meisterwerke« sind in der amerikanischen Malerei des neunzehnten Jahrhunderts ohnehin dünn gesät. Was der Besucher zu sehen bekam, waren in der Hauptsache die angestrengten Bemühungen kleiner provinzieller Talente, deren größtes Verdienst in der Klarheit lag, mit der sie die Leitbegriffe des amerikanischen Expansionismus widerspiegelten. Der Ausstellung ging es um die Dekonstruktion von Symbolen und Motiven, und auch daran ließ sich nichts aussetzen – wenn man es irgendwo in dieser Kultur mit einem Konstrukt zu tun hat, dann bei dem Gründungsmythos des amerikanischen Westens.

Ich fand die Ausstellung interessant und anregend, und das sagte ich in meiner Besprechung auch. Was mir nicht so ganz behagte, waren der Katalog und besonders die Erläuterungen an den Wänden, die nur so trieften von spätmarxistischen, plump-feministischen Parolen. Solche Kommentare waren früher in russischen Museen gang und gäbe: »Dieses Ei von Fabergé, Symbol der dekadenten Frivolität der Romanows ...« und weiter in diesem Stil. Aus Rußland sind sie verschwunden, dafür beglücken sie jetzt uns. Hier, Freunde und Brüder, seht ihr ein Bild von einem Huron. Ah, der arme amerikanische Ureinwohner! Seht, er ist als Sterbender dargestellt! Und da, die unterwürfige Haltung der Squaw, ein Versuch, den Phallozentrismus des primitiven Kapitalismus auf die eroberten Völker zu projizieren! Und der zerbrochene Pfeil auf dem Boden, Emblem seiner verlorenen, wenngleich zweifellos traditionsgemäß übertriebenen Potenz! Pfui Teufel! Nächstes Dia! Eine der im Katalog vertretenen Autorinnen ließ sogar den Bilderrahmen ihre Aufmerksamkeit angedeihen; »die lineare Rahmung«, erklärte sie, »demonstriert in dramatischer Weise die Machtstellung und Kontrolle der Weißen«. Schon eine Spur von so etwas ist manchmal zuviel, und *The West as America* hatte jede Menge davon.

Trotzdem verblüffte mich die Heftigkeit der Reaktion. Angeführt von Daniel Boorstin, dem ehemaligen Leiter der Library of Congress, zog sich ein ganzes Rudel von Politikern und rechten Kolumnisten die Kampfstiefel an und begann zu treten. Keinem von ihnen fiel dabei auf, daß die legendäre Geschichte des amerikanischen Westens schon seit Jahren unter sozialhistorischem Beschuß stand und daß die Gesamtaussage der Ausstellung weder neu noch besonders originell war – oder höchstens insofern, als sie hier erstmals in den Bereich der bildenden Kunst übertragen wurde. Sie fanden es einfach nicht richtig, daß die John-Wayne-Version des Wilden Westens überhaupt in Frage gestellt wurde. Und die Erläuterungen waren natürlich ein gefundenes Fressen für sie. Anführer der Attacke war Senator Ted Stevens aus Alaska, ein republikanischer Pipeline-Besitzer, der schon wußte, warum er dem Smithsonian Ausstellungen verbieten wollte, die, wie er es nannte, »Geschichtspervertierung« betrieben, sprich, sich mit Eroberung, Entwicklung und dem Schicksal der Indianer auseinandersetzten. Er beschuldigte die Leitung des Smithsonian, »politische Ziele zu verfolgen«, als ob er selbst etwas anderes täte.

Die Botschaft ließ an Deutlichkeit nichts zu wünschen übrig: So leicht werdet ihr uns nicht los – also keine Mucken, sonst könnt ihr euch die Subventionierung abschminken! Warnungen dieser Art klingen den amerikanischen Kulturinstitutionen seit dem Mapplethorpe-Debakel Tag und Nacht in den Ohren. Nicht, daß sich die Direktorin des National Museum of American Art, Elizabeth Broun, über mangelnde Rückendeckung von seiten von Kritikern, Museumsfachleuten und anderen beklagen konnte: Die Ausstellung war zwar nicht perfekt, vor allem im Rhetorischen haperte es, aber sie sagte durchaus etwas aus über Funktion und Stellenwert der amerikanischen Kunst und schien im Großen und Ganzen lohnend genug. Und meines Feindes Feind ist allemal mein Freund.

Aber kaum war Ms Broun aus den trüben Gewässern

rechter Zensierungswut aufgetaucht, hielt sie offenbar ein paar eigene kleine Kurskorrekturen für angebracht. Einen Monat nach dem Ende von *The West as America* wurde im National Museum of American Art eine andere Ausstellung eröffnet, die ein anderes Museum organisiert hatte und die in Washington nur zu Gast war. Sie zeigte unter anderem ein Werk des namhaften amerikanischen Minimalisten Sol LeWitt. LeWitt ist hauptsächlich für seine aus einzelnen Elementen zusammengesetzten gitterartigen Kompositionen bekannt, aber diese Arbeit war ein Frühwerk aus den sechziger Jahren – eine Schachtel, in der der Betrachter eine Reihe von Bildern erblickt, ständig vergrößerte Reproduktionen des Frontalphotos einer nackten Frau. In einem Anfall von politischer Korrektheit beschloß Ms Broun, daß Mr. LeWitt den Blick auf geile und sexistische Weise auf die Scham der Dame lenkte, und verbannte das Werk stehenden Fußes aus der Ausstellung. Der Kurator, von dem das Ausstellungskonzept stammte, startete daraufhin sofort eine Pressekampagne, in der er Ms Broun Zensur vorwarf; der LeWitt kehrte an seinen Platz zurück. Gute Zensur – nein, nennen wir es lieber affirmative Sensibilität auf Interventionsbasis – ist heilsam und bricht eine Lanze für Frauen und Minderheiten. Schlechte Zensur ist das, was einem die bleichen Penisprotze antun. Hier endet die Lesung aus der Heiligen Schrift.

VII

Kommt dergleichen nur mir reichlich engstirnig und geisttötend vor? Mit Sicherheit nicht: Der politische Druck hat sich in den letzten Jahren zu einer schweren Belastung für die amerikanischen Museen ausgewachsen, zu einem Damoklesschwert über den Häuptern von Direktoren und Kuratoren. Der Schraubstock hat eine rechte Backe und eine linke, die das Museum in einem schmerzhaften Klammergriff halten und es am Ende womöglich völlig aus der Form biegen werden. Diese Zwänge sind in Amerika weitaus extremer als in irgendeinem der mir bekannten europäischen Länder: eine Folge der Verabsolutierung politischer Einflußnahme, der Überzeugung – in der sich die rechte und die linke Seite die Hand reichen –, daß kein Bereich der öffentlichen Kultur von politischem Druck ausgenommen sein sollte, da unterm Strich ja doch alles auf Politik hinausläuft. Schuld daran sind zu gleichen Teilen die PC-Manie, das Persönliche (Akte der Imagination nicht ausgenommen) mit dem Politischen gleichzusetzen, und der konservative Grundsatz, daß jeder Stock, mit dem sich auf Liberale eindreschen läßt, ein guter Stock ist, ganz gleich, was in dem Streit sonst noch alles plattgewalzt werden mag. Das amerikanische Museum ist in keiner Weise als Arena für solche Hahnenkämpfe angelegt und steht ihnen darum einigermaßen hilflos gegenüber – wobei der Anspruch aktivistischer Kunst, eine Avantgarde zu konstituieren, die Sache auch nicht gerade leichter macht.

Dazu kommt, daß die Idee einer Avantgarde, wie sich im letzten Vierteljahrhundert immer deutlicher herausgestellt hat, in keiner Beziehung zu irgendeiner kulturellen Wirklichkeit in Amerika steht. Ihr Mythos vom innovativen Künstlertum im Kampf gegen ein verknöchertes Establishment hat sich totgelaufen. Warum? Weil die neue Kunst unsere offizielle Kultur dargestellt hat, solange wir denken können. Amerika ist fortschrittssüchtig; es liebt das Neue ebenso unparteiisch wie das Alte. Darum konnte das Konzept einer

Avantgarde hier nur als Fiktion überleben, künstlich ernährt durch fromme Legenden von kulturellem Martyrium; der Kontext dieser Legenden ist kein stilistischer mehr, sondern ein sozialpolitischer (vornehmlich der von Geschlecht und Rasse), aber der Plot ist so ziemlich der gleiche geblieben. Heute nimmt niemand mehr das Wort »Avantgarde« in den Mund – es ist zum Unwort geworden. Statt dessen sprechen Kunsthändler und Kuratoren vom *cutting edge*, der Schneide, was noch angenehm positivistische Assoziationen von brandaktuellen heißen Eisen wachruft, die die Krusten reaktionärer Opposition aufschlitzen, das alte Eisen hinter sich lassen in schöpferischem Vorwärtsdrängen.

Dummerweise landete dieses Modell in den achtziger Jahren auf dem Müll und läßt sich nicht wiederbeleben. Die Vorstellung einer Seelentherapie durch die Kunst segnete das Zeitliche, als aus der Kunstwelt die Kunstindustrie wurde, als die Raffgier und der Glamour der Reagan-Ära das Ruder an sich brachten, als Tausende von Spekulanten den Markt zu überschwemmen begannen und die zeitgenössische Kunst unter die Räder der Junkbond-Mentalität geriet. Je mehr die Kunstwelt sich mit scheinheiligem Gesindel anfüllte, das unter anderen Umständen Sumpfland in Florida oder Schlangenöl in Texas verkauft hätte, desto abgehobener wurde ihre Sprache. Jeder Geldhai mit einem Salle an seiner Wand plapperte mit wissender Miene von Hyper-Realität und Uneigentlichkeit. Eine derartige Orgie zieht zwangsläufig einen Kater nach sich, und so brummt uns jetzt eben der Schädel. Der Ansturm auf die Kunstakademien in den siebziger Jahren und die plötzliche Kunstfreundlichkeit des Marktes führten in den Achtzigern zu einer regelrechten Bevölkerungsexplosion in der Kunstwelt. Kein noch so großes Aufgebot von Sammlern konnte damit fertig werden, schon in den sieben fetten Jahren nicht, die 1990 mit dem Zusammenbruch des Kunstmarkts endeten – von den mageren Jahren, die vermutlich vor uns liegen, ganz zu schweigen. Nachdem es mit den amerikanischen Kunstakademien in den letzten drei Jahrzehnten stetig bergab gegangen ist, sind die meisten bildenden Künstler, ähnlich wie die meisten Absolventen von *creative-writing*-Kursen, schlecht ausgebildet und lassen wenig Denkwürdiges erwarten. Es ist nicht ihre Schuld: Die Akademien haben ihre Pflichten ihnen gegenüber vernachlässigt, indem sie Theorie über Technik gestellt haben, Therapie über Lehre, strategische Kniffe über Grundbegriffe. Eine übervölkerte Kunstwelt mit einem lustlosen Markt – das bedeutet immer zahlreichere Klagen über die Diskriminierung von Künstlern, endlose Jeremiaden über Rassismus, Sexismus und so weiter, während das eigentliche Problem darin liegt, daß es einfach mehr Künstler gibt, als die Basis verkraften kann. Zur Zeit leben schätzungsweise zweihunderttausend Künstler in Amerika, und angenommen, jeder von ihnen produziert vierzig Werke pro Jahr, dann ergibt das insgesamt acht Millionen Kunstgegenstände, von denen die meisten nicht die winzigste Überlebenschance haben. Vielleicht wäre der Situation durch eine Wiederbelebung der Arbeitsbeschaffungsprogramme der dreißiger Jahre abzuhelfen – nicht, daß etwas derartiges irgendwo in Sicht wäre. Fest steht jedenfalls, daß nur ein Bruchteil dieser überzähligen, unbehausten Werke in einem Museum unterkommen wird.

Das Gros der Künstler fühlt sich damit entrechtet, was zu einer Flut von Angriffen auf den Begriff der »Qualität« geführt hat, so als stünde Qualität im Widerspruch zur Gerechtigkeit. Ein Museum, das seine Aufgabe ernst nimmt, muß sich vor allem gegen diese Tendenzen zur Wehr setzen. Wir haben zur Genüge gesehen, was sie in der Literaturwissenschaft angerichtet haben. Qualität, so der Grundtenor, ist ein Komplott, eine Verschwörung der weißen Herrenrasse, die darauf abzielt, die Werke anderer Rassen und Kulturen ins Abseits zu drängen. Sie zum Maßstab für die Beurteilung von Kunstwerken zu machen, ist darum von Haus aus repressiv.

Mit dieser These geht ein bereits zur Konvention gewordenes großes Gejammer einher. Jammern heißt das neue Dogma, und Kunstkritiker wie auch Kunsthistoriker scheinen sich ihm immer weniger entziehen zu können. Als ein Beispiel unter Tausenden sei hier Eunice Liptons Katalogbeitrag zu der Ausstellung THE DECADE SHOW zitiert, einem New Yorker Gemeinschaftsprojekt des Museum of Contemporary Hispanic Art, des Studio Museum in Harlem und des New Museum of Contemporary Art aus dem Jahre 1990: »Eines der wirksamsten Machtinstrumente, derer sich die Kunstgeschichtsschreibung bei der Schaffung von Insidern und Outsidern bedient«, so Lipton,[8]

> ist der Begriff des »Künstler-Genies« ... Nahezu obligatorische Eigenschaften dieses Künstler-Helden sind seine leidenschaftlichen Tiraden, sein alttestamentarisches Eiferertum, sein unkontrollierbarer Sexualtrieb, sein Konkurrenzdenken (das natürlich vor dem Hintergrund von Freuds Ödipus-Komplex zu sehen ist) und vor allem das Besessensein von seinem Werk. Man denke nur an Michelangelo, van Gogh, Rodin, Picasso oder Pollock. Könnten diese Künstler Lesbierinnen, asiatische Amerikaner oder amerikanische Ureinwohner sein? Schon allein die Vorstellung derartiger Sub-

> versivität erschüttert den weißen Kunstdiskurs in seinen Grundfesten, eine so machtvolle Bedrohung stellen diese Grenzüberschreitungen dar.

Nun, ich nehme an, die erste Antwort auf Ms Liptons brennende Frage lautet: Nein, diese Künstler könnten keine anderen sein als die, die sie waren, schon deshalb nicht, weil sie alle tot sind. Kein Klimmzug der Phantasie – jedenfalls keiner, der noch irgendeinen Sinn ergibt – kann van Gogh eine chinesische Mutter verschaffen oder aus Rodin einen Cherokee machen; für solche »grenzüberschreitenden« Wandlungen ist es bei ihnen zu spät, ganz gleich, wie wünschenswert sie Kritikerinnen wie Ms Lipton erscheinen mögen. Immerhin war Michelangelo, wenn auch nicht gerade eine Lesbierin, so doch homosexuell, obwohl ich fürchte, das gibt seinen Bewunderern noch keinen Freibrief. Aber das wirklich Bemerkenswerte an dieser Passage ist für mich das Zerrbild des, um mit Ms Lipton zu sprechen, »weißen Kunstdiskurses«, das hier entworfen wird. Der romantische Künstler-Held, so wie sie ihn der modernen Kunstgeschichte andichtet, ist eine Schießbudenfigur, eine grobe Pappschablone, mit der kein Kunsthistoriker hantiert und über die jeder ernstzunehmende Kunstkritiker nur lachen würde. Er ist eine journalistische Fiktion – und zwar eine drittklassige. Das Stereotyp des Künstlers als einer Art phallokratischen Demiurgen, der in einem sozialen Vakuum willkürliche Wunderwerke schafft, findet bei der Massenkultur nach wie vor großen Anklang, aber es fällt in die Zuständigkeit von Judith Krantz, nicht in die der Kunstgeschichte. Um Michelangelo näherzukommen, das weiß jeder halbwegs vernünftige Mensch, muß man sich erst einmal von dem Bild lösen, das der Film *Inferno und Ekstase* von ihm entwirft – genauso, wie

man nicht in *Vincent van Gogh – ein Leben in Leidenschaft* geht, wenn man etwas über van Gogh erfahren möchte. Und hat je jemand über Chardin und seinen »unkontrollierbaren Sexualtrieb« geschrieben, oder über Piero della Francesca und sein »alttestamentarisches Eiferertum« oder die »leidenschaftlichen Tiraden« Watteaus?
Aber dieser Pseudo-Heldenkult und das biographische Gesabber, das Kritikerinnen wie Ms Lipton in bezug auf Michelangelo, van Gogh und Konsorten so beklagen, scheint, so repressiv und ausgrenzend es im Zusammenhang mit weißen Künstlern sein mag, bei schwarzen Künstlern durchaus erwünscht. Diese Art von »engagierter« Kritik kommt in Amerika jetzt immer mehr in Mode. Das Wort »Genie« ist tabu, es sei denn, man wendet es auf den verstorbenen Jean-Michel Basquiat an, den schwarzen Chatterton der achtziger Jahre, der in einer pittoresken Karriere als sexueller Hansdampf in allen Gassen, Drogensüchtiger und künstlerischer Jungstar seine leichtgewichtigen Spuren auf der kulturellen Oberfläche hinterließ, indem er die Konventionen des Straßengraffiti mit denen des *art brut* zusammenrührte, bevor er im Alter von siebenundzwanzig Jahren an einer Überdosis Heroin starb. Das Unglück nahm Mitte der achtziger Jahre seinen Anfang, mit Basquiats überschwenglichem Empfang durch eine Kunstindustrie, die so abgestumpft war durch Modetrends und so geblendet vom Geld, daß sie ein x-beliebiges Gekritzel nicht von einem Leonardo unterscheiden konnte. Von eben diesem Publikum wurde er im zweiten Stadium, als der Reiz des Neuen abgeklungen war, fallengelassen wie eine heiße Kartoffel. Das dritte Stadium setzte vier Jahre nach seinem Tod ein, mit dem Versuch einer Apotheose in Form einer großangelegten Retrospekti-

ve im Whitney Museum, in der sein kurzes, hektisches Leben hygienisch aufpoliert und er selbst als eine Art aufblasbare Allzweck-Märtyrerfigur etabliert wurde – äußerst nützlich für den Marktwert seines Œuvres in einer Zeit der kollabierenden Preise für zeitgenössische amerikanische Kunst. Im Zuge dieser feierlichen Übung in heroischer Viktimologie wurden sämtliche Übertreibungen der Künstler-als-Demiurg-Rhetorik aus der Mottenkiste geholt. »Jean bleibt in die schweigende violette Toga der Unsterblichkeit gehüllt«, verkündete einer der Katalogautoren. Ein anderer verstieg sich zu der Behauptung, er käme »Goya so nahe wie kein anderer Maler, den Amerika je hervorgebracht hat«, und ein dritter, der sich auch nicht lumpen lassen wollte, feierte Basquiats »strafendes Regime des Mißbrauchs an sich selbst« (sic) als Teil »der Kasteiungen, die das Prinzip der umgekehrten Askese, dem er sich so kompromißlos verschrieben hatte, ihm auferlegte«. Die Kasteiungen der umgekehrten Askese: Pulver ballern, bis man tot umfällt. Der Junge ist für *eure* Sünden in den Tod gegangen. Basquiats Sucht, so ein vierter Katalogbeitrag, war »die Parodie des Künstlers auf eine gestörte Kultur und gleichzeitig sein Versuch, sie zu heilen«. Und als wäre dieses modische Kulturgeschwätz noch nicht genug, ließ sich auch noch der Direktor des Whitney, David Ross, vernehmen: »Die rassische und ethnische Spaltung stellt nach wie vor eines der zentralen Probleme des amerikanischen Lebens dar, und bei vielen wird ein wahres Verständnis für Basquiat noch immer von Rassenvorurteilen vernebelt.« Es ist also offenbar nicht möglich, Basquiat zu »verstehen« und ihn trotzdem nichtssagend zu finden; wenn man sein Werk nicht liebt, so die speichelfeuchte Schlußfolgerung, dann liegt das daran, daß man die Schwarzen haßt. Es ist symptomatisch

für unsere Zeit, daß ein großes New Yorker Museum Zuflucht zu dieser Art von emotionaler Bestechung nehmen kann.[9]
Was hinter solchem Gewäsch lauert, ist der kaum bemäntelte Ruf nach einer kulturellen Apartheidspolitik. Er steht im Einklang mit einer der gefährlichsten Strömungen im heutigen Amerika – gefährlich, heißt das, für jegliche Vorstellung staatsbürgerlicher Gemeinsamkeit –, der Tendenz, die (selbstredend immer bestens bekannten) kultur- und bildungspolitischen Bedürfnisse von Gruppen (Frauen, Schwarzen, Latinos, chinesischstämmigen Amerikanern, Homosexuellen und wie sie alle heißen) so zu behandeln, als wögen sie schwerer als die Bedürfnisse des einzelnen und stünden in jedem Fall automatisch auf Kriegsfuß mit den (selbstredend immer monolithischen) Forderungen einer bald satanischen, bald herablassenden Herrscherklasse von weißen, männlichen, heterosexuellen Kapitalisten. Die kulturellen Entfaltungsmöglichkeiten eines Menschen, so der zunehmende Konsensus, werden ein für allemal durch die soziale Schublade determiniert, in die er hineingeboren ist. Man kann sich die Verachtung vorstellen, mit der ein großer mexikanischer Künstler wie Diego Rivera auf ein solches Postulat reagiert hätte. Rivera hielt sich keine Sekunde lang für »kulturell entrechtet«, und Frida Kahlo genausowenig, obwohl sie weiß Gott eine Außenseiterin war, wie sie die gängige Klagelitanei sich besser nicht wünschen konnte: eine bisexuelle *latina*, die den Großteil ihres Lebens schwerste körperliche Schmerzen litt. Mexiko verdankt Rivera wohl mehr an Selbsterkenntnis und kulturellem Selbstbewußtsein als irgendeinem anderen Künstler in seiner Geschichte, aber das ist nur deshalb der Fall, weil Rivera die große Tradition der Renaissance-Fresken studiert und inter-

nalisiert hatte, die im Zusammenwirken mit den Einflüssen der französischen Moderne, der mexikanischen Kunst vor Kolumbus und der zeitgenössischen Volkskunst jene überwältigenden Ergebnisse hervorgebracht hat, die wir an den Wänden des Palacio Nacional in Mexico City sehen. Hätte man Rivera darüber belehren wollen, daß es nicht auf Qualität ankomme, dann hätte er einem ins Gesicht gelacht.
Nun hat es in der Geschichte der bildenden Kunst zu allen Zeiten überschätzte Talente und verkannte Künstler gegeben, das wird niemand abstreiten. Kurzfristig mag das auch ins Gewicht fallen, aber auf lange Sicht gleichen sich die Ungerechtigkeiten in der Regel aus. Vor zwanzig Jahren noch war der amerikanische Kunstbetrieb durch und durch phallokratisch. Heute ist von institutioneller Voreingenommenheit gegen Frauen wenig zu spüren, fast noch weniger als im Literaturbetrieb. Gegen Schwarze gibt es mehr Vorbehalte, aber auch die nehmen rapide ab.
Die Katerstimmung nach den achtziger Jahren hängt jedoch auch mit dem Schwindelgefühl zusammen, das einen befällt, wenn man merkt, wie viele Adler der damaligen Zeit in Wirklichkeit Truthähne waren. In einem Jahrzehnt kultureller Bulimie hatten es all die Künstler schwer, die sich langsam entwickelten oder denen eine gewisse klassische Zurückhaltung und eine präzise Bestandsaufnahme ihrer Emotionen wichtiger waren als bloße Expressivität und Provokation. Ebenfalls das Nachsehen hatte, wer an der Auffassung festhielt, daß eine Kunst, die auf den Kerntraditionen Malerei und Bildhauerei gründet, in Bereiche vordringen kann, die einer auf den Massenmedien aufbauenden Kunst notgedrungen verschlossen bleiben. Mit einer derartigen Einstellung rennt man heutzutage bei Publikum und Museen gegen Wände, die kaum weni-

ger furchteinflößend sind als die Phalanx kanonisierter Wertbegriffe vor hundert Jahren. Der amerikanische Kunstbetrieb ist hoffnungslos festgefahren. Seine Museumskuratoren tanzen immer noch nach der Pfeife des Marktes; seine angebliche Vielfältigkeit ist ein Mythos, da er hartnäckig am Star-System der achtziger Jahre festhält; seine Institutionen marschieren im Schulterschluß und propagieren eine geschmackliche Gleichmacherei, wie sie in der Geschichte der amerikanischen Kultur ohne Beispiel ist.

Und als Krönung des Ganzen, als die Kirsche auf diesem schalen kulturellen Eisbecher sozusagen, müssen die Künstler sich nun auch noch gegen die tödliche Sentimentalität behaupten, die der institutionelle Multikulturalismus à la USA hervorbringt. Wer den Multikulturalimus als »radikales« Programm bejubelt, scheint nicht zu begreifen, wie einebnend und einlullend sein Einfluß auf die Kunst im Endeffekt sein kann, wie sehr er einem ästhetischen Spießbürgertum Vorschub leistet. Sehr deutlich zeigt sich das bereits jetzt auf dem Gebiet der öffentlich subventionierten Kunst, wo »multikulturelle« Projekte die von allen Seiten unter Beschuß stehende National Endowment for the Arts der Gefahr entheben, sich irgendwie in die Nesseln zu setzen. Wenn die Kulturbanausen ein Ende der Subventionierung »hochgestochener« – will sagen schwieriger und möglicherweise aneckender – Kunst fordern; wenn die Moralisten nach dem Blut eines jeden Dichters oder Performance-Künstlers schreien, dessen Werk nicht ganz im Sinne der »Familienwerte« ist und zu Zwistigkeiten in irgendeinem Golfclub in Tulsa führen könnte – was läge dann näher, als zum Allheilmittel Multikulturalismus Zuflucht zu nehmen? Man läßt die ohnehin schon kümmerlichen Regierungsgelder einfach Projekten zutröpfeln, gegen die keiner etwas einwenden kann: »Hmong-Stickerei, die Seegras-Korbflechterei der Küstengegenden, Volkstänze aus Südostalaska, indianische Korbflechterei und Holzarbeiten, der Kanubau der Pazifikinseln und die Banjo-Tradition in den Appalachen«, um aus einer unlängst erschienenen Broschüre der NEA zu zitieren, die offenbar vorführen soll, wie wunderbar innig und kuschelig das Verhältnis der Regierung zu kulturellen Nischen mit Nostalgiewert geworden ist, nun da die bösen Zeiten mit Mapplethorpe und Serrano vorbei sind. Wird irgend jemand der NEA an die Gurgel gehen, wenn sie einem Kunsthandwerker in einem Dorf in der Nähe von Seattle Geld für die Einrichtung eines Förderprogramms gibt, das Schulkindern »Selbstwertgefühl« vermitteln soll, indem es sie lehrt, wie man Kwakiutl-Biber aus Zedernholz schnitzt? Selbstverständlich nicht. Multikulturalismus und »kulturelle Vielfalt«, so wie sie von den Bundesbehörden und einer wachsenden Anzahl privater Stiftungen verstanden werden, verwässern immer mehr zu einem gutgemeinten Hobby-Kult. Sie bringen kaum etwas hervor, das den Status quo im ästhetischen Sinne herausfordern, verfeinern, in Frage stellen oder in irgendeiner Weise bereichern könnte. Sie reden einem Populismus das Wort, der sich lieber mit der einfachen Aufgabe befaßt, »ethnischen und geschlechtsbedingten Unterschieden in den Künsten Raum zu geben«, als mit der schweren Aufgabe, wirklich Herausragendes zu entdecken. Ein Großteil der »Kunst«, die aus solchen Förderprogrammen hervorgeht, ist dogmatischer, weitschweifiger Kitsch. Sie gefällt aus denselben Gründen, aus denen Hallmark-Karten mit *sumi-e*-Reihern und New-Age-Sprüchen Anklang finden. Sie geben einem einfach ein gutes Gefühl, irgendwo. Natürlich kann man nach soziologischen und statisti-

schen Kriterien ein Wohlfühl-Kulturprogramm aufstellen und es mit den üblichen frommen Sprüchen über »sozialpolitische Aufwertung« untermauern. Das paßt großartig zur Verkündigungstradition des amerikanischen Kulturlebens – zu der Vorstellung, daß die Produktion oder auch der Konsum von Kunst die Menschen moralisch veredelt, aufrichtet, zu besseren Bürgern macht. Aber die Kunst, die dabei herauskommt, kann sehr banal sein, und in vielen Fällen ist sie es auch. Abgesehen davon schlägt der populistische Multikulturalismus sehr leicht in eine Form des umgekehrten Rassismus um, wie jeder weiße männliche Künstler, der sich in letzter Zeit in Südkalifornien um ein Stipendium bemüht hat, bezeugen kann. Was entsteht, wenn staatliche Kunstförderung und populistischer Multikulturalismus zusammentreffen? Moralische Erpressung mit einem Argusauge auf die Fleischtöpfe der staatlichen Subvention.
Das wäre nicht weiter schlimm, wenn die Regierung die Kunst großzügig subventionieren würde, so daß jeder etwas abbekäme. Aber wie wir alle nur zu gut wissen, kann davon gar keine Rede sein. Die amerikanischen Fleischtöpfe sind alles andere als voll – mehr Suppentasse denn Topf sozusagen. Der amerikanische Steuerzahler trägt jährlich 0,68 Dollar zur Unterstützung der Künste bei – in Deutschland sind es siebenundzwanzig Dollar, in Frankreich zweiunddreißig. In den Niederlanden hat man es die letzten zwanzig Jahre mit populistischer Massenabfütterung versucht. Die Regierung richtete einen Fonds zur Anschaffung von Kunstwerken ein. Wie gut oder schlecht sie waren, spielte dabei kaum eine Rolle; Hauptsache, die Künstler waren noch am Leben und aus Holland. An die achtausend niederländische Künstler sind in dieser Sammlung vertreten. Zu sehen ist von der Sammlung

nichts, und wie jedermann in Holland mit Ausnahme der beteiligten Künstler inzwischen zugibt, sind etwa achtundneunzig Prozent davon absolut wertlos. Die Künstler selbst sind der Meinung, daß man alles vergessen kann außer ihren eigenen Werken. Die Kosten für Lagerung, Klimatisierung und Instandhaltung haben mittlerweile eine solche Höhe erreicht, daß das Zeug losgeschlagen werden muß. Aber es geht nicht. Niemand will es. Keiner läßt es sich andrehen. Man hat versucht, es öffentlichen Einrichtungen wie Irrenanstalten und Krankenhäusern unterzuschieben. Aber sogar die Irrenanstalten hatten einen gewissen Qualitätsanspruch – sie wollten selbst wählen können. So daß jetzt alles auf Halde liegt, demokratisch, nicht-hierarchisch, nicht-elitär, nicht-sexistisch, unverkäuflich und zum großen Leidwesen der niederländischen Regierung auch nur teilweise biologisch abbaubar.

Daraus läßt sich nun die eine oder andere Lehre ziehen. Lehre Nummer eins: Wenn holländische Irrenanstalten Kunst nach ihrer Qualität beurteilen dürfen, ohne sich antidemokratisches Elitedenken vorwerfen lassen zu müssen, dann dürfen amerikanische Museen es auch. Die Aufgabe der Demokratie im Bereich der Kunst ist es, dem Elitedenken eine Chance zu geben. Und zwar einem Elitedenken, das sich nicht auf Rasse, Geld oder gesellschaftliche Stellung gründet, sondern auf Begabung und Phantasie. Die Kunst bezieht ihre Breitenwirkung aus der Manifestation von hohem Können und konzentrierter visionärer Kraft, aus nichts sonst. Das ist letzten Endes auch der Grund, warum das Rijksmuseum immer gerammelt voll ist und die politisch korrekten Amsterdamer Kellergalerien nicht. Die beliebtesten Massenveranstaltungen in Amerika sind elitär bis ins Mark: Footballspiele, Baseballspiele, Basketball- und Tennisturniere. Aber kein Mensch würde Eintritt zahlen, um Hilton Kramer und mir dabei zuzuschauen, wie wir in gut fünfunddreißig Minuten achthundert Meter Freistil schwimmen, unsere privilegierte Stellung als nicht-ganz-tote weiße »Europäer« hin oder her. Und so wie der Sport stellt auch die Kunst eine Arena dar, in der Elitedenken zum Tragen kommen kann, ohne daß es sich sozial nachteilig auswirkt.

Lehre Nummer zwei: Wenn ein so durch und durch demokratisches Land wie die Niederlande, das pro Steuerzahler fünfundzwanzigmal mehr für die Kultur aufwendet als Amerika, im Dienste absoluter kultureller Gleichheit seine Kunst nach soziologischen Gesichtspunkten aussucht und als Folge vor einem Müllentsorgungsproblem sitzt, was spricht dann dafür, daß wir hier drüben mehr Glück haben? Nichts, würde ich sagen.

Unterschiede zu machen liegt in der Natur des Menschen. Tag für Tag treffen wir Entscheidungen, fällen wir Urteile. Diese Urteile sind Teil unserer realen Lebenserfahrung. Sicher, sie werden von außen beeinflußt, aber das macht sie keineswegs zu einer passiven Reaktion auf irgendwelche Vorgaben von oben. Und eine unserer realsten Erfahrungen im Bereich der Kultur ist die der Qualitätsunterschiede bei Büchern, musikalischen Darbietungen, Gemälden und anderen Kunstwerken. Manche Werke erscheinen uns ganz einfach besser als andere – zwingender, aussagekräftiger, suggestiver. Den Grund dafür können wir vielleicht nicht immer benennen, aber das nimmt der Erfahrung nichts von ihrer Gültigkeit. Das Lustprinzip spielt eine zentrale Rolle in der Kunst, und diejenigen, die es zugunsten von ideologischen Äußerungen außer Kraft gesetzt sehen wollen, erinnern mich an die englischen

Puritaner, die die Bärenhetze verbieten wollten, nicht weil sie dem Bären Schmerz zufügte, sondern weil sie dem Publikum Spaß machte.
Mein Hobby zum Beispiel ist die Schreinerei. Für einen Amateur bin ich ein ganz passabler Schreiner. Ich bringe eine Schublade zustande, die sich problemlos herausziehen läßt, und Küchenschränke mit einem Abmaß von drei Dreißigstelsekunden auf einen Zoll – nicht gut genug, um richtig gut zu sein, aber eben passabel. Ich liebe die Werkzeuge, den Geruch der Späne, den Rhythmus der Arbeit. Wenn ich einen Bibliotheksschrank von Hepplewhite in einem Museum oder ein Holzhaus in Sag Harbor vor mir habe, dann kann ich damit mehr anfangen – die Bauart besser nachvollziehen, mich bewußter an der Handwerkskunst freuen –, als wenn ich nie selbst mit Holz gearbeitet hätte. Aber ich sehe auch, daß die toten Hände, die diese verglaste Front oder diese Veranda gezimmert haben, viel besser waren als meine; ihre Zierleisten waren feiner gearbeitet, sie konnten die Ausdehnung des Holzes einberechnen, und ihre Furniere hatten keine Beulen. Und wenn ich die perfekte Holzarbeit an einem japanischen Bauwerk wie dem großen Tempel von Horyu-ji sehe, die Präzision dieser hochkomplizierten Fugen, dieses untrügliche Gespür für das Holz der Hinoki-Zypresse als lebende Substanz, dann weiß ich, daß ich etwas Derartiges nicht zuwege brächte, und wenn ich mein ganzes Leben noch einmal leben dürfte. Menschen, die solche Dinge herstellen können, gehören einer Elite an; sie haben jedes Recht dazu. Erfüllt dieses Wissen mich, den Holzmetzger, dessen Fugen in einem Neunundachtzig- oder Einundneunzig-Grad-Winkel aufeinandertreffen, mit Groll? Nichts weniger als das. Ehrfurcht und Entzükken, das trifft es schon eher.

Mutatis mutandis gilt das gleiche auch für die Kunst. Man lernt es, Unterschiede zu erkennen. Nicht alle Katzen sehen bei Tag gleich aus. Nach einer Weile bekommt man einen Blick dafür, wodurch sich beispielsweise eine Zeichnung von Pater oder Lancret von einem Bild von Watteau mit haargenau demselben Sujet abhebt: durch die weniger straffe Linienführung, durch eine gewisse Unsicherheit und Umständlichkeit und so weiter und so fort. Das ist reine Erfahrungssache, genauso wie unser Blick für die Eleganz in den Bewegungen eines Basketballspielers oder eines Tennisprofis auch. Diese unterschiedlichen Grade von Intensität, Aussagekraft und Eleganz lassen sich nicht in einem kleinen Katechismus oder einem Kochbuch auflisten. Wir können sie nur erfahren und diskutieren und sie dann in einen historischen Zusammenhang stellen, der die Sozialgeschichte einschließt. Wenn das Museum dafür eine Basis schafft, erfüllt es seine Aufgabe. Wenn es dabei versagt – was es unter anderem dann tut, wenn es sich in den Treibsand deplazierter Ideologie ziehen läßt –, dann hat es kaum eine Überlebenschance, ganz gleich, wie sehr es sich zwischenzeitlich im Glanze kurzlebiger Relevanz sonnen mag. Ein diszipliniertes Festhalten an einem hohen künstlerischen und intellektuellen Standard dient nicht nur der Öffentlichkeit, sondern auch dem Künstler, *ob das Werk dieses Künstlers nun in der Sammlung vertreten ist oder nicht.* Diese Disziplin ist quantitativ nicht meßbar, aber sie ist unparteiisch oder sollte es zumindest sein, und es gibt zwei sichere Methoden, sie zu unterminieren – zum einen, indem man die Wertmaßstäbe des Museums vom Kunstmarkt diktieren läßt, und zum anderen, indem man es zu einer Arena für Kämpfe macht, die zwar ausgefochten werden müssen, aber nicht in der Kunst, sondern in der Politik. Nur wenn das Museum diesen beiden Gefahren trotzt, kann es uns auch weiterhin dabei helfen, eine große, aber stets halbverschüttete Zivilisation wiederzuentdecken: unsere eigene.

Anmerkungen

Teil I

1. Siehe Cathy Young, »Victimhood Is Powerful: Both Feminists and Antifeminists See Advantages in Keeping Women Down«, *Reason*, Oktober 1992.
2. Nat Hentoff, »What Really Happened at Betty's Oceanview Diner«, *Village Voice*, 7. Januar 1992.
3. Siehe Adam Redfield, Leserbrief an die *New York Times* vom 22. November 1991.
4. Barbara Ehrenreich, in *Democratic Left*, Juli/August 1991; nachgedruckt in Paul Berman (Hg.), *Debating P. C., The Controversy over College Political Correctness on Campuses*, 1992, S. 336.
5. Vgl. William Henry III, »Upside Down in the Groves of Academe«, *Time*, 1. April 1991.
6. Nat Hentoff, »›Speech Codes‹ on the Campus and Problems of Free Speech«, *Dissent*, Herbst 1991, S. 546.
7. Ibid., S. 549.
8. Tom Wicker, »The Democrats as the Devil's Disciples«, *New York Times*, 30. August 1992.
9. Michael Thomas, »The Money Game«, Katalogeinleitung zu *Culture and Commentary, An Eighties Perspective*, Hirshhorn Museum, 1990, S. 147.
10. William Greider, *Who Will Tell the People: The Betrayal of American Democracy*, 1992, S. 25.
11. Seymour Martin Lipset und Earl Raab, *The Politics of Unreason: Right-Wing Extremism in America*, 1790–1970, S.103.
12. Ibid., S. 114.
13. Ibid., S. 239.
14. Siehe Berman (Hg.), Einleitung zu *Debating P. C.*, 1992.
15. Carol Gruber, *Mars and Minerva: World War I and the Uses of Higher Learning in America*; William Summerscales, *Affirmation and Dissent: Columbia's Response to the Crisis of*

World War I; beide zitiert von Cyrus Veeser in einem Leserbrief an die *New York Times* vom 23. Juni 1991.

16. Daniel J. Singal, »The Other Crisis in American Education«, *The Atlantic Monthly*, November 1991, S. 67.
17. Eugene Genovese, »Heresy, Yes – Sensitivity, No«, *New Republic*, 15. April 1991.
18. Louis Menand, »Lost Faculties«, *New Republic*, 9. Juli 1990.
19. Gerald Graff, *Literature Against Itself*, Chicago, 1979, S. 96–97.
20. Daniel Harris, »Make My Rainy Day«, *The Nation*, 8. Juni 1992.

Teil II

1. Andrew Riemer, *Inside, Outside*, Sydney, 1992, S. 157.
2. Les Murray, »The Human-Hair Thread«, in *Persistence in Folly: Selected Prose Writings*, Sydney, 1984, S. 4.
3. David Rieff, *Making Sense of Multiculturalism*, unveröffentlichter Essay, 1992.
4. Katha Pollitt, »Canon to the Right of Me ...«, *The Nation*, 23. 9. 1991.
5. Frederick Crews, Einleitung zu *The Critics Bear it Away: American Fiction and the Academy*, New York, 1992, S. XV.
6. Edward Saïd, »The Politics of Knowledge«, *Raritan*, Sommer 1991.
7. Jorge Amado, »El embeleso colonial«, *El Pais*, 23. August 1992.
8. Die *African-American Baseline Essays* sind als Reprint erhältlich bei Supt. Matthew Prophet, Portland Public Schools, 501 N. Dixon St., Portland, OR 97227.
9. Cheikh Anta Diop, *Civilization or Barbarism: An Authentic Anthropology*, New York, 1991. 1981 in Paris unter dem Originaltitel *Civilisation ou Barbarie* erschienen.
10. Basil Davidson, *Africa in History*, London, 1984, S. 38.
11. Diop, *Civilization or Barbarism*, Einleitung, S. 3.
12. Zusammenfassung und Widerlegung des »neuen Anti-

semitismus« in Afrozentristenkreisen durch einen führenden schwarzen Wissenschaftler, siehe Henry Louis Gates jr., »Black Demagogues and Pseudo-Scholars«, *New York Times*, 20. Juli 1992.

13. David Brian Davis, *Slavery and Human Progress*, Ithaca, 1984, S. 33.
14. Harold Brackman, *Farrakhan's Reign of Historical Error: The Truth Behind »The Secret Relationship between Blacks and Jews«*, Simon Wiesenthal Center Reports, 1992.
15. Siehe Roland Oliver, *The African Experience*, London, 1991, vor allem – zum Thema Versklavung von Afrikanern durch Afrikaner – Kapitel 10, »Masters and Slaves«, passim.
16. E. Hobsbawm (Hg.) et al., *The Invention of Tradition*, Cambridge, 1983.

Teil III

1. Richard Bolton, Einleitung zu *Culture Wars: Documents from the Recent Controversy in the Arts* (New York, 1992), S. 9.
2. Siehe Healys Zeugenaussage, ibid., S. 130 ff.
3. John Wicklein, »The Assault on Public Television«, *Columbia Journalism Review*, Jan./Feb. 1986, S. 27–29. Das Nixonsche Memorandum wurde 1979 unter Berufung auf die Informationsfreiheit freigegeben.
4. Die beste Darstellung des religiösen Hintergrundes des amerikanischen Kunstverständnisses im neunzehnten Jahrhundert, auf die sich auch meine Argumentation über weite Strecken stützt, findet sich in Neil Harris, *The Artist in American Society: The Formative Years, 1790–1860*, 1966.
5. Rochelle Gurstein, »Misjudging Mapplethorpe: The Art Scene and the Obscene«, *Tikkun*, Nov./Dez. 1991.
6. Adam Gopnik, »Empty Frames«, *New Yorker*, 25. November 1991.
7. Siehe Katalog zu William Truettner (Hg.), *The West as*

America: Reinterpreting Images of the Frontier, 1820–1920, mit Beiträgen von Nancy K. Anderson... [et al.], Smithsonian Institution, 1991.

8. Siehe Eunice Lipton, »Here Today, Gone Tomorrow? Some Plots for a Dismantling«, im Ausstellungskatalog zu *The Decade Show: Frameworks of Identity in the 1980s,* New York, 1990.
9. Siehe den Katalog zu *Jean-Michel Basquiat,* Whitney Museum, New York, 1992.